MARKETING
FARMACÊUTICO

Fernando Italiani

MARKETING FARMACÊUTICO

2ª edição
revista e atualizada

QUALITYMARK

Copyright© 2012 by Fernando Italiani

Todos os direitos desta edição reservados à Qualitymark Editora Ltda.
É proibida a duplicação ou reprodução deste volume, ou parte do mesmo,
sob qualquer meio, sem autorização expressa da Editora.

Direção Editorial
SAIDUL RAHMAN MAHOMED
editor@qualitymark.com.br

Produção Editorial
EQUIPE QUALITYMARK

Capa
WILSON COTRIM

Editoração Eletrônica
MS EDITORAÇÃO

1ª edição: 2006
2ª edição: 2012

CIP-Brasil. Catalogação-na-fonte
Sindicato Nacional dos Editores de Livros, RJ

I85m

Italiani, Fernando

Marketing Farmacêutico / Fernando Italiani e Cláudio Wiltemburg. – Rio de Janeiro ; Qualitymark Editora, 2012.
304p. 16 x 23 cm.

Inclui bibliografia
ISBN 978-85-414-0012-1

1. Indústria farmacêutica. 2. Marketing industrial. 3. Medicamentos – Comercialização. I. Wiltemburg, Cláudio. II. Título.

06-3615

CDD 658.8096151
CDU 658:615.1

2012
IMPRESSO NO BRASIL

Qualitymark Editora Ltda.
Rua Teixeira Júnior, 441
São Cristóvão
20921-405 – Rio de Janeiro – RJ
Tel.: (21) 3094-8400

Fax: (21) 3094-8424
www.qualitymark.com.br
E-mail: quality@qualitymark.com.br
QualityPhone: 0800-0263311

AGRADECIMENTOS

Agradeço a todos aqueles que me incentivaram na realização deste projeto. Uma mistura de sonho, paixão e desejo pela área de Marketing Farmacêutico.

À minha filha **Ana Carolina**, motivo de todos os meus esforços e que conseguiu me mostrar que nenhum livro consegue expressar ou mensurar o real significado da palavra *Amor*.

PREFÁCIO

O meu romance com o Marketing Farmacêutico já dura bem mais de uma década, mas ele continua a me surpreender. Quando pensamos que começamos a entender os seus conceitos principais, ele começa, como um vírus, a mudar a sua conformação e nos deixa novamente contaminados em aprender cada vez mais.

Meu contato com o Marketing foi, no mínimo, interessante. Um estudante de Farmácia, curso que tem como objetivo formar o profissional principalmente na área técnica, percebendo que tinha como principais atributos pessoais o interesse no conhecimento do mercado e suas relações e a curiosidade do entendimento das relações de troca e de produtos e serviços, viu-se diante de uma alternativa que na época era quase impraticável: atuar na área de Marketing.

Naquela época não existiam cursos de extensão e muito menos de pós-graduação nesta área. As instituições que ministravam cursos em Marketing, quando colocavam exemplos da área farmacêutica, direcionavam-nos para o varejo.

Minha sorte e um de meus grandes orgulhos profissionais foi poder trabalhar na área de vendas durante alguns anos antes de ingressar em Marketing. Não que os profissionais que atuam nesta área sem ter trabalhado no chamado "campo" tenham capacidade inferior, mas a experiência como representante me ajudou muito a conhecer os hábitos e as atitudes reais na prescrição dos medicamentos, a importância do relacionamento no momento da escolha da melhor terapia e a necessidade de ser altamente flexível às variações de perfis dos clientes.

Em todas as empresas nas quais já trabalhei pude perceber que, independente da nacionalidade ou do tamanho delas, sua competitividade está na sua capacidade de adequar serviços e produtos para os seus clientes principais. Não é raro vermos empresas com enormes investimentos perdendo mercado e imagem para empresas com estruturas bem menores.

Este é o grande prazer em se trabalhar em Marketing: seu caráter mutável, dinâmico. A população muda seus desejos de compra a todo momento, pois a variedade de opções cresce de maneira exponencial e é natural e importante para nosso desenvolvimento profissional que estejamos atentos a estas mudanças.

Há alguns anos como coordenador de um curso de pós-graduação em Marketing Farmacêutico pude perceber que existe um interesse crescente dos profissionais em obter informação e formação dentro da área de Marketing Farmacêutico. Isto se justifica pelas suas características incomuns de abordagem ao cliente, pela sua importância social no acesso pela população aos melhores tratamentos e pelo seu caráter altamente especializado.

Neste cenário, as empresas farmacêuticas devem realizar mudanças significativas em seu planejamento estratégico.

Os concorrentes não são mais representados por empresas que agiam amadoristicamente. Mesmo as empresas de pequeno porte possuem estratégias bem definidas de penetração e expansão de seus mercados.

Os avanços tecnológicos permitem que os produtos sejam lançados num tempo cada vez mais curto, mas, por outro lado, a um preço geralmente inacessível para a maior parte da população. A farmacoeconomia e a pesquisa clínica se tornam, neste cenário, peças fundamentais de diferenciação destes produtos para possíveis inclusões nas listas de produtos excepcionais do Governo.

O gerenciamento dos efeitos colaterais representa ponto crítico de análise e não mais a eficácia, pois o produto e/ou a empresa que não o possui, está automaticamente fora do mercado. Médicos e pacientes buscam o binômio TRATAMENTO E QUALIDADE DE VIDA.

As estratégias de Marketing no setor farmacêutico devem focar não somente na formação técnica dos profissionais mas também na humanística. É comum um médico com alta capacitação técnica perder um paciente devido a sua inabilidade no seu tratamento pessoal. As empresas devem levar isto em consideração para promover cursos e capacitação em Marketing Pessoal, para profissionais de saúde por exemplo.

Ações do passado, como entrega de brindes, patrocínio a lugares ditos "paradisíacos", patrocínio de televisão, móveis para clínicas, etc., não representam o ideal de trabalho do Marketing Farmacêutico moderno. A empresa A patrocina um vídeo e a B patrocina uma viagem... isto realmente aumenta o relacionamento e reverte em receituário? Geralmente não... Uma pergunta que fazemos hoje é: O que os meus clientes precisam para poder fidelizar seus clientes e como eu posso ajudá-los? É informação técnica, aperfeiçoamento pessoal? É informação baseada em literatura com respaldo técnico/científico.

Este raciocínio é consolidado quando percebemos que o investimento vem caindo tanto nas empresas farmacêuticas como no mercado de saúde em geral. Isto reflete a necessidade de estarmos estabelecendo com maior segurança e firmeza quais os nossos objetivos e clientes principais e focar nas atividades que realmente vão trazer retorno.

Muitas vezes não são somente os médicos os nossos principais clientes. Farmacêuticos e enfermeiros vêm obtendo uma visibilidade cada vez maior no mercado, sendo responsáveis muitas vezes pela padronização e/ou exclusão de medicamentos em hospitais e clínicas.

Será que não seria interessante uma parceria com clínicas multiprofissionais para poder divulgar seu produto e/ou serviço de maneira mais ética e sinérgica? Estes profissionais não poderiam gerar um "boca a boca" muito mais eficiente?

Saber quem são os clientes decisores na cadeia de utilização de um produto farmacêutico facilita a busca por melhores resultados.

A ideia de que o Marketing é "capaz de tudo a qualquer preço", no mercado farmacêutico, vai desaparecer se agirmos de forma ética e criativa. Todos os envolvidos no processo de decisão sobre o uso dos medicamentos estão muito mais informados e a ANVISA está assumindo efetivamente seu papel de entidade normatizadora/fiscalizadora. O direcionamento do Marketing Farmacêutico para a informação cada vez mais científica é uma realidade para a qual espero não exista retrocesso.

Este livro pretende ser não somente um aliado na tomada de decisão mas principalmente ajudar o leitor a conhecer e ampliar sua visão sobre as inúmeras atividades que podem ser desenvolvidas na conquista e na fidelização dos clientes do mercado farmacêutico. Além disso, um objetivo que todo livro se propõe, e neste caso posso afirmar ser um objetivo pessoal, é poder desmistificar o Marketing Farmacêutico para que possamos ter profissionais cada vez mais interessados em ingressar nesta área e, consequentemente, desenvolvermos juntos um setor altamente especializado que precisa de ações éticas, criativas e envolventes.

Esta é uma área pela qual sou apaixonado e crente em seu contínuo aprimoramento.

SUMÁRIO

Capítulo I
O MERCADO FARMACÊUTICO 1
Mercado Farmacêutico 2
Marketing Farmacêutico Moderno 3
Fatores de Crescimento do Mercado Farmacêutico 4
Otimização de Recursos 7

Capítulo II
A PESQUISA DE MERCADO COM BASE NAS DECISÕES
ESTRATÉGICAS 51
Introdução 52
Pesquisa ou Inteligência 53
O Fluxo de Inteligência 53
Definição do Problema ou Questão de Negócio 54
Planejamento de um Projeto de IM 56
Coleta e Processamento de Dados 65
Análise de Resultados 66
Apresentação de Resultados 71
Avaliação 73

Capítulo III
PLANEJAMENTO ESTRATÉGICO: FATORES CRÍTICOS E LEVANTAMENTO DE INFORMAÇÕES 75
Introdução 76
Fatores que Afetam a Estratégia de uma Empresa 83
Diagnóstico Estratégico 91
   1. Análise do Macroambiente 92
   2. Análise da Empresa 98
   3. Análise do Mercado 109
   4. Análise da Concorrência 113
   5. Análise dos Clientes 118

Capítulo IV
PLANEJAMENTO ESTRATÉGICO: OBJETIVOS E DIFERENCIAÇÃO 123
Objetivos Estratégicos 124
Desenvolvimento e Seleção de Estratégias de Marketing
para a Indústria Farmacêutica 129
Valor Agregado aos Clientes 136
Material Promocional 154

Capítulo V
ESTRATÉGIAS DE MARKETING PARA FARMÁCIAS E DROGARIAS 171
Atendimento 178
Estratégias de Marketing/Merchandising 188

Capítulo VI
PESQUISA CLÍNICA, FARMACOVIGILÂNCIA E FARMACOECONOMIA COMO ALIADOS ESTRATÉGICOS 211
Pesquisa Clínica 212
Farmacovigilância 222
Farmacoeconomia 227
União de Forças 233

Capítulo VII
GESTÃO DE VENDAS 235
Força de Vendas: Organização, Desenvolvimento
e Direcionamento 236

Capítulo VIII
GESTÃO DE NEGÓCIOS × GESTÃO DE PESSOAS 267
Gestão por Competências 269
Desenvolvimento de Líderes 273
Área das Mudanças 274

BIBLIOGRAFIA 283

O Mercado Farmacêutico

CAPÍTULO 1

MERCADO FARMACÊUTICO

O mercado farmacêutico representa um dos mercados de maior relevo dentro do cenário mundial e nacional tanto pelo volume vendido como pela sua importância para a saúde da população em geral.

Este mercado é diferente de outros segmentos, pois na maioria das vezes não são os consumidores que decidem o produto consumido, pois existe a importante figura do médico, um dos grandes DECISORES da cadeia.

Segundo estimativas da OMS, cerca de dois bilhões de pessoas – um terço da população mundial – ainda não têm acesso a medicamentos essenciais, e mais de 10 milhões de vidas poderiam ser salvas anualmente até 2015 se as populações pudessem usufruir tratamentos já existentes para problemas de saúde materno-infantis, doenças infecciosas e doenças não transmissíveis. No caso do HIV/Aids, os antirretrovirais estão disponíveis para apenas 300 mil dos cerca de 6 milhões de doentes que necessitam de tratamento.

Os gastos *per capita* com produtos farmacêuticos também variam muito. Nos países ricos, o valor ultrapassa os US$ 400, enquanto nos países mais pobres não chega a U$$ 4. Hoje, cerca de 15% da população mundial consomem 90% dos medicamentos disponíveis.

O mercado farmacêutico brasileiro é considerado altamente atrativo pelas empresas mundiais. A expectativa, de acordo com o IMS Health, é que até 2013 ele cresça entre 8% e 11%. Já nos chamados mercados maduros, que incluem os EUA, Japão, França, Alemanha, entre outros, o índice deverá ficar entre 2% e 5%.

O Brasil deverá ficar em 8º nos próximos três anos, avançando uma posição no ranking comparado a 2003. A economia estável, o crescimento no número de medicamentos consumidos *per capita*, o maior acesso a medicamentos e as políticas do governo na área de saúde também colocam o país na rota de potencial investimento de grandes grupos. A compra e as fusões das empresas representam um sinalizador importante da dinâmica e do potencial de crescimento deste mercado.

As políticas dos governos a favor dos produtos genéricos e a expiração de patentes de remédios de marca são alguns dos fatores responsáveis por esse avanço. No Brasil, as vendas totais de medicamentos em 2009 somaram R$ 30,2 bilhões, dos quais 15%, ou R$ 4,5 bilhões, foram de genéricos, segundo informou a Pró-Genéricos (Associação Brasileira das Indústrias de Medicamentos Genéricos). De cada 100 unidades vendidas no país, 20 são de genéricos.

MARKETING FARMACÊUTICO MODERNO

Atualmente as empresas não trabalham mais em mercados onde havia poucos concorrentes com suas condutas quase sempre previsíveis. Hoje os concorrentes estão focados tanto na penetração como na expansão de seus mercados.

Os avanços tecnológicos permitem que os produtos sejam lançados num tempo cada vez mais curto, onde consequentemente o seu ciclo de vida também será menor, forçando os profissionais do marketing a buscar meio de maximizar a aceitação e venda destes.

O marketing moderno coloca abaixo o conceito de venda praticado no passado, onde as empresas simplesmente colocavam seus produtos no mercado e havia uma verba para promoção dos mesmos e uma capacitação básica da força de vendas onde "naturalmente" o produto era vendido.

A palavra mais ouvida dentro das empresas é a "Diferenciação". Como podemos diferenciar nosso produto do concorrente? Como tirar o meu produto do conceito de *commodity*? Como podemos estabelecer um relacionamento a longo prazo com nossos clientes para que eles nos vejam como alguém/produto/empresa "único"?

A orientação dos negócios é agora voltada ao marketing e ao cliente, focada na SOLUÇÃO DE PROBLEMAS E NO RELACIONAMENTO A LONGO PRAZO e não mais no custo de produção e no produto.

O relacionamento com o cliente deve ser cada vez mais próximo, onde OUVIR é o verbo mais utilizado pelas empresas de sucesso. No conceito de clientes não estão incluídos somente a classe médica ou os consumidores finais do produto mas também e principalmente os funcionários das empresas.

O comprometimento de todos dentro de uma instituição é ponto-chave na implementação das estratégias de uma companhia, pois através dela surgem novas ideias, novos mecanismos de *feedback* e melhores qualidade e quantidade nos serviços prestados

FATORES DE CRESCIMENTO DO MERCADO FARMACÊUTICO

Alguns fatores para o rápido crescimento do mercado farmacêutico:

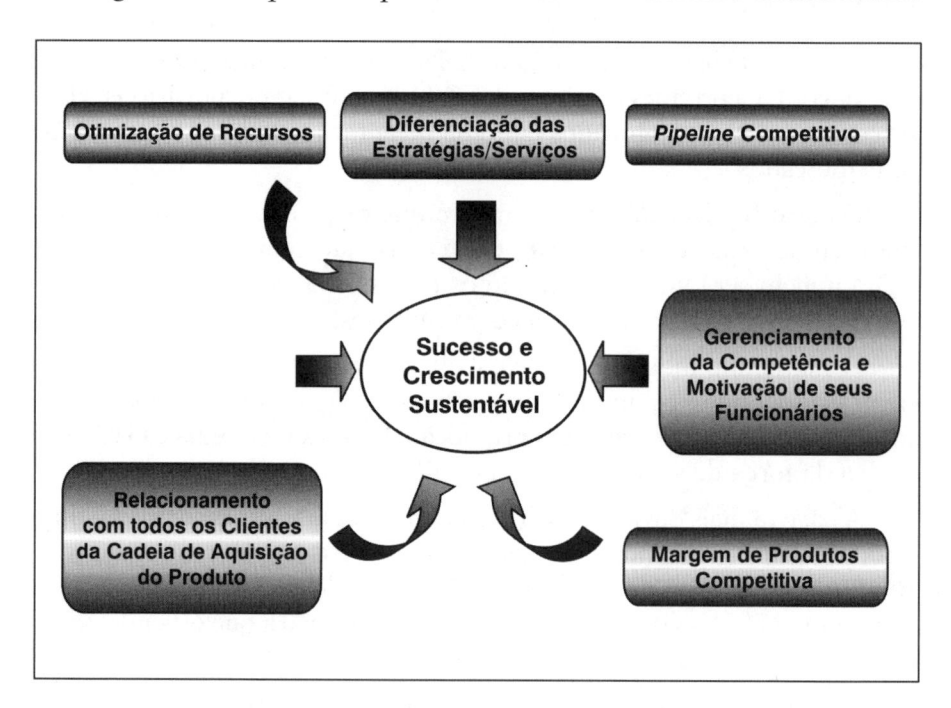

```
Otimização de Recursos
Diferenciação das Estratégias/Serviços
Pipeline Competitivo
Sucesso e Crescimento Sustentável
Gerenciamento da Competência e Motivação de seus Funcionários
Relacionamento com todos os Clientes da Cadeia de Aquisição do Produto
Margem de Produtos Competitiva
```

Considerando este cenário, os profissionais de marketing precisam desempenhar funções complexas como:

- Conhecer o mercado em que desejam atuar para poderem estabelecer as estratégias mais diferenciadas e competitivas.
- Identificar as necessidades, hábitos e atitudes dos clientes e adequar seus produtos e serviços a estas necessidades.
- Saber focar as atividades visando o máximo de resultados com um orçamento limitado.
- Conhecer todas as potencialidades da empresa para agregar valor nas estratégias.
- Entender as mudanças no macroambiente e saber como estas afetam a demanda dos produtos.
- Identificar preços que possibilitem lucratividade para a empresa e ao mesmo tempo ser competitivo dentro do mercado em que atua.
- Saber envolver todas as pessoas dos departamentos para que as necessidades do cliente e do produto sejam atendidas no menor tempo e com a maior qualidade possível.
- Estabelecer medidores da atuação no mercado e saber tomar atitudes de correção e adequação das estratégias.
- Monitorar a todo momento as atividades da concorrência e buscar métodos de diferenciação constante.

O contato direto com os clientes, a realização de cursos direcionados à área e o relacionamento interno com a equipe de trabalho atuam como catalisadores da performance e permitem o estabelecimento de uma plataforma de conhecimento e experiência mais adequada e voltada a resultados.

Diferenciação das Estratégias e Serviços

Um fator muito considerado no passado era a fidelidade do cliente. Isto já não existe mais, já que o número de produtos similares e a massificação nas prestações de serviços deixam ao cliente a possibilidade de escolher qual a melhor opção, às vezes pelo melhor preço e por vezes pelos benefícios propostos.

Os clientes atualmente, principalmente a classe médica, não buscam somente eficácia nos produtos farmacêuticos, pois este critério já está consolidado como intrínseco ao produto. Eles buscam o gerenciamento dos efeitos colaterais (além de uma incidência menor deles), maior parceria na conquista de novos conhecimentos, melhor e maior acesso à medicação, serviços que possibilitem uma interação maior entre médico e paciente, enfim, eles buscam produtos e serviços DIFERENTES.

Hoje, as empresas tentam maximizar o conceito de CRM (Customer Relationship Management) para conseguir, através do conhecimento das características-chave de utilização/prescrição dos produtos pelos clientes, estabelecer estratégias de diferenciação e pós-venda.

Diferenciais do passado hoje se tornaram situação básica para a permanência de uma empresa ou produto no mercado. Um exemplo clássico desta afirmação é o trabalho com o conceito de Qualidade dos Produtos. Os clientes (médicos, consumidores finais etc.) já pressupõem que os produtos promovidos pelos laboratórios e farmácias tenham qualidade. Dentro deste contexto, a implantação de um sistema de farmacovigilância, por exemplo, assume importância fundamental na diferenciação das empresas, pois através da monitoração dos efeitos colaterais os clientes se sentem mais seguros em estar prescrevendo ou utilizando um medicamento.

O futuro das empresas farmacêuticas tem como dois de seus pilares principais para a determinação da "perspectiva a longo prazo" A RENTABILIDADE E O LANÇAMENTO DE PRODUTOS COM AMPLO POTENCIAL DE MERCADO.

Na literatura sobre economia industrial, a diferenciação de produtos ocupa um lugar de destaque na caracterização das estruturas de mercado e estratégias de competição das firmas que atuam em mercados com características oligopolistas.

Frenkel *et al.* (1978) descrevem algumas formas de diferenciação de produtos na indústria farmacêutica até hoje utilizadas de forma intensiva pelos profissionais de marketing:

1. **Principalmente nas indústrias multinacionais, um *pipeline* competitivo expressa a longevidade da empresa.**

2. Diversidade de drogas existentes com efeitos terapêuticos semelhantes, ou seja, na diferenciação que se faz em nível da estrutura molecular das diversas drogas.
3. Manipulação em nível da estrutura molecular de uma determinada droga, originando um sem-número de derivados.
4. Associação de duas ou mais drogas com efeitos terapêuticos complementares.
5. Elaboração de formas de apresentação diferentes em cada uma das situações descritas – comprimidos, cápsulas, drágeas, supositórios, injetáveis etc.
6. Utilização de marcas ou de nomes-fantasia na comercialização dos produtos.

O aumento de produtos semelhantes diminui a margem das empresas e como reação a esta realidade, elas investem maciçamente em Pesquisa e Desenvolvimento ou mesmo em parcerias saudáveis, buscando drogas inovadoras e de alta visibilidade no mercado para obterem uma melhor performance a longo prazo.

Investimentos mais pesados no desenvolvimento de novas medicações permitem que as empresas consigam suportar a entrada de medicamentos similares e aumentam a sua visibilidade frente à classe médica em relação à eficácia e à tolerabilidade de seus produtos. Infelizmente algumas novas medicações que são introduzidas no mercado não vêm representando qualquer tipo de inovação e, associado a um mau posicionamento deste produto, acabam não atendendo as expectativas e acumulando nos estoques.

OTIMIZAÇÃO DE RECURSOS

As empresas aprenderam que os investimentos em marketing devem ser analisados e focados em atividades que realmente os clientes percebam como importantes. O gerente de produtos que tem o seu trabalho baseado em "material promocional sem base científica" e anúncios em "revistas não especializadas" está deixando o mercado para dar lugar a pessoas com ideias mais criativas.

Esta conduta se reflete em todos os departamentos da empresa, principalmente no marketing. É necessário ter os objetivos muito bem traçados e as atividades muito bem planejadas, pois existe a necessidade cada vez maior de "dar o tiro no centro do alvo" para conquistar o receituário ou a compra do produto.

Caso não ocorra desta forma, a empresa e os profissionais ficam extremamente vulneráveis às ações da concorrência, afetando consideravelmente o cumprimento das suas metas.

Para otimizar os investimentos, os novos profissionais que estão ingressando na área precisam começar a conhecer profundamente:

- O perfil de prescrição dos médicos, POR ESPECIALIDADE.
- O perfil de compra dos clientes, por sexo, faixa etária, nível social.
- A forma e a transação na compra de produtos pelas farmácias e distribuidores.
- Entender os mecanismos de administração dos convênios.
- Como o Governo realiza a compra de medicamentos e quais as formas de poder inseri-lo na padronização ou listagem de produtos considerados de importância para as políticas de saúde.

Para o entendimento e a análise destes componentes não existe outra forma mais segura e rápida de obter estas informações do que o seguinte:

> **... SAIA DO AMBIENTE ACONCHEGANTE DE SEU ESCRITÓRIO E VISITE OS MÉDICOS, CONVERSE COM OS BALCONISTAS E FARMACÊUTICOS, DISCUTA COM OS DONOS DAS DISTRIBUIDORAS, MARQUE REUNIÕES OU EVENTOS COM OS CONVÊNIOS... ENFIM, SAIA AO CAMPO!**

Os profissionais de marketing do mercado farmacêutico adquirem muito mais respeito quando eles também participam da linha de frente ajudando na tomada de decisões e auxiliando o trabalho dos vendedores/representantes.

Desde o lançamento da primeira edição deste livro, em 2006, o mercado farmacêutico mudou de forma significativa nos seguintes aspectos:

I. Aumento na Regulação do Mercado

A ANVISA definitivamente assumiu seu papel de empresa de regulação do mercado farmacêutico, embora seja altamente questionável que a mesma instituição que formula a legislação seja a mesma que fiscaliza. Além disso, fica claro para as empresas que muitos dos fiscais não estão preparados tecnicamente para entender o momento financeiro que a empresa passa e um cronograma de implementação das normatizações necessárias.

Independente deste cenário, as empresas precisam estar alinhadas ao direcionamento que o Governo pretende realizar na sua política de medicamentos:

Evitar a automedicação

A nossa população não possui cultura para discutir com o médico ou com os profissionais do PDV (Ponto de Venda) sobre sua terapia e muitas vezes fica sujeita a produtos de baixa qualidade ou a tratamentos empíricos, indicados por profissionais "não médicos" de resultados questionáveis.

Concordo que atualmente muitos médicos não têm orientado seus pacientes corretamente, seja por falta de tempo, seja por desmotivação devido à estrutura dos convênios. Com esta falta de informação, muitas vezes os balconistas e principalmente os farmacêuticos se tornam os "médicos" no momento da compra do medicamento. E esta realidade não tende a diminuir com o tempo.

Ações:

- Faça investimento na formação dos profissionais do PDV (Ponto de Venda) e na orientação do paciente.
- Além disso, devemos melhorar a visão dos médicos na área de gestão de sua clínica ou consultório, melhorando a captação e gerenciamento da fidelização de seus pacientes.

Aumentar a participação do farmacêutico para melhorar as informações ao paciente

Durante muito tempo o farmacêutico só aparecia na farmácia para "assinar", o que depreciou de forma significativa sua imagem no mercado. Com a necessidade do farmacêutico no PDV e com a visão de que a orientação farmacêutica aumenta os lucros da farmácia pela orientação e acompanhamento da adesão ao tratamento, o Governo aumenta a valorização deste profissional e o coloca como destaque para o sucesso de algumas políticas focadas no medicamento.

A indústria farmacêutica precisa intensificar o trabalho com este profissional, principalmente com o desenvolvimento de suas habilidades gerenciais e humanas, onde, melhorando sua formação, facilita o relacionamento com os representantes, promotores e gerentes da área de vendas, pois ele conseguirá "enxergar" a indústria farmacêutica não mais como um agente de exploração mas como um parceiro.

Ações:

- Melhore a visão do farmacêutico em recursos humanos, marketing e finanças.
- Tire a visão "pequena" deste profissional de que a farmácia não é uma empresa que visa lucro mas que ele pode levar a farmácia ao lucro.
- Mostre a verdadeira aplicação da expressão ATENÇÃO FARMACÊUTICA e não a forma incipiente ensinada em grande parte das universidades.

Melhorar os Guidelines de Tratamento e minimizar problemas relacionados aos efeitos colaterais/interações

Com todas as opções de medicamentos, empresas e apresentações, existe no mercado uma dificuldade de estabelecer *guidelines* de tratamento adequados para cada fase das doenças. Considerando o envelhecimento da população e o perfil polimedicamentoso da mesma, é necessária uma atenção especial no lançamento e na escolha dos tratamentos. Este fato ficou claro no final de 2010 com o aparecimento da "superbactéria" (Klebsiela) que levou as autoridades a tomarem medidas restritivas ao uso dos antibióticos.

É importante que o marketing farmacêutico tenha a criatividade e a competência de trabalhar adequadamente seus estudos clínicos, agora associados a estudos farmacoeconômicos, para comprovar não somente a efetividade (resultado na prática) mas sua viabilidade global relacionada a aspectos financeiros e humanísticos (qualidade de vida).

Uma das últimas legislações foi a RDC 44, que coloca boa parte dos medicamentos considerados MIP (Medicamentos Isentos de Prescrição) para "trás do balcão". Esta medida visa diminuir a automedicação e aumentar a argumentação dos profissionais da farmácia.

Esta atitude possui, na teoria, uma intenção positiva mas que precisa ser analisada de forma muito crítica nos seguintes aspectos:

- Por que não trabalhar também a educação da população sobre as políticas de saúde, tratamentos e possibilidades? Não seria uma ação muito mais sustentável a longo prazo?
- Na prática, esta medida acabou tomando as seguintes consequências:

   a) A farmácia colocou os produtos na "vitrine", de forma que a visibilidade dos produtos fosse total. Os pacientes chegam e falam "quero 'x', 'y'..." e continuam perguntando: "estou com dor de cabeça... o que eu posso tomar daqui para esta dor?...

   b) A indústria farmacêutica já colocou sobre o balcão os *displays* lacrados. Os produtos não podem ser "tocados" mas estão muito mais expostos do que anteriormente.

   c) Muitos balconistas e farmacêuticos disseram que agora aumentou de maneira significativa a bonificação sobre os produtos (pagamento por produtos empurrados para o cliente). Eu não concordo com a bonificação mas esta afirmação é lógica, se o poder aumentou a estes profissionais...

   d) Muitos farmacêuticos, por inexperiência ou formação inadequada, não estão preparados para orientar de forma segura o paciente, gerando o controle total dos balconistas no atendimento. O foco destes profissionais é simplesmente o volume de vendas e o aumento do *ticket* médio (venda média por cliente)... o que não está errado....

As indústrias definitivamente precisam entender que agora estamos no momento da fidelização dos clientes e não na venda momentânea. Precisamos realizar uma parceria com o varejo para ajudá-lo a atrair e a reter seus clientes, no crescimento sustentável baseado em informações também técnicas e de saúde, e no desenvolvimento técnico e pessoal dos profissionais responsáveis pelo tratamento e pelo acompanhamento dos pacientes.

- Volume de vendas agora é pouco, precisamos de vendas lucrativas!
- Venda pontual não significa nada... Precisamos vender sempre, gerar demanda!
- Não existe mais espaço para relações unilaterais! Todos precisam ganhar! Principalmente agora que distribuidores e varejo estão reposicionando suas atividades para um modelo de negócios mais dinâmico, focado em serviços.

2. Queda na Patente de Produtos Considerados "Chave" para as Empresas

Muitas empresas multinacionais, com seus superprodutos, chamados blockbusters (vendem mais de 1 bilhão [é isso mesmo...] de dólares/ano), vendo que os mesmos perderão sua patente nos próximos anos estão se perguntando: "o que vou fazer agora??". Foi o caso da Pfizer que viu o Viagra e o Liptor perdendo mercado rapidamente para os concorrentes. A sua demora em definir e acertar a compra de uma empresa que produzia genéricos fez com que a Pfizer presenciasse alguns concorrentes, principalmente a EMS, saindo na frente nos lançamentos de similares e genéricos destes produtos.

Conversando com um dos gerentes de treinamento da EMS eu perguntei qual foi a estratégia central para conseguir este resultado tão positivo. Na percepção dele houve três diferenciais importantes:

- Agilidade no desenvolvimento.
- Agilidade no registro.
- Ter uma capilaridade impressionante na colocação dos produtos. Ou seja, ter grande parte dos principais PDVs com potencial "na mão".

A Pfizer precisou diminuir o preço do Viagra tentando diminuir a erosão das vendas, acreditando que se o paciente utiliza o Viagra e com o preço inferior ele é somente "um pouco" mais caro, ela vai ficar com a segurança da marca. Vamos ver se esta estratégia dará certo, aliada à maior presença da empresa nos urologistas.

Uma estratégia interessante para aumentar as vendas dos produtos é AUMENTAR/AMPLIAR A INDICAÇÃO, desenvolvendo estudos clínicos e registrando novas indicações, na maioria das vezes dentro da mesma especialidade, outras vezes para outras áreas. O princípio ativo do Viagra (sildenafil) também possui uma segunda marca, o Revátio, onde uma de suas indicações é a hipertensão pulmonar.

Não é necessário mudar o nome para conseguir novos mercados, mas buscar uma indicação que possua uma epidemiologia (número de casos em determinada região) interessante e uma farmacoepidemiologia (o que é usado) em que sua classe terapêutica esteja entre as primeiras no hábito prescritivo dos médicos.

O tratamento com antibioticoterapia é um bom exemplo disso. Um antibiótico possui um espectro de ação que poderia ser utilizado em diversas patologias, mas a empresa sabiamente o posiciona para as patologias que possuem melhores resultados e/ou maior mercado e posteriormente vai aumentando e consolidando novas indicações.

Sou jurado do Lupa de Ouro do Grupemef (Grupo de Profissionais do Mercado Farmacêutico – www.grupemef.com.br) há alguns anos e percebo uma movimentação interessante das empresas na tentativa de diferenciação, considerando a explicação anterior sobre novas indicações: a EXTENSÃO DE LINHA. Produtos como a Novalgina 1g, o Dorflex P, por exemplo, conseguem "respirar" melhor com a extensão de linha, posicionando seus produtos como alternativas interessantes em outras indicações.

A queda na patente faz as empresas repensarem seu *timing* para o lançamento de seus produtos mas ao mesmo tempo, não pode mais lançar um produto considerado *me too* (mais um/mais um produto sem diferenciação) pois os investimentos em marketing estão muito mais racionalizados, a força de vendas muito mais concentrada e é preciso trazer resultados em um tempo cada vez menor.

Outra ação possível é a venda ou o licenciamento de alguns produtos para a concorrência, já que as margens "pós-quebra da patente" não se tornam mais atrativas para a indústria. Muitos devem pensar "abrir mão de produtos com tanto potencial?"... é... mas a estrutura para se manter um produto é muito cara, considerando a força de vendas, distribuição, investimento de marketing e outros custos importantes.

A compra de empresas também pode ser uma alternativa, já que é mais rápido o crescimento de mercado com a aquisição de uma empresa com portfólio de produtos de alto giro e/ou valor agregado alto. Este assunto será tratado no próximo item, sobre a falta de *pipeline* das empresas.

Outra ação interessante é a visitação médica intensa para os produtos similares de empresas como a Eurofarma. Por que, se são produtos similares??? Além do aumento no faturamento, expressa também a intenção de formar uma IMAGEM DE RESPEITO, UMA MARCA FORTE da empresa junto aos médicos, para facilitar o lançamento de seus produtos de referência.

Empresas como a Biolab, Cistalia, Eurofarma estão se estruturando para lançar produtos de referência pois elas sabem que, dentro de um mercado com mais de 550 indústrias farmacêuticas, a queda da patente dos produtos mais atrativos não representa mais o mesmo volume de vendas, nem a lucratividade de antigamente, já que é tido como certo um número significativo de entrantes e a consequente pulverização das vendas dos princípios ativos sem patente.

3. Consolidação dos Genéricos e Falta de um *Pipeline* Competitivo para Grande Parte das Empresas

No lançamento da primeira edição deste livro em 2006 eu citei a dificuldade de pôr no mercado produtos considerados realmente como inovadores. Em 2011, ao terminar a segunda edição, esta situação se agrava ainda mais, pois houve alguns fatores importantes de competição:

Entrada de Muitas Empresas

Nos últimos cinco anos entraram empresas de diversas nacionalidades, como indianas, portuguesas, canadenses, com produtos não somente similares ou genéricos mas também inovadores.

Estes entrantes pulverizaram as vendas do mercado, deixando as empresas presentes com a obrigação de resultados rápidos e consistentes.

Consolidação do Conceito de Genérico

Os genéricos entraram no mercado em 98/99 e as empresas tinham como meta atingir 30% do mercado (em faturamento) em 5-7 anos. Até hoje o mercado de genéricos não chegou a este objetivo devido ao trabalho do PDV com os similares, principalmente os bonificados (os balconistas recebem x% por unidade vendida) mas seu crescimento atualmente é significativo devido às seguintes condições:

- **Preço:** Atualmente os genéricos também já possuem mais de 50% de desconto (política muito utilizada pelos produtos similares), ou seja, para cada unidade vendida o distribuidor ou a farmácia recebe 1 ou 2 unidades adicionais (desconto acima de 50%. Só para vocês terem uma ideia, para o registro de preço de um produto genérico é necessário que seu preço seja, pelo menos, 35% menor do que o preço do produto de referência. A média de mercado nos dias de hoje ultrapassa os 60%.

Como a imagem destes produtos está se consolidando, a população sabendo que esta categoria de produtos possui preços melhores, a sua demanda aumenta de forma consistente.

> *Importante:* **Vale lembrar que nem todos os genéricos possuem preços menores. Devido a estratégias comerciais das multinacionais, não é incomum encontrarmos produtos genéricos mais caros do que os medicamentos de referência (muitas vezes denominados erroneamente de "éticos"... pois todos deveriam ser...)**

- **Melhora da imagem de que os medicamentos genéricos possuem qualidade:** No seu lançamento, os produtos genéricos não conseguiam sua diferenciação no PDV em comparação aos similares. Com a desinformação da população e com a influência dos atendentes de farmácia, eles literalmente empurravam os produtos similares, que na época não necessitavam de testes de biodisponibilidade (hoje, por legislação, todos os similares devem passar por este teste, seja na renovação do registro, seja no lançamento de um novo medicamento). Como esta categoria de produtos, em muitas empresas, comprovadamente não apresentava resultados semelhantes aos produtos de referência, a imagem dos genéricos ficou muito afetada.

Com a compra de várias empresas nacionais que fabricavam produtos genéricos pelas multinacionais, com a melhor estruturação das empresas nacionais e principalmente com a maior fiscalização do Governo, o padrão destes produtos se elevou, embora ainda se discuta a necessidade de maior fiscalização da entrada de matérias-primas no país.

A NÃO utilização SOMENTE de insumos com testes de biodisponibilidade, provenientes de empresas idôneas, foi a solução que algumas empresas negligentes utilizaram para reduzir seu preço e obter melhor negociação neste mercado.

- **Estratégias agressivas das empresas produtoras:** Inicialmente as empresas produtoras trabalhavam a sua imagem institucional com posicionamento bem orientado a diferenciais como "mesma coisa com o menor preço", "líder de mercado", "pioneira em genéricos", "maior linha de produtos", "qualidade garantida pela marca" etc.

Houve uma grande movimentação na visitação destas empresas pelos seus principais clientes para aumentar a credibilidade e segurança nos processo e no produto final. O sistema do "visite minha cozinha para comprovar minha qualidade" foi acertadamente utilizado de forma ampla.

Além da negociação mais agressiva, as empresas produtoras de genéricos perceberam que os concorrentes reagiram rapidamente, diminuindo suas margens e focando mais seu trabalho no Ponto de Venda (PDV). O preço, ou melhor, os descontos não eram mais o grande "diferencial".

Com este cenário, as empresas começaram a trabalhar mais agressivamente a parceria com as farmácias. Esta parceria contempla:

- **Fechar contratos de fornecimento exclusivo.**

- **Montar, estruturar ou reformar a farmácia, em troca de exclusividade ou preferência.**

- **Analisar o melhor portfólio de produtos para a farmácia, de maneira que minimizasse as perdas e facilitasse o giro.**

- **Melhorar a comunicação interna, implementando de forma mais adequada o gerenciamento por categoria, obviamente considerando como uma das categorias os produtos genéricos.**

- **Melhorar a comunicação externa**, facilitando o acesso da população à informação de que farmácia trabalha com produtos genéricos e os descontos relacionados a uma negociação atrativa.
- **Treinamento contínuo** sobre a linha de produtos, benefícios do produto à população e lucratividade à farmácia para donos, farmacêuticos e balconistas.

Para que isto seja possível, é necessário que as indústrias tenham consciência de que precisam realizar algumas ações importantes:

- **Análise de seu portfólio e produtos.** Produtos que não possuem potencial de demanda, que não representam mais a escolha em um tratamento, que possuem muitos concorrentes, gerando menores lucros, PRECISAM SER REAVALIADOS PARA DETERMINAR SUA CONTINUIDADE.

- **Análise de sua distribuição.** Esta avaliação não deve ser realizada somente pelos produtores de genéricos mas por todas as indústrias farmacêuticas, pois precisamos responder aos seguintes pontos, que vão variar de acordo com o objetivo de cada empresa:

    1) SERÁ QUE É VIÁVEL TER UMA CARTEIRA DE CLIENTES TÃO NUMEROSA? A DEMANDA, A LUCRATIVIDADE E A RENTABILIDADE JUSTIFICAM ESTE INVESTIMENTO ADICIONAL PARA ENTREGAR ESTES PRODUTOS NESTES LOCAIS MUITO DISTANTES OU NAS FARMÁCIAS DE PEQUENO PORTE?

    Uma das principais estratégias para o crescimento dos produtos genéricos é a pulverização de suas vendas nos mesmos moldes de produtos como a cerveja e a Coca-Cola, ou seja, se você entra em uma farmácia e pede um produto genérico, a sua MARCA tem que estar ali... embora seja definitivo, conforme descrevemos acima, que façamos uma análise no nosso canal da relação VENDAS × RESULTADOS FINANCEIROS.

    2) CONSIGO ATENDER DIRETO MEU PDV DE FORMA CONSISTENTE, MELHOR DO QUE UM DISTRIBUIDOR? A tendência de mercado é o aumento da venda direta ao PDV, principalmente para as redes e, independente de faturamento alto, acima de R$ 200.000,00/mês, mas até que ponto consigo atender todos os meus objetivos?

3) MINHA PARCERIA COM OS DISTRIBUIDORES E COM O PDV É SAUDÁVEL?

Nunca o termo "ganha-ganha" se tornou peça tão fundamental para a sustentabilidade dos *players* do setor farmacêutico. Tenho que determinar, com objetividade, atividades e estratégias que tragam o crescimento de todos os envolvidos: ajudar o varejo na geração e fidelização de clientes, fazer as distribuidoras melhorarem seu atendimento e suporte aos clientes, ensinar ao varejo como melhorar seu gerenciamento financeiro e tributário, facilitar o desenvolvimento e o crescimento das distribuidoras quando as mesmas passarem a ter o trabalho de somente operação logística (as margens caem significativamente).

Esta postura vai determinar a facilidade maior ou menor das indústrias penetrarem em seus mercados-alvo, seja com seu atual portfólio, seja, principalmente, com seus lançamentos.

4. A Diferente Atuação das Indústrias Nacionais e Multinacionais

O aumento das vendas de genéricos, a manutenção da venda dos similares, principalmente nas farmácias de periferia, a possibilidade de exportação de medicamentos e a ausência de perspectiva de lançamentos com alta diferenciação, mais a necessidade de inovação das indústrias (independente de sua nacionalidade) fizeram com que as empresas mudassem seu direcionamento de mercado.

Não podemos mais classificar ou associar as empresas através dos seus produtos comercializados, como, por exemplo, a empresa "X" = genéricos; a "Y" = produtos de referência. Poucas possuem esta característica, como a Roche que comprou uma empresa de biotecnologia, investe maciçamente em pesquisa e cortou diversas linhas de produtos para ficar exclusivamente em mercados de alto valor agregado, como a oncologia, por exemplo: a Sanofi-Aventis adquiriu a Genzyme (biotecnologia) mas também comprou a Medley, uma empresa de genéricos.

Dentro da estratégia de FOCAR EM MERCADOS ATRATIVOS, a bola, ou melhor, a "área da vez" é a HOSPITALAR.

O seguinte cenário justifica esta afirmação:

1) Crescimento do faturamento dos hospitais privados

A melhor gestão financeira associada a uma estratégia de implantação da marca em outros municípios (exemplo: o Hospital São Francisco, de Ribeirão Preto, já está presente em mais de 10 cidades pelo Brasil). Aumentar a lucratividade e o crescimento deste mercado é um fator atrativo para as indústrias.

2) Alta margem de lucros em algumas áreas

Muitos produtos do mercado hospitalar, principalmente os oncológicos, possuem uma margem altamente positiva para os negócios da indústria. Este segmento é alvo da maioria dos estudos clínicos para o desenvolvimento de novos produtos.

Outro ponto importante é a necessidade cada vez maior de os hospitais implementarem novos conceitos que racionalizem a compra de medicamentos. Comprar somente pelo preço mais baixo não ajuda a minimizar o impacto dos custos de hospitalização e de gerenciamento dos efeitos colaterais dos tratamentos empregados. A farmacoeconomia e a farmacovigilância são grandes parceiras neste caso.

3) Menor número de empresas concorrentes com linhas destinadas à área hospitalar

Mais empresas nacionais e multinacionais começam a despertar interesse neste mercado mas ainda existem alguns fatores limitantes:

- A maioria dos hospitais no Brasil possui menos de 50 leitos, limitando o potencial de compra.
- A maioria dos hospitais ainda compra somente pelo preço e os *sites* de compra de produtos hospitalares aumentam esta atividade.
- Entrada maciça de produtos similares e genéricos, limitando a presença de medicamentos de referência com preços maiores.

Para as empresas já estabelecidas, o mercado hospitalar se revela uma oportunidade crescente.

4) A consolidação da estruturação dos hospitais dos próprios convênios

Quando o hospital é do próprio convênio, ele conquista elementos essenciais na redução de seus custos:

- Controla os procedimentos médicos, principalmente o diagnóstico e os produtos utilizados.
- Controla a compra dos medicamentos e não fica sujeito a pagar um valor ao hospital associado muito superior à negociação efetuada (compra pelo preço de fábrica com descontos e repassa ao convênio o preço "cheio" do produto).
- Redução do número de médicos e estrutura (número de hospitais).
- Implementação de ferramentas para acompanhar os resultados dos formulários de tratamento auxiliado por análises que levem em conta as terapias com melhor custo e não com melhor preço, embasado pelos dados clínicos do tratamento como eficácia e principalmente os custos relacionados aos efeitos colaterais e interações medicamentosas.

As indústrias precisam trabalhar os auditores e a direção dos convênios para facilitar a padronização de seus produtos e principalmente evitar a chamada "glosa", ou seja, a não aprovação na utilização de determinado produto ou tratamento.

5. Mudança na Postura do Varejo Farmacêutico Dentro da Arena Competitiva

O varejo farmacêutico também passa por um momento importante de mudanças.

Fusões e Aquisições

O banco de investimentos BTG Pactual, que desde 2010 segue comprando redes de drogarias, ficou em terceiro lugar no ranking de fusões e aquisições das Entidades dos Mercados Financeiros e de Capitais (Anbima). O fundo comprou em setembro de 2011 o Grupo Rosário Distrital (GRD), a maior rede de drogarias do centro-oeste brasileiro, com mais de 80 lojas no Distrito Federal, e a rede finalizou a compra de 32 lojas da Farmácia dos Pobres, uma das redes mais tradicionais da região, que está em recuperação judicial.

Em 2010 comprou 100% da rede Farmais, quando a instituição decidiu apostar em ativos ligados à "economia real" – negócios fora da área financeira que incluem empresas do setor de estacionamentos (rede Estapar), combustíveis (postos Aster e ViaBrasil) e hospitais (rede D'Or).

Segundo dados da Anbima, o volume de fusões e aquisições anunciado no Brasil cresceu 61,8% de janeiro a setembro, na comparação com igual período do ano de 2010, somando R$ 144,8 bilhões. Foi o maior volume para o período desde 2006, e corresponde a um valor 21,7% superior ao verificado ao longo de todo o ano de 2009.

Abertura de Novas Lojas de Rede

Um exemplo é a declaração do CEO e Diretor de Relações com Investidores da Drogasil, Claudio Roberto Ely:

"Em 2010, aumentamos o ritmo de abertura de lojas com a inauguração de 57 novas lojas, atingindo um total de 338 operações em seis estados brasileiros e 88 municípios. O período ainda marcou nossa entrada no Rio de Janeiro, na sequência da trajetória de adicionar a presença da Drogasil a um novo estado do Brasil. A expansão da rede de lojas Drogasil representou um crescimento de 20,1% sobre o exercício de 2009. Reformamos ainda 54 lojas, adaptamos nossa rede de lojas às exigências determinadas pela Anvisa, ou seja, o layout foi reformulado para expor os medicamentos isentos de prescrição atrás do balcão. Além disso, iniciamos a operação do segundo centro de distribuição em Contagem (MG) e tudo isto alcançado com expansão de margem EBTIDA e retorno sobre vendas de 4,3% em 2010".

Outra movimentação é a estratégia de expansão de algumas redes de farmácias de hipermercados. Por exemplo, o Carrefour e o Walmart abrirão PDVs nas ruas.

Outro exemplo é a Drogaria Onofre, que investiu aproximadamente R$ 2 milhões para a abertura de diversas lojas, que terão como foco a venda dos medicamentos genéricos e perfumaria. Para a conquista de clientes, a empresa aposta em sua política agressiva de descontos para ambas as linhas.

"Essas duas novas lojas fazem parte do nosso plano de expansão, que inclui a abertura de pelo menos 10 lojas até o fim do ano", conta Marcos Arede, diretor comercial da Drogaria Onofre. O executivo ainda destaca que a escolha pelas regiões se deu devido ao potencial do mercado e do poder de compra das classes B, C e D. "O varejo farmacêutico atinge todas as camadas, pois todas as pessoas compram medicamentos, produtos de higiene pessoal, cosméticos e perfumaria. É notório o crescimento das classes C e D e queremos atingir esse público", conclui.

Associação a uma Marca Forte

Com o aumento da concorrência e da tendência natural de segurança do consumidor, existe o crescimento da força de uma "MARCA FORTE" seja ela associada a uma rede ou a um grupo associado.

Por que isto acontece?

Simples... o consumidor possui mais segurança em comprar em uma farmácia que ele "encontra" em vários locais. Ele percebe (nem sempre isto é verdade, mas a percepção é o que conta) que existe um padrão de produtos e muitas vezes de atendimento. Como a tendência do ser humano é gostar de entrar em sua "zona de conforto", as marcas mais fortes sobressaem no momento de escolha.

Além disso, as marcas fortes geralmente possuem melhor poder de compra e consequentemente repassam estes descontos para o consumidor, aumentando sua atratividade

Entramos na Era do Valor Agregado

Está chegando ao fim o período de diferenciação SOMENTE pelo preço (ou guerra de preços/descontos). O momento agora é a diferenciação pelo VALOR AGREGADO!!! Estamos em uma sociedade em que discutimos diariamente o perfil das gerações X, Y, Z etc. etc. mas independente da "letra" passamos por uma fase de total impessoalidade nas relações, o atendimento está péssimo, embora quase todas as empresas façam investimento nesta área.O que falta, então?

Não adianta treinar seus funcionários em atendimento se eles não veem expectativa de melhores ganhos ou de crescimento na carreira. Não adianta colocar indicadores inatingíveis, se na maioria das empresas o trabalho em equipe é inexistente e a liderança, muitas vezes despreparada, não fomenta o desenvolvimento dos melhores profissionais, mas dos "melhores amigos"...

As farmácias precisam urgentemente repensar seu posicionamento e suas estratégias de diferenciação. Precisam ter uma profissionalização na área de Gestão de Pessoas que naturalmente coloque na cabeça dos colaboradores o sentimento de "SE IMPORTAR COM...". Desta forma acredito que poderemos ter resultados mais sustentáveis neste segmento.

Algumas ações que deveriam ser implementadas com urgência no varejo farmacêutico:

1. ANÁLISE CONSTANTE DO MERCADO

- As farmácias trabalham com banco de dados? Se a resposta for positiva, elas se valem de forma coerente de suas informações?
- Existe monitoramento dos meus concorrentes diretos e indiretos?
- Conheço meu mercado de atuação, minha região e o perfil das pessoas que moram dentro do meu raio de atuação?
- Escuto as necessidades dos clientes ou sempre parto do pressuposto "o meu cliente gosta de ...".
- Entendo onde estão os meus pontos a melhorar? Ou estes pontos são baseados no que a concorrência faz? Continue copiando os concorrentes e veja qual vai ser o seu futuro...

2. CRIE DIFERENCIAIS DENTRO DA ROTINA DO CLIENTE

O que posso fazer para facilitar a vida do meu cliente? O mais interessante da resposta para esta pergunta é que muitas vezes o serviço prestado não será tangível, mas se dará através da melhoria da INFORMAÇÃO, seja ela técnica, como uma orientação sobre um medicamento, seja relacional, como uma conversa sobre qualidade de vida.

Entregar o pedido em casa é importante? Claro que sim.. mas o que fazer neste caso para me "aproximar" do meu cliente.

Distribuir adequadamente meus produtos dentro da farmácia é essencial? Sim... mas existem necessidades especiais onde eu poderia ter novas seções especificas para este público? Uma área para diabéticos, grávidas, por exemplo.

3. TER UM POSICIONAMENTO DEFINIDO

Posicionamento é a imagem que você pretende deixar para seus clientes. COMO EU QUERO SER RECONHECIDO.

Eu acredito que posicionamento é um objetivo qualitativo, já que todas as minhas estratégias visam atingir uma imagem na cabeça e no coração das pessoas.

Pretendo colocar minhas forças no atendimento, nos serviços, nos descontos?

Você não pode ser uma farmácia que pretende atingir a todos os públicos. É igual ao nosso relacionamento pessoal: se você quiser ter todas as pessoas, vai acabar não sendo de ninguém...

4. TREINAMENTO DIFERENCIADO

Chega de treinamentos focados somente no atendimento e na tributação. Eu preciso de ferramentas de gestão, preciso conhecer técnicas de pesquisa de mercado, entender o que representa uma liderança de resultados, através das pessoas e não COM A PRESSÃO nas pessoas.

O desenvolvimento é um processo contínuo e estou cansado de dar cursos para empresas que acham que trabalham com desenvolvimento somente com cursos de uma semana. O treinamento das empresas precisa ser levado mais a sério e não com hipocrisia.

Todo programa de desenvolvimento se baseia inicialmente em um ponto: COMO POSSO SANAR MEUS PROBLEMAS. A partir deste ponto a empresa pode começar o planejamento em um segundo momento: O QUE FAZER PARA CRESCER E ME DIFERENCIAR. Não posso primeiro tentar uma diferenciação se ainda existem problemas sérios a resolver.

5. CONTATO CONSTANTE COM O CLIENTE

A venda começa no momento da compra. Eu sei como o cliente está utilizando o produto que comprou na minha farmácia?

No caso de um medicamento, a garantia da adesão ao tratamento ainda requer maiores cuidados. Esta palavra – ADESÃO – faz toda a diferença para o resultado da terapia e para a fidelização do paciente pela farmácia (e também pelo médico).

Acompanhar é ligar para o paciente no final de mês com a frase "Bom dia Sr. Sr.......vejo que seu medicamento está acabando... o senhor gostaria que eu lhe enviasse outra unidade para sua casa? ISTO ESTÁ TOTALMENTE ERRADO!!!!! O que você fez não foi acompanhar ou fidelizar mas empurrar outro produto.

Acompanhar é, neste caso, AJUDAR A CUIDAR DESTE CLIENTE, conversando com os familiares, ajudando na lembrança do horário da tomada de seu medicamento, auxiliando sobre as melhores condutas de saúde, entregando material informativo sobre doenças crônicas ou importantes. Somente desta maneira poderemos pensar em crescimento sustentável, na sua forma mais ampla.

Mudança da Influência do Setor
RELAÇÃO FARMÁCIA × INDÚSTRIA

Além de todos estes fatores, existe a relação com a indústria farmacêutica, que no passado ditava as regras e as condições. Agora este vetor força passou para o varejo, já que este *player* tem uma participação importante na decisão e compra dos medicamentos.

Por exemplo: uma empresa que está posicionada na venda de produtos genéricos precisa dos seguintes diferenciais para vender seus produtos: PORTFÓLIO COMPLETO DE PRODUTOS QUE REALMENTE TENHAM GIRO (quantidade e "qualidade" = demanda) E ESCOLHER ADEQUADAMENTE SEU CANAL DE DISTRIBUIÇÃO!

O que fazer para evitar a troca dos produtos no PDV?

- Conceito frente à classe médica?
- Colocar os promotores para fiscalizar as farmácias?

Estas ações ajudam mas evidentemente que será necessário haver uma negociação atrativa, que permita que a farmácia lucre com seus produtos, já que o conceito utilizado no passado "meu produto possui qualidade superior" já caiu em desuso há muito tempo.

Ajudar no treinamento dos colaboradores também se torna um diferencial, considerando que a farmácia tende a minimizar a troca de produtos ou de fornecedor se existir uma parceria sólida focada no desenvolvimento do parceiro e não somente em questões comerciais.

RELAÇÃO FARMÁCIAS × FARMÁCIAS

Poder do "mais forte": Concentração no faturamento das farmácias pelos seguintes motivos:

- Falta de poder de investimento das farmácias independentes.
- Menor poder de negociação com os fornecedores e consequente falta de competitividade por preços mais acessíveis. A chamada "GUERRA DE PREÇOS" é uma prática comum entre as redes, embora atualmente elas estejam tentando aumentar suas margens através de serviços diferenciados.
- Nas farmácias independentes ainda existe uma carência de uma visão estratégica/administrativa que permita o desenvolvimento adequado do negócio.
- Menores serviços voltados à fidelização do cliente. Considerando que o cliente atual possui critérios muito mais elaborados na escolha de seus produtos e empresas, a falta de serviços voltados à personificação do cliente faz com que as redes tenham um diferencial competitivo importante.
- A aplicação do conceito de GERENCIAMENTO POR CATEGORIA, ferramenta que auxilia de maneira sólida tanto na redução de custos como na segmentação das estratégias por produtos, é mais facilmente aplicável nas farmácias de rede.
- A denominação REDE na mente do consumidor desperta o sentimento de "empresa sólida", "maior variedade de produtos", "melhores preços", dificultando a entrada e permanência das farmácias independentes.
- O ATENDIMENTO, fator cada vez mais importante para o sucesso a longo prazo das empresas de varejo, é trabalhado exaustivamente pelas redes, na tentativa de padronização de suas atividades. Estratégias de "PÓS-VENDA" são percebidas como fatores-chave na fidelização dos clientes e o CADASTRAMENTO DOS CLIENTES assume papel estratégico na segmentação das atividades. Nas farmácias independentes o atendimento é realizado geralmente pelo dono ou pelo farmacêutico, muitas vezes de forma simplista.

- A necessidade de uma contínua redução de estoques, buscando minimizar os custos, aumenta ainda mais o relacionamento das grandes redes com os fornecedores, considerando o seu alto volume de compras.
- Não é somente no mercado farmacêutico que existe uma tendência do estabelecimento de empresas ASSOCIADAS, COOPERADAS. Desta forma existe a centralização na compra de produtos com ganhos em preço, entrega e demanda.
- Os distribuidores possuem melhores vantagens quando direcionam suas vendas para as redes de farmácias.

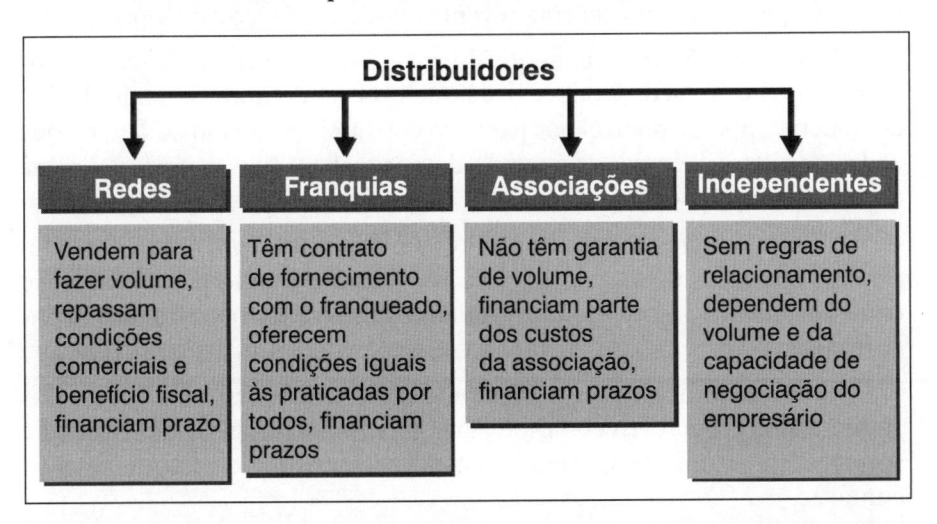

Distribuidores

Redes	Franquias	Associações	Independentes
Vendem para fazer volume, repassam condições comerciais e benefício fiscal, financiam prazo	Têm contrato de fornecimento com o franqueado, oferecem condições iguais às praticadas por todos, financiam prazos	Não têm garantia de volume, financiam parte dos custos da associação, financiam prazos	Sem regras de relacionamento, dependem do volume e da capacidade de negociação do empresário

As farmácias independentes somente conseguirão se tornar competitivas se adotarem um processo de modernização em suas lojas, como a implantação de *check-outs*, autosserviço e a implementação efetiva da atenção farmacêutica.

Mesmo com toda a influência das grandes redes, vale ressaltar que as farmácias independentes possuem forte participação nas periferias, região nem sempre atendida pelas grandes redes.

Novas Tendências do Setor

Oferecimento de novos serviços – os estabelecimentos comerciais estão, cada vez mais, aderindo à prestação de serviços de pagamento de contas de luz e telefone, e, dentre os mesmos, destacam-se as farmácias e drogarias.

Esse serviço adicional, na maioria dos casos, incrementa o fluxo de pessoas e, consequentemente, a receita das farmácias. Segundo os donos de farmácias, o serviço prestado, cujo ganho varia em torno de R$ 0,05 por conta recebida, é bastante reduzido; porém, com o aumento da circulação de pessoas, a tendência é que as vendas também aumentem, pois, de acordo com pesquisas de mercado, pelo menos 80% das pessoas que vão pagar suas contas acabam adquirindo, no mínimo, um produto. Além disso, esse novo serviço agrega um diferencial para as farmácias e drogarias, comparativamente às concorrentes onde o serviço não é prestado.

Diversificação do mix de produtos – é uma outra tendência no comércio farmacêutico, processo este que está sendo impulsionado devido ao pouco tempo disponível por parte do consumidor, aliado ao fato de que cada vez mais as pessoas estão optando por realizar suas compras, de uma só vez, em um único lugar.

A diversificação no mix de produtos é uma estratégia usada por diferentes segmentos do varejo, sendo um recurso utilizado para a captação de novos clientes, aumento das vendas e, também, para enfrentar a concorrência.

Para exemplificar, cabe ser destacada a rede nordestina de drogarias Pague Menos, que oferece desde artigos de perfumaria, bebidas, pães e sorvetes, num total de seis mil itens, até os serviços de recebimentos de contas.

Marcas Próprias

A comercialização de marcas próprias por parte das farmácias de rede e independentes constitui um novo cenário operado pelo setor. Entre os produtos comercializados podem ser encontrados diversos itens, que vão de linhas de cosméticos, como xampus, condicionadores, produtos de higiene bucal e protetores solares, até produtos básicos de farmácia, como mercúrio, soro fisiológico e água oxigenada.

Esses produtos possuem um diferencial canalizado especialmente para o baixo preço, já que, em muitos casos, são vendidos com preços 30% menores do que os de produtos com marcas tradicionais.

A maioria das empresas não possui fábrica própria, utilizando, portanto, a terceirização na fabricação dos produtos.

A maior parte dos produtos de marcas próprias é de higiene pessoal, segmento que participa com cerca de 30% do total das vendas do setor, o que demonstra o grande potencial a ser explorado por esses tipos de produtos no mercado. Porém, concorrer com as grandes marcas do setor de higiene pessoal é bastante difícil, já que as multinacionais investem bastante recursos em marketing, e as suas marcas já estão consolidadas no mercado.

Além disso, a venda de produtos de higiene pessoal requer uma maior disponibilidade financeira por parte dos clientes, tendo em vista não serem caracterizados como de primeira necessidade.

Em um mercado de extrema competição, como o de farmácias e drogarias, torna-se necessária a utilização de produtos de marca própria, pois, além de alavancarem as vendas, fortalecem o nome da rede e aumentam a fidelização com o cliente, já que a aceitação do produto, por parte do consumidor, leva-o a retornar à loja, para adquirir o produto.

Entretanto, na venda de produtos de marcas próprias, além da necessidade de uma estratégia de preços menores, é preciso, também, focar a qualidade dos produtos a serem comercializados, pois as marcas próprias estão, direta ou indiretamente, ligadas à logomarca da empresa, podendo, na ocorrência de algum problema, prejudicar o nome e a imagem da rede.

Comércio Eletrônico

Embora esteja em discussão a permissão da venda de medicamentos pela Internet, o comércio eletrônico já está fazendo parte do cotidiano de algumas das farmácias e drogarias, especialmente nas grandes redes.

Há casos de farmácias que pretendem comercializar os seus produtos por meio de dispositivo móvel, como o aparelho celular, utilizando a tecnologia WAP, tornando possível visualizar, na tela do telefone móvel celular, os produtos que o consumidor compra com mais frequência, como é o caso dos comprimidos antigripais.

Porém, nem todos os medicamentos podem ser vendidos pelos *sites* de Internet, como é o caso dos derivados de substâncias entorpecentes, psicotrópicas, os de tarja preta, entre outros, que só podem ser comercializados mediante apresentação de receita médica na própria farmácia, onde fica retida.

As vendas do setor farmacêutico estão assim segmentadas: 32% correspondem às vendas de medicamentos de tarja vermelha; 30% são referentes a produtos de higiene e de beleza; 23% são de medicamentos controlados, de tarja preta; e 15% referem-se às vitaminas e medicamentos sem controle, como analgésicos, os chamados OTC (*Over The Counter*).

Muitas farmácias estão aproveitando a logística utilizada no serviço de entregas em domicílio, ora já existente, facilitando, assim, as entregas das compras feitas on-line, onde o pagamento pode ser feito no ato do recebimento da mercadoria, sem limite de valor preestabelecido.

A eficiência na distribuição dos remédios será o diferencial entre as redes que pretendem obter êxito no comércio eletrônico, pois a demora na entrega de um medicamento acarreta uma insatisfação significativa ao cliente.

Concorrência

Além da competição entre as farmácias independentes e as de grandes redes, há a luta do varejo farmacêutico com os supermercados, principal concorrente na disputa pelo setor de cosméticos e perfumaria, já que a comercialização de medicamentos, por parte dos supermercados, é estritamente proibida pela legislação vigente.

As farmácias concorrem em desvantagem nesse mercado, pois o tamanho de suas lojas é bastante limitado, o que restringe, por sua vez, o número de itens a serem comercializados, que podem alcançar 40 mil nos supermercados.

As farmácias vêm, portanto, apostando em alguns diferenciais mercadológicos, face a um cenário de competição crescente, adotando as seguintes ações: entregas em domicílios, sem cobrança de taxa de entrega e pedido mínimo; serviço de atendimento ao cliente – SAC; *drive-thru*; banco 24 horas; *call centers*; convênio-empresa; assistência farmacêutica integral; *e-commerce*; e programas de fidelização com os clientes, tais como cartões de fidelidade e descontos progressivos, que estão, cada vez mais, presentes no cotidiano das lojas.

Nos Estados Unidos, por exemplo, as redes utilizam várias estratégias de fidelização. Uma delas é conhecida como *close out stores*, que consiste na formação de cadastros dos clientes que compram periodicamente o mesmo tipo de produto, acarretando a entrega desses produtos para os domicílios dos clientes. Tal estratégia, além de aproximar o consumidor, permite aos lojistas adquirirem, com antecedência, a quantidade certa de produtos, programando melhor suas compras, já que possibilita o conhecimento da quantidade que será vendida, reduzindo, inclusive, os custos com manutenção de estoques.

Para enfrentar a concorrência, as farmácias estão optando pelo associativismo, pois a negociação, em conjunto, permite às mesmas redução de custos e de preços, bem como aumento das vendas, tornando-as mais competitivas na disputa com os supermercados, já que a estratégia de reduzir margens de lucro sempre foi um recurso utilizado pelo setor supermercadista para diminuir preços, e, assim, obter vantagens sobre a concorrência.

Segundo a ABRAFARMA, as farmácias do futuro possuirão as seguintes características:

- **Farmácia com integração de dados e possibilidade de reposição automática de produtos.**
- *Layout* **voltado para o autosserviço.**
- **Gestão financeira profissional.**
- **Estar associada a uma marca forte (redes, franquias, associativismo).**
- **Não dependente da venda de similar.**
- **Comunicação e diálogo com o paciente.**

6. MUDANÇA NO PERFIL DOS PRINCIPAIS *PLAYERS* DO PROCESSO DECISÓRIO E CONSEQUENTEMENTE A NECESSIDADE DE MUDANÇA DE ABORDAGEM DAS INDÚSTRIAS

Conforme citado anteriormente, o mercado está passando por uma série de modificações e consequentemente as empresas se veem obrigadas a se adaptar a elas. Vamos estudar detalhadamente todas estas modificações abordando três aspectos principais:

Modificações do Perfil da Classe Médica

O perfil do profissional médico mudou no decorrer do tempo. Aquele médico que tinha uma vida tranquila utilizando somente o seu consultório e que muitas vezes vinha em nossa casa numa emergência, atualmente é uma raridade, pois não há mais tempo e tampouco situação financeira para isso. Isto se deve em grande parte ao surgimento dos primeiros sistemas pagadores como cooperativas, convênios, seguradoras e empresas de autogestão que cresceram sobre a falta de eficiência dos serviços públicos de saúde.

Com o passar do tempo, estes sistemas pagadores reduziram fortemente tanto a remuneração da classe médica quanto o preço dos serviços voltados ao paciente, diminuindo por um lado o poder aquisitivo dos profissionais e, por outro, dando acesso a consultórios e clínicas particulares a muitos que antes não os frequentavam.

> **70 A 85% POSSUEM CONSULTÓRIO.**
> **75 A 90% DEPENDEM DOS CONVÊNIOS.**
> **85% ACHAM OS PLANOS RUINS OU REGULARES.**
> **93% DISSERAM QUE O PLANO INTERFERE EM SUA AUTONOMIA.**
> Pesquisa Datafolha 2002

Algumas pesquisas realizadas pelo Conselho Federal de Medicina e pela Fiocruz sobre o perfil do médico no país apresentaram resultados interessantes e outros parâmetros relevantes sobre a realidade do setor:

Para tornarmos a leitura mais atrativa para o profissional de marketing, após cada tópico da pesquisa estaremos aconselhando algumas atividades diferenciadas ou observações importantes que podem ser aplicadas;

a) Idade

O Brasil confirma a característica "jovem" da profissão, ou seja, 63,4% têm menos de 45 anos de idade, havendo semelhanças regionais. Na região norte (61,2%); nordeste (63,2%); sudeste (66,3%); sul (67,3%) e centro-oeste (64,4%).

No país, o contingente com mais de 60 anos soma apenas 8,6%.

DESTAQUE:

O meio médico é altamente competitivo e para o profissional jovem existe a necessidade de se firmar e principalmente se destacar entre seus colegas. Muitos deles podem vir a se tornar formadores de opinião ou influenciadores na utilização de novos tratamentos ou medicamentos.

As empresas podem ajudar este jovem através de cursos de capacitação, patrocínios a eventos científicos, serviços de informação focados às suas necessidades, até mesmo sobre orientações fora da parte técnica (oratória, marketing pessoal, administração, gerenciamento de pessoas etc.)

Além disso este perfil de profissional está mais habituado com o novo, a inovação, sendo mais "permeável" a informações sobre novas terapias, medicamentos e condutas.

b) Tradição

A tradição da profissão de ser um ofício "artesanal" que passa de pai para filho é reforçada com os altos índices de parentesco entre os médicos. Sugerindo uma linhagem médica, observa-se que no país 48,2% possuem parentes (diretos) que também são médicos.

DESTAQUE:

Esta característica nos leva a direcionar nossas atividades de marketing para o "alto padrão", para a valorização do profissional médico, principalmente se considerarmos as atuais dificuldades que estes profissionais encontram para se estabelecer neste mercado onde seu ganho se concentra principalmente nas operadoras de saúde.

c) Formação

Dentre os médicos que atuam no mercado brasileiro 66,4% realizaram sua formação profissional básica (curso de graduação) em escolas de medicina públicas. A maioria já realizou algum curso de pós-graduação (78,1%). Quatorze por cento dos médicos disseram ter feito o curso de mestrado e 6,8% afirmaram ter feito doutorado.

A tradição dos "encontros científicos" se mantém na profissão no Brasil, o que significa dizer que 73,6% dos médicos têm participado de congressos científicos nestes últimos dois anos, com destaque para a região sul, onde 78,7% frequentam este tipo de encontro.

No entanto, esta participação decai significativamente quando se refere a congressos internacionais realizados no exterior.

A franca deterioração dos rendimentos médicos ocorrida nestes anos tem contribuído para uma certa inibição não só da participação em encontros científicos, como também no acesso direto às inovações técnico-científicas ocorridas na medicina, através de publicações científicas internacionais. No Brasil, por exemplo, 13,7% têm assinatura nestas modalidades de divulgação médica.

Esta fraca porcentagem relacionada à assinatura de publicações também se deve à introdução de outras formas de atualização mais eficientes e menos onerosas.

O constante e necessário aprimoramento profissional é uma "necessidade" expressa por 96,3% dos médicos do país, o mesmo ocorrendo em todas as regiões, exceto o norte, onde a segunda opção recai nos cursos de mestrado/doutorado/pós-doutorado.

Dentre as modalidades mais citadas encontram-se os cursos (nacionais) de aperfeiçoamento (37,2%) e os cursos no exterior (19,0%).

Ressalta-se que, devido à complexidade e à competitividade do mercado de serviços médicos oferecidos nos grandes centros urbanos (nas capitais), as "necessidades" de aprimoramento dos médicos que atuam nas capitais diferem dos demais municípios que compõem o interior do país.

No primeiro caso, a opção recai mais fortemente na realização de cursos (nacionais) de aperfeiçoamento e de cursos no exterior.

No segundo caso, as opções tendem mais para os mesmos cursos de aperfeiçoamento e cursos de mestrado/doutorado/pós-doutorado.

Buscando satisfazer as necessidades pessoais por aprimoramento constante que o ofício da medicina exige e as reais condições – pouco favoráveis – para iniciativas individuais (por exemplo, autofinanciamento), os médicos aderem fortemente às sociedades científicas médicas, o que representa no Brasil 98,3%.

Este comportamento é semelhante em todas as regiões brasileiras. Estas sociedades além de manterem, em parte, a tradição dos "encontros científicos" – jornadas científicas, seminários, congressos regionais etc. – oferecem, com certa frequência, cursos de "atualização médica", cumprindo assim, em parte, o propósito e as necessidades dos médicos de se manterem "atualizados".

DESTAQUE:
> **Os médicos pertencem a uma categoria de profissionais que mais se atualiza. Esta característica faz com que as empresas:**
> - **Estejam sempre se atualizando.**
> - **Disponibilizem informações que realmente tenham relevância e não façam o médico perder tempo.**
> - **Foquem e intensifiquem o treinamento de sua força de vendas.**
> - **Aprendam a escolher os médicos para levá-los a congressos na área.**
> - **Façam parcerias com todos os seus fornecedores para poderem estar sempre na frente na diferenciação de produtos, serviços e no custo.**
> - **Direcionem os eventos médicos patrocinados.**

d) Mercado de Trabalho

Das sessenta e cinco especialidades reconhecidas pelo Conselho Federal de Medicina como médicas, dez se sobressaem no mercado de serviços médicos no Brasil. São elas:

- **Pediatria (13,4%).**
- **Ginecologia e Obstetrícia (11,8%).**
- **Medicina Interna (8,0%).**
- **Cirurgia Geral (5,5%).**
- **Anestesiologia (5,2%).**
- **Cardiologia (4,8%).**
- **Ortopedia e Traumatologia (3,7%).**
- **Oftalmologia (3,6%).**
- **Psiquiatria (3,3%).**
- **Medicina Geral e Comunitária (2,6%).**

Estas dez especialidades no país englobam 62,1% do total de médicos que atuam neste mercado. É necessário ressaltar o que ocorre com as regiões brasileiras no que se refere ao mercado de serviços médicos especializados.

DESTAQUE:
> Quando uma empresa vai posicionar seu produto é importante definir para quais especialidades existe potencial real para o receituário. Conhecendo o perfil das principais especialidades, o número de médicos representativos em cada uma delas e seu hábito prescritivo, que varia consideravelmente de uma especialidade para outra, os profissionais de marketing podem tomar suas decisões estratégicas com muito mais segurança.
>
> Uma característica importante: Quando o médico se depara com o binômio Vida × Morte existe um critério muito maior na escolha do tratamento, já que os seus efeitos colaterais são determinantes para o sucesso do tratamento e as empresas devem ter um suporte científico muito forte para poder ter sucesso em sua comunicação.

e) Setor Público e Privado

Em números, o mercado de trabalho médico do Brasil tem a seguinte estrutura: 69,7% dos médicos têm atividade no setor público, seja na esfera federal, estadual ou municipal. Além disso, no Brasil 74,7% exercem atividade "liberal" em seus consultórios privados, principalmente do tipo "próprio individual" (sendo 72,3% no norte, 69,5% no nordeste, 73,9% no sudeste, 84,2% no sul e 72,9% no centro-oeste).

DESTAQUE:
> O setor público geralmente oferece ao médico uma estrutura inferior ao setor privado e os medicamentos utilizados são escolhidos somente pelo fator preço.
>
> A pergunta que devemos fazer é: Devo ou não trabalhar este profissional? Depende de sua representatividade no meio, do perfil de seus pacientes no consultório, dos outros locais em que ele trabalha e sua influência nestas instituições e do potencial em estar utilizando seus produtos.

> Quando fui representante de vendas eu visitava uma série de médicos que atuavam em postos de saúde e hospitais públicos, pois os mesmos tinham potencial em estar utilizando meus produtos em seus consultórios, e eles preferiam que eu os visitasse nestes locais pela facilidade de acesso e por não atrapalhar a consulta de seus pacientes.

f) Multiemprego

Tais cifras demonstram um mercado de serviços equilibrado entre os três setores de atuação médica. Os dados evidenciam também o multiemprego para a maioria, já que 56% trabalham em três ou mais empregos, 43% fazem plantões semanais de 12 a 48 horas, 49% estão vinculados a planos de saúde e 52% ganham menos de R$ 6 mil por mês.

DESTAQUE:

Mais atividades = menos tempo = menos tolerância para informações sem aplicação/interesse = maior trabalho das empresas com a informação focada e menos com materiais altamente elaborados em sua arte. A beleza material é importante, pois passa a percepção de qualidade mas o exagero com verniz de reserva, muitas cores e várias páginas é bom somente para o profissional se "destacar" dentro da empresa, não para o médico. Trabalhe mais na qualidade e na objetividade da informação.

g) Atividade Liberal

O consultório destaca-se como a modalidade de trabalho que mais se vincula à tradicional condição de "profissional liberal". No entanto, seus percentuais são elevados (entre 70 e 85% para todas as regiões do país).

Isto não significa, necessariamente, o exercício pleno da atividade liberal, visto que entre 75 e 90% dos médicos das regiões brasileiras declaram depender diretamente dos convênios com empresas de saúde, medicina de grupo, cooperativas médicas, entre outros, para a manutenção de seus consultórios em funcionamento.

DESTAQUE:

Trabalhe o treinamento dos representantes para que eles não sejam inconvenientes em sua visitação, destacando o bom-senso

de que o consultório para o médico é seu local "mais sagrado" no exercício da profissão. Forçar uma visita quando o consultório está cheio, ficar conversando demais com o médico mesmo sabendo que existem muitos pacientes para serem atendidos deixam uma imagem ruim da empresa e principalmente do trabalho de visitação, prejudicando o mercado como um todo.

h) Plantões

O trabalho médico em regime de plantão é exercido no país pela metade (48,9%) do contingente médico. Dentre os plantonistas de todas as regiões brasileiras, a jornada de trabalho mais frequente é de 12/24h, sendo o plantão em sua maioria do tipo "presente no local'.

Esta característica confere um desafio ao marketing farmacêutico na busca de ferramentas mais objetivas para atingir este público.

Estes profissionais que atuam nesta função são jovens: 61,6% têm menos de 40 anos. Se observarmos os dados em nível regional no que se refere ao regime de plantão, nota-se que há variações importantes. Na região norte, por exemplo, 46,3% exercem este tipo de atividade, enquanto que no sul esse número sobe para 60%.

DESTAQUE:

Plantão = menor qualidade de vida = menos tempo = seleção de médicos potenciais e também no desenvolvimento de atividades que aumentem a qualidade de vida e possibilitem maior atualização destes médicos. Vale lembrar que a maior parte dos médicos que fazem plantão está abaixo de 40 anos e se encaixa nas observações colocadas anteriormente.

O aumento na concorrência profissional faz com que o médico tenha que se diferenciar no mercado para conseguir maior número de pacientes e maior visibilidade dentro da classe. Geralmente ele consegue esta diferenciação através de 2 maneiras:

1) Alto grau de conhecimento

A classe médica é atualmente uma das classes que mais acessam a Internet na busca de novos conhecimentos e, como descrito na pesquisa da Fiocruz, esta preocupação é constante.

Estes conhecimentos vêm sendo obtidos através de diversas maneiras além da participação de congressos e revistas científicas.
- **Através de reuniões médicas.**
- **Através da Internet.**
- **Através de participações como pesquisador em estudos clínicos.**
- **Através de atualizações do representante.**

Dentro dos *sites* médicos está muito em destaque a área reservada a fóruns de discussão de casos clínicos, onde eles podem pedir opiniões de diversos especialistas sobre determinadas condutas.

É importante os profissionais do marketing farmacêutico estarem atentos para diferenciar seus serviços de acordo com a sensibilidade e oportunidade de seu cadastro na busca de atualizações, para que eles consigam estabelecer uma estratégia de relacionamento a longo prazo.

2) *Desenvolvendo o marketing pessoal e de sua clínica*

O desenvolvimento de uma estratégia voltada para a conquista de novos clientes vem despertando o interesse de um número cada vez maior de profissionais. Eles estão participando de diversos cursos que mostram a importância do marketing pessoal e da sua clínica para o sucesso na carreira.

Além do marketing, estes cursos geralmente demonstram como realizar a gestão financeira do seu negócio e principalmente como administrar os recursos humanos de sua empresa, visando a satisfação não somente dos clientes mas também dos seus funcionários. Este assunto vai ser detalhado no item referente à mudança no perfil do paciente.

Atendimento da propaganda dos laboratórios

Considerando que o médico atual possui diversos empregos e ele precisa otimizá-los da melhor forma possível, não há mais tempo para atender 10-15 representantes por dia e, para aqueles que o fazem, a mensagem fixada na promoção é praticamente inexistente. Isto força as empresas a massificar cada vez mais os patrocínios a congressos e eventos, onde muitas vezes o médico acaba viajando com a passagem de uma empresa e a hospedagem de outra.

Verificamos também que o médico perdeu a fidelidade a determinada empresa/produto e a diferenciação é o grande desafio dos profissionais de marketing. Este novo perfil médico direciona as empresas que trabalham com estes profissionais a uma maior capacitação de sua força de vendas em dois aspectos essenciais:

- conhecimento técnico;
- habilidade de relacionamento sustentável.

Como existe esta carência de tempo e o cadastro médico está se tornando cada vez mais difícil de ser visitado na sua total amplitude, existe uma ferramenta de marketing muito importante na divulgação e principalmente na transmissão da percepção de qualidade e credibilidade na empresa/produto. É o que chamamos de LÍDERES DE OPINIÃO.

Os LÍDERES DE OPINIÃO são médicos de renome nacional e/ou internacional que geralmente são chamados como palestrantes nos congressos médicos e são considerados pela classe um exemplo de conduta profissional e capacidade técnica/política. Sua conduta prescritiva/técnica muitas vezes é seguida por um número grande de médicos, principalmente os mais jovens.

Estes médicos têm uma importância significativa nos esforços de marketing das empresas e na maioria das vezes as ações diferenciadas atingem este tipo de profissional

Modificações do Perfil dos Pacientes

Com a enorme quantidade de profissionais de medicina no mercado e principalmente com a entrada definitiva de diversos planos de saúde no contexto diário do médico, houve uma mudança significativa na relação médico-paciente. Por um lado, o médico massificou a sua consulta, não dispensando mais a atenção necessária ao paciente e este, em contrapartida, não vê mais o médico como um ser onipotente, perdendo a relação de fidelidade, tornando-se um consumidor de seu serviço, podendo mudar de profissional de acordo com o atendimento ou não de suas expectativas.

O paciente de hoje é muito mais exigente. O acesso à Internet e a outros meios de comunicação tornaram os pacientes muito mais exigentes e informados sobre a sua doença e quais os tratamentos.

Capítulo I - O Mercado Farmacêutico

Não é raro um paciente, logo após ouvir na televisão ou acessar na Internet alguma informação nova sobre algum tipo de droga para a sua doença, cobrar do seu médico este tratamento ou o porquê da sua não utilização.

Outro sinal deste aumento do fluxo de informações é o conhecimento dos direitos por parte dos pacientes. Hoje existem inúmeras associações de pacientes que buscam auxiliar não somente informando as melhores terapias sobre determinada doença mas também mostrando aos pacientes os seus direitos e como eles devem proceder para conquistá-los.

- AUMENTO DA EXPECTATIVA DE VIDA
- VALORIZAÇÃO DO CONCEITO DE QUALIDADE DE VIDA
- AUMENTO NA INFORMAÇÃO DE PRODUTOS, SERVIÇOS E DIREITOS
- MENOS TEMPO
- USA MAIS A INTERNET
- APRENDENDO A VALORIZAR SERVIÇOS E NÃO SOMENTE PREÇO
- BUSCA CONSTANTE DE TRATAMENTO PERSONALIZADO

Como citamos anteriormente no perfil médico, começa a ser divulgado no meio o conceito do marketing pessoal associado aos serviços prestados pelo médico e sua clínica/hospital.

Este marketing pessoal busca o resgate da percepção da customização por parte do paciente, estabelecendo estratégias de fidelização baseadas no relacionamento e treinamento do pessoal interno.

Eis algumas ações de fidelização:

1) Estabelecer dentro da sua própria empresa (clínica/hospital), o conceito de endomarketing, ou seja, transmitir a TODOS os funcionários que o seu trabalho visa atender e superar as expectativas dos clientes e que todos têm importância dentro deste processo.

2) A equipe de enfermagem deve ter um treinamento voltado também ao trabalho psicológico do paciente, pois estes profissionais têm um contato muito mais constante com os pacientes e geralmente estes recorrem a eles para falar suas dores e angústias.

3) O próprio *layout* é importante.

   a) O local com estacionamento aumenta a tranquilidade do paciente em não ter que recorrer a um estacionamento.

   b) As salas de espera devem transmitir um aspecto mais pessoal, que possa deixar nas pessoas a sensação de estarem em suas casas. Vocês percebem como um local onde temos alguém servindo um cafezinho nos faz sentir muito melhor. É a percepção de exclusividade.

   c) Um local com poucas escadas mostra a preocupação dos profissionais em facilitar a vida das pessoas idosas ou mesmo com problemas cardíacos ou articulares. O mesmo acontece em locais com acesso a deficientes.

Mas, acima de tudo, a conduta do médico ainda é o grande diferencial. O paciente busca confiança no médico e esta confiança é baseada em dois critérios principais:

   a) O quanto o médico conhece de sua doença e acerta no diagnóstico e tratamento.

   b) O quanto o médico está interessado nele, pois toda doença tem uma história, uma percepção, uma dúvida. É muito importante que o médico tenha sensibilidade de saber ouvir e se importar com estes problemas. Atualmente a conquista da cura de uma doença não é mais um diferencial para que o paciente escolha um médico, mas o tratamento que ele recebeu faz a diferença.

As empresas que trabalham neste setor não podem mais focar as suas ações somente nos médicos pois, como mostrado anteriormente, os pacientes têm atualmente um poder muito grande na decisão sobre seu tratamento. Elas devem buscar uma parceria com a classe médica para que juntos eles possam disponibilizar serviços ainda melhores aos pacientes.

Algumas parcerias com retorno interessante são:

   a) Participação em sociedades de classe através de ajuda financeira/patrocínio.

   b) Cursos para pacientes. Por exemplo, qualidade de vida para pacientes com câncer de mama, esclerose múltipla, Aids.

c) Elaboração de *sites* para médicos e pacientes sobre determinada patologia.

d) Participação de campanhas do Governo/empresas privadas através de patrocínio/quiosques etc. Mac Dia Feliz, Dia da Mulher, Campanha contra o Câncer de Mama.

Existem muitos benefícios nestas ações:

Melhoram o relacionamento com líderes de opinião que geralmente estão na organização destas atividades onde muitas vezes são membros das principais sociedades médicas ou pertencentes ao *board* de determinada instituição, facilitando o trabalho do representante na negociação e padronização/introdução dos produtos.

Tornam a imagem da empresa agradável à população e mesmo que os pacientes somente conheçam o seu nome, muitos deles vão querer saber se aquela empresa que está ajudando tem algum produto para a sua doença (relação de confiança), e posteriormente eles podem vir a falar sobre este produto com o médico.

Sua empresa passa a ser mais respeitada no mercado, pois os concorrentes sabem que estes serviços aumentam a fidelidade dos médicos por seus produtos e também porque sentem que a empresa está investindo pesado neste mercado.

7. DIFERENCIAÇÃO DO TIPO E DO PAPEL DOS DISTRIBUIDORES

As grandes redes de farmácias e drogarias aumentaram seu destaque pelo surgimento da maior varejista do setor, fruto da compra da Drogão pela Drogaria São Paulo. Negociações como esta deverão se tornar ainda mais comuns e novas fusões podem ser esperadas.

Com o crescimento das grandes redes, muitos profissionais de marketing colocam em dúvida a participação dos distribuidores com a mesma organização apresentada atualmente, onde seus principais diferenciais são:

- entrega rápida e, em alguns casos, mais de uma vez ao dia;
- menor número de produtos;

- pulverização na distribuição em muitos locais de difícil acesso ou alto custo;
- relacionamento com o PDV.

Por que este questionamento?

Com o crescimento das redes e com o foco do investimento nos locais que realmente trazem resultados a longo prazo, muitos laboratórios conseguem e preferem vender diretamente às grandes redes.

Uma possibilidade é o distribuidor se tornar um operador logístico. A negociação é realizada pela indústria e a distribuição (e em alguns casos o armazenamento) é realizada pelo "novo distribuidor". Considerando as margens cada vez menores no setor de distribuição, este cenário já ocorre mas com ajustes nas margens.

Um boa notícia para o segmento é o crescimento nas vendas de produtos da farmácia entre as classes C e D e, como esta população geralmente vive na periferia e nestes locais ainda imperam as farmácias independentes (de acordo com levantamentos da Abrafarma – Associação Brasileira de Redes de Farmácias e Drogarias e do IMS Health, 90% dos 63 mil pontos de vendas de medicamentos no Brasil são farmácias e drogarias que independem de uma rede. O faturamento mensal destas mais de 56 mil lojas supera R$ 14 bilhões) existe muito espaço para os distribuidores trabalharem o segmento farmacêutico.

Com a disponibilidade da classe média em gastar mais, a oferta de serviços e produtos em geral aumenta. Quando se fala em produtos de primeira necessidade, a disponibilidade é imediata.

Este é um dos fatores que fortalecem a venda de produtos similares mas, com a maior conscientização da população, será necessária uma melhor estrutura para a seleção dos melhores parceiros. Produtos com qualidade duvidosa realmente precisarão ser descartados, independente de sua margem, já que o varejo precisará ter segurança no momento da venda. Infelizmente a farmácia ainda representa a indicação de qual tratamento o cliente deverá utilizar.

A implementação da rastreabilidade de medicamentos será um grande diferencial no segmento de distribuição farmacêutico. Esta medida ajudará fortemente no combate ao roubo de cargas, desvios, falsificações, com garantia de mais segurança desde a indústria até os consumidores.

8. FORTALECIMENTO DAS ÁREAS: PESQUISA CLÍNICA, FARMACOECONOMIA E FARMACOVIGILÂNCIA

Haverá um capítulo dedicado a este tema mas uma das tendências mais importantes dentro da área de marketing farmacêutico é a utilização de informação técnica e científica nos materiais de comunicação.

Considerando esta realidade, gostaria de destacar três áreas:

1. Pesquisa Clínica

Este setor cresceu muito nos últimos anos por várias razões:

a) Visão de que um dos fatores de credibilidade de um estudo é a diversidade da amostra em diferentes populações, e o Brasil sempre será um dos países importantes de desenvolvimento.

b) Outro motivo foi a lei de patentes, que incentivou o investimentos em novas pesquisas e aumentou o reconhecimento sobre a propriedade intelectual.

c) A implantação da Sociedade Brasileira de Profissionais de Pesquisa Clínica difundiu o conceito e facilitou a formação de novos profissionais.

d) A Regulação do setor pelas Boas Práticas em Pesquisa Clínica. Assim, muitas atividades que poderiam ser conduzidas para direcionar os resultados, agora não podem mais ser realizadas, melhorando o setor e a crença pela classe médica.

e) A Resolução 196/96 do Conselho Nacional de Saúde, que regulamentou a pesquisa em seres humanos.

O Brasil possui médicos bem formados, uma capacidade clínica muito grande e, mesmo com falta de estrutura, a indústria farmacêutica geralmente participa com investimentos significativos para conseguir viabilizar seus estudos em determinados locais.

Infelizmente a pesquisa clínica ainda está muito concentrada nas mãos dos patrocinadores, já que a academia se distancia muito deste segmento, seja pela falta de aplicação de seus trabalhos, seja pela falta de estrutura das universidades.

2. Farmacovigilância

Farmacovigilância é definida pela Organização Mundial da Saúde como "a ciência e as atividades relacionadas à detecção, avaliação, compreensão e prevenção dos efeitos adversos ou qualquer outro possível problema relacionado a medicamentos". Na prática eu definiria que é a "Ação na Reação", ou seja, todas as atividades e responsabilidades que devem ser implementadas visando estabelecer maior transparência, suporte e racionalização do uso de medicamentos.

Seu principal objetivo é a análise de efeitos não observados ou previstos até a fase III de um estudo clínico. A fase III é a última fase, antes de o produto ser lançado ou de a nova indicação ser aprovada.

A farmacovigilância surge como uma grande aliada em meio a questões importantes observadas em nosso mercado:

- venda ilegal de medicamentos e drogas de uso pela Internet;
- prática crescente de automedicação;
- práticas irracionais e potencialmente inseguras de doação de medicamentos;
- ampla fabricação e venda de medicamentos falsificados e de baixa qualidade;
- uso crescente de medicamentos tradicionais fora do âmbito da cultura de uso tradicional;
- uso crescente de medicamentos tradicionais e plantas medicinais com outros medicamentos com potencial para interações medicamentosas adversas.

Os profissionais de marketing precisam trabalhar muito próximos às áreas de farmacovigilância e ao SAC da empresa, para interpretarem melhor os resultados de seus produtos, sinalizadores de que existirão problemas futuros, segurança e confiança da empresa e inclusive detectar oportunidades em outras indicações, como foi o caso do Viagra.

3. Farmacoeconomia

Eu acredito que a farmacovigilância é uma das áreas mais promissoras dentro do mercado farmacêutico. Promissora mas com introdução de conceito complicada, considerando a visão do Governo e da maioria dos hospitais na padronização e compra de medicamentos, na falta de informação dos médicos em geral e na ausência de informação e cultura da população, que acredita que o preço baixo de um medicamento representa o fator principal de escolha.

Este conceito de preço mais baixo muitas vezes distorce o real motivo da implementação da farmacoeconomia. Sua função principal não é SOMENTE introduzir no mercado produtos mais caros mas TAMBÉM vender produtos mais caros. A farmacoeconomia vem para tentar dar maiores parâmetros para a tomada de decisão.

O conceito de preço perde a força para o custo de tratamento que envolve não somente o aspecto monetário mas principalmente o impacto dos resultados clínicos e humanísticos no tratamento.

Quantas vezes presenciamos um tratamento considerado mais barato onde, após analisarmos o impacto dos efeitos colaterais (considerando sua gravidade e frequência) e os produtos utilizados para minimizar estes problemas, chegamos à conclusão de que o tratamento se tornou muito mais caro e percebido de forma muito negativa pelo paciente.

Fatores como dias de hospitalização, qualidade de vida do paciente e dias perdidos no trabalho podem ser utilizados como fonte importante de maiores informações para tomar uma decisão. E este resultado nem sempre vai optar pelo tratamento mais oneroso ou mais acessível (na verdade o que é um tratamento acessível? Acesso está sempre relacionado a preço? Claro que não...).

Considerando que a população está envelhecendo e os convênios percebem um aumento significativo de seus custos, a farmacoeconomia vai se tornar uma forma mais racional de definir os medicamentos que realmente serão aprovados, as terapias e procedimentos com melhores resultados. Vale lembrar que a tendência de mercado são os convênios montarem estrutura própria de hospitais, reforçando a questão da racionalização do uso de medicamentos.

Um tratamento a longo prazo, aumento nos gastos com diagnóstico, pacientes polimedicamentosos, tratamentos que possuem possibilidade de interação medicamentosa importante, terapias com efeitos colaterais sérios: estes são alguns dos fatores que justificam de forma clara a aplicação de estudos farmacoeconômicos.

Um profissional completo dentro da área de marketing farmacêutico precisa entender a importância e aplicação prática desta nova ferramenta e fomentar sua comunicação no meio de saúde. Os médicos precisam sair do conceito de preço do medicamento/dia (relação do preço × posologia × quantidade do produto) para custo de tratamento. Eu preciso treinar meu representante para que ele consiga discorrer com propriedade sobre este tema com farmacêuticos, enfermeiros e médicos.

O termo farmacoeconomia não é mais uma tendência mas uma realidade! O único problema é que esta realidade está se chocando com um muro de interesses antagônicos, com uma cultura viciada em conceitos antigos e com uma falta de preparo e visão de muitos profissionais.

Mas todos estes fatores, felizmente, possuem alternativas para suplantá-las como:

- Palestras e cursos aos profissionais de saúde.
- Educação continuada.
- Inserção de estudos farmacoeconômicos nos protocolos de pesquisa clínica.
- Formação nas universidades com cursos na área de saúde.
- Fortalecimento das instituições afins (ISPOR, por exemplo).
- Formação da força de vendas.
- Trabalho intenso do conceito nos convênios.
- Trabalho técnico e político no Governo.

9. Concentração Ainda Maior do Mercado Através de Compras e Fusões

Por cultura, as companhias farmacêuticas crescem lançando novos produtos, uma prática cara, demorada e cujo resultado é de longo prazo. O jeito de encurtar o tempo para o avanço é comprando umas às outras.

Segundo o IMS Health, empresa que audita o segmento, o mercado brasileiro já é o 9º no mundo e espera-se que melhoremos essa posição ainda mais considerando as fusões e aquisições ocorridas por aqui, um termômetro importante do potencial de mercado.

A estratégia de aquisição de concorrentes será responsável pela consolidação da indústria farmacêutica no estudo "Painel da Indústria Farmacêutica" (PIF) apresentado pela BSP (Business School São Paulo, que envolveu 27 empresas (40% do mercado brasileiro). Participaram do estudo presidentes, vice-presidentes e diretores de grandes indústrias farmacêuticas multinacionais e nacionais.

Para 91% dos pesquisados existe a certeza de que a onda de fusões e aquisições deve ocorrer com maior velocidade.

Para o setor, os principais motivos para essa tendência são a economia de escala – visando diminuir o curso unitário e a economia de escopo – para obter vantagens comerciais com uma linha de produtos mais competitiva.

Em uma fusão, alguns dos principais interesses são, de acordo com os entrevistados: aquisição de novas famílias de medicamentos em fase de lançamento (para 82% dos respondentes), acesso rápido a mercados estratégicos (64%), e para complementar o portfólio (60%). Um ponto interessante é a forma como as empresas irão complementar o seu portfólio. Para 60% dos entrevistados, a estratégia será adquirir companhias com portfólio promissor, enquanto que 40% esperam compartilhar esforços de pesquisa com instituições públicas. Complementa esta informação a falta de um horizonte que contemple novos lançamentos de impacto nacional e mundial.

Outro fator relevante para 60% dos entrevistados é a pressão do acionista como um grande impulsionador da safra de fusões e aquisições, enquanto que outros 30% discordam e acreditam não se tratar de um fator decisivo para ativar esse processo.

Alguns exemplos desta movimentaçao intensa do mercado:

Em 2009, a **Hypermarcas** comprou a **Luper Farmacêutica** e a **Neoquímica**. A **Sanofi-Aventis** assumiu o controle da **Medley**. A americana **Valeant**, com atuação tímida no país nos últimos 10 anos, comprou dois laboratórios: o **Instituto Farmacêutico Delta** e a **Bunker Farmacêutica**.

Já a **Eurofarma** tem como estratégia reproduzir seu modelo de sucesso por toda a América Latina. Em 2009 comprou a argentina **Quesada Farmacêutica** e nos próximos anos pretende entrar forte no Uruguai, além de aumentar sua presença no Chile, Colômbia e México.

Outra negociação: A venda do laboratório nacional **Hipolabor**, com fábrica em Sabará (MG). Há alguns meses, a empresa colocou seus ativos à venda e poderá abrir mão do seu controle. A companhia, que possui como estratégia a venda de produtos hospitalares, comercialização de medicamentos ao Governo e registros para produtos genéricos, está sendo procurada por multinacionais interessadas em ampliar sua participação no Brasil.

Fontes: ims heath website e Brasil Economia jun/10

CAPÍTULO II

A PESQUISA DE MERCADO COM BASE NAS DECISÕES ESTRATÉGICAS

Cláudio Wiltemburg

Cláudio S. Wiltemburg *é formado em Engenharia de Produção na Escola Politécnica da USP. Possui especialização em Administração de Empresas na Fundação Getúlio Vargas e mestrado na Universidade de Toronto, Canadá. Ocupou cargo de Gerente de Inteligência de Mercado na Boehringer Ingelheim e Laboratórios Pfizer. Atualmente, é sócio-diretor da DM Serviços em Inteligência de Mercado, empresa do Grupo Data Market, especializada em pesquisa e inteligência de mercado para a indústria farmacêutica.*

INTRODUÇÃO

A necessidade de acompanhamento constante de todo o fluxo logístico de medicamentos gerou, historicamente, uma grande disponibilidade de banco de dados sobre promoção, indicação, dispensação e comercialização destes produtos. Fornecedores de informações e empresas farmacêuticas tiraram proveito deste fato, fazendo da indústria farmacêutica uma das mais bem servidas em termos de fontes de informações competitivas para fins estratégicos e de tomada de decisão.

Para dar conta deste patrimônio, os laboratórios farmacêuticos, especialmente os maiores e multinacionais, estruturaram, e têm mantido há décadas, funções e áreas de Pesquisa de Mercado. Este objetivo central permanece até hoje. Entretanto, as áreas de Pesquisa de Mercado Farmacêutico, assim como seu principal cliente, a área de Marketing, têm sofrido profundas transformações nos últimos anos. Atualmente, este fenômeno é comum a todas as empresas independentemente de sua origem ou tamanho. Hoje, empresas pequenas e nacionais também necessitam, da mesma forma, de áreas estruturadas e atuantes em "Inteligência de Mercado" (IM), e têm seguido esta tendência.

Inicialmente, os analistas de Pesquisa de Mercado eram vistos como os únicos funcionários das empresas capazes de lidar e tirar resultados dos "livrões"[1]. Grupo formado por pessoas com grande facilidade de interpretação de números e métricas, estes analistas tinham como função fazer sentido e explicar aos seus clientes internos[2] os significados e tendências a respeito das grandes quantidades de dados recebidas.

---

[1] Termo usualmente utilizado por profissionais do mercado para referir-se aos livros impressos e volumosos que consolidam os diversos tipos de dados secundários de mercado, em geral armazenados e utilizados pelas áreas de Pesquisa de Mercado.

[2] Profissionais executivos que utilizam informações de mercado em seus processos de tomada de decisão e elaboração de estratégias, principalmente em Marketing e Comercial.

Hoje, o recrudescimento da competição entre as empresas e o aumento tanto no número de informações como na necessidade de maiores dados para a tomada de decisão forçaram uma importante mudança no papel das áreas de Pesquisa de Mercado. Seus clientes passaram a demandar crescentemente não só interpretação dos dados, mas suas implicações estratégicas e, por vezes, participação nas elaborações dos planos estratégicos.

Por outro lado, a impressionante evolução recente da Tecnologia da Informação também trouxe sua contribuição ao trabalho de Pesquisa de Mercado. Muitas das atividades de coleta, processamento e distribuição de dados estão sendo executadas mais rápida e eficientemente por processos automatizados. Equipamentos modernos e potentes permitem armazenamento e processamento de volumes impressionantes de dados, enquanto programas de última geração produzem análises e resultados muito sofisticados, como os programas estatísticos e as soluções de *Business Intelligence*.

Este processo de mudança não está totalmente consolidado e ainda muita discussão e experimentação serão necessárias para desenvolver os recursos, humanos ou não, para que as áreas de Inteligência de Mercado atendam plenamente sua nova função.

Pesquisa ou Inteligência

Existem importantes diferenças entre as definições e os conceitos de Pesquisa de Mercado, Pesquisa de Marketing, Inteligência de Mercado, Inteligência de Negócios e Inteligência Competitiva, em geral desconsideradas do ponto de vista prático na grande maioria dos laboratórios farmacêuticos. Mesmo entre os autores de renome na área, há pouco consenso sobre as definições exatas e as fronteiras entre eles. Assim, será utilizada a expressão "Inteligência de Mercado", ou simplesmente IM, para englobar todos estes conceitos.

O Fluxo de Inteligência

Independentemente de como se denomina a área ou seu escopo de atuação, as atividades, problemas e soluções de uma área de IM podem ser entendidas a partir de uma sequência de etapas que são necessariamente seguidas na rotina de trabalho desta área denominada "Fluxo de Inteligência".

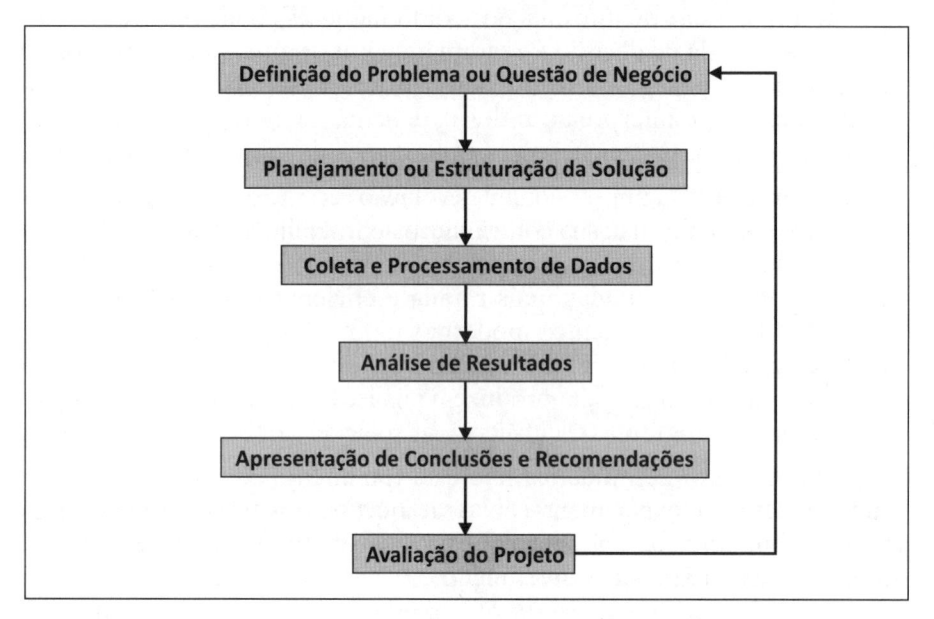

Fluxo de um Projeto de Inteligência de Mercado

```
┌─────────────────────────────────────────────┐
│  Definição do Problema ou Questão de Negócio │◄─┐
│                     │                        │  │
│                     ▼                        │  │
│  Planejamento ou Estruturação da Solução    │  │
│                     │                        │  │
│                     ▼                        │  │
│       Coleta e Processamento de Dados        │  │
│                     │                        │  │
│                     ▼                        │  │
│            Análise de Resultados             │  │
│                     │                        │  │
│                     ▼                        │  │
│   Apresentação de Conclusões e Recomendações │  │
│                     │                        │  │
│                     ▼                        │  │
│            Avaliação do Projeto              │──┘
└─────────────────────────────────────────────┘
```

DEFINIÇÃO DO PROBLEMA OU QUESTÃO DE NEGÓCIO

Não há função ou atividade de inteligência e/ou pesquisa sem que haja uma questão a ser respondida. Não se faz inteligência com fim em si apenas, mas buscando solucionar problemas, sejam estes decisões complexas a serem tomadas, elaboração de estratégias de Marketing e/ou comercialização de produtos, conhecimento insuficiente de clientes, fornecedores ou concorrentes, entre muitas outras possibilidades.

A afirmação anterior parece bastante óbvia; porém, no dia a dia empresarial, inclusive das indústrias farmacêuticas, esta é uma das tarefas mais difíceis das áreas de Inteligência. Isto decorre do fato de que os executivos, em geral, têm muitos problemas, mas não sabem defini-los com precisão e priorizá-los.

"Lançar um novo produto" não é um problema, mas uma atividade de Marketing e Vendas. "Qual o melhor posicionamento do mesmo produto nas especialidades médicas alvo?", esta, sim, é uma questão de negócio que pode e deve ser respondida por Inteligência ou Pesquisa de Mercado, assim como qual a sensibilidade de preços do produto ou qual deve ser a reação dos principais concorrentes após o respectivo lançamento.

Por ser a primeira etapa do Fluxo de Inteligência, se for mal executada, muito provavelmente comprometerá toda a continuidade do projeto de inteligência. Por este motivo, analistas e gerentes da área devem dedicar especial atenção em obter uma clara e precisa definição sobre qual problema ou questão de negócio eles irão dedicar esforços e recursos para responder.

Não raros são os projetos de pesquisa ou inteligência conduzidos com metodologias altamente sofisticadas, apresentadas de maneira brilhante, mas que não atingem seus objetivos, pois o problema do cliente não foi bem entendido ou definido e, consequentemente, não foi respondido adequadamente.

A melhor maneira de superar esta dificuldade é sempre elaborar um *briefing* para qualquer projeto de pesquisa ou inteligência, por mais simples que ele possa parecer. A simples formalização do *briefing* obriga o fornecedor (analista) e o cliente (executivo) a discutirem todos os elementos relevantes para a continuidade do processo.

Um *briefing* de pesquisa ou inteligência consiste minimamente dos seguintes elementos:

a) histórico ou contexto do produto em questão, seus concorrentes e diferenciais;

b) clara definição do problema;

c) objetivos do projeto de inteligência, desdobrados em principais e, se possível, secundários[3];

d) alternativas de decisão, estratégia ou ações decorrentes dos resultados do projeto;

e) expectativas gerais quanto à entrega dos resultados, como prazo, custo máximo, forma de apresentação (relatórios, oral, etc.) e qualquer outro fato importante.

Vale reforçar que os resultados do projeto só fazem sentido se permitirem alguma forma de decisão, elaboração de estratégia ou ação; ou seja, o

---

[3] Objetivos secundários são subproblemas ou perguntas que, respondidas no conjunto, levam à resposta do problema ou ao objetivo principal.

analista de pesquisa deve sempre perguntar: "se o projeto chegar a uma determinada conclusão X, que ação o executivo poderá tomar como consequência?"; se a resposta for "nenhuma", reavalie a real necessidade de realização do projeto.

Na prática, este *briefing* é, na maioria das vezes, elaborado de maneira informal através de reuniões entre os clientes internos e a área de IM. Entretanto, quanto mais regular e estruturado for este processo, melhores serão seus resultados, tanto para a área cliente, como para a área de IM.

Planejamento de um Projeto de IM

Uma vez estabelecido adequadamente o problema do cliente e o objetivo do projeto de inteligência, segue a etapa de analisar e planejar a melhor maneira de responder a questão de negócio proposta.

O primeiro passo é levantar as hipóteses de respostas possíveis para aquela questão. Nesse sentido, o conhecimento do negócio (farmacêutico, no caso) e a experiência em projetos similares anteriores são fundamentais ao analista de inteligência. Pode-se observar que um *briefing* bem elaborado poderá contribuir imensamente neste planejamento. Além disso, técnicas de resolução de problemas podem representar importante ajuda na estruturação deste planejamento. A participação dos clientes e pares, através de discussões produtivas e estruturadas, pode colaborar muito neste levantamento, ajudando também a obter o envolvimento direto dos clientes na solução do problema proposto e nivelar expectativas.

O que se obtém deste esforço inicial de planejamento é uma estrutura lógica de resposta ao problema proposto, sendo comumente apresentada em forma de árvore ou pirâmide. Para problemas mais complexos, a quantidade de hipóteses e sub-hipóteses pode crescer significativamente e esta forma esquemática pode ajudar muito na visualização geral do esquema a ser seguido.

Para cada uma das hipóteses ou sub-hipóteses levantadas anteriormente é preciso determinar se elas serão aceitas ou rejeitadas e, para tanto, é necessário que leve a uma ou outra conclusão. Como foi dito no início deste capítulo, a indústria farmacêutica é uma das mais bem servidas em termos de dados de mercado, tanto primários quanto secundários.

A diferença entre os dois tipos de dados é, em geral, pouco compreendida. Dados secundários são coletados sem um objetivo específico e utilizados pelos analistas para diversas finalidades; enquanto os dados primários são coletados para um objetivo específico. Na indústria farmacêutica, bancos de dados secundários são comumente denominados auditorias e pesquisas para levantamento de dados primários, projetos *ad hoc*.

Os dados secundários estão, em geral, prontamente disponíveis, demandam menor custo de processamento e são mais facilmente compreendidos. Consequentemente, devem ser considerados como primeira opção para analisar as hipóteses levantadas. A dificuldade é que eles cobrem um número limitado de tópicos, forçando os analistas a buscar dados primários para complementar suas análises.

As fontes de dados secundários usualmente disponíveis na indústria farmacêutica são:

Receituário Médico: Na maioria das auditorias disponíveis comercialmente, os dados de receituário médico são coletados nos pontos de vendas (farmácias) através de cópia das receitas médicas e/ou registros de *checkout*. Os dados dos pacientes são preservados, mas coletados os relativos a medicamentos, dosagens e posologia prescritos pelos médicos das mais diversas especialidades. Outras auditorias coletam dados diretamente nos consultórios médicos através de espelhos do receituário médico emitido.

Estas auditorias permitem um grande número de análises importantes, como conhecer os medicamentos e apresentações mais prescritas dentro dos diversos mercados, as respectivas participações percentuais, entender quais as indicações médicas nas quais está sendo utilizado cada medicamento e quais e com que frequência os medicamentos são receitados pelos médicos individualmente[4].

Vendas: Dos três principais canais de escoamento de medicamentos, farmácia, hospitalar e Governo, apenas o primeiro é satisfatoriamente coberto pelas auditorias existentes. As auditorias que cobrem o canal hospitalar apresentam cobertura ainda relativamente baixa, com distorções significativas. No canal Governo, após muitos anos sem qualquer auditoria estruturada, apenas recentemente começaram a aparecer soluções.

---

[4] Dados fundamentais nas análises de Segmentação e *Targeting* Médico.

Dentro da cadeia de suprimentos da indústria farmacêutica (laboratório-distribuidor e atacadista-farmácia-paciente), as auditorias de vendas disponíveis diferenciam-se por captar os dados em pontos diferentes da mesma. A maioria dos bancos de dados de vendas de medicamentos existentes baseia-se na coleta de dados dos distribuidores e atacadistas que informam os produtos comercializados, as respectivas quantidades e identificação (CNPJ) dos compradores, sejam eles farmácias, hospitais ou outros, o que se costuma denominar de *selling-in*[5]. Este enfoque é adotado devido ao menor número de atacadistas e distribuidores em relação ao número de farmácias. Todas as alternativas disponíveis são bastante semelhantes em suas virtudes e restrições, sendo fatores decisivos a quantidade e a qualidade do painel de distribuidores.

Os principais problemas incluem baixa cobertura das vendas diretas (laboratório diretamente para o ponto de venda) e a impossibilidade de obter os preços reais praticados nos pontos de vendas (farmácias).

Estes dados permitem realizar um grande número de análises relevantes, como conhecer o nível de vendas em unidades e valores da grande maioria dos produtos farmacêuticos, conhecer produtos e fabricantes líderes dentro de segmentos específicos, respectivas participações de mercado, crescimento e evolução de vendas. Os valores podem ser consolidados por fabricante, família de produtos, classes terapêuticas, entre outras possibilidades. As análises de vendas em regiões de vendas também são muito comuns.

Promoção Médica: Esta família de auditorias permite identificar a quantidade e a qualidade de visitas de promoção de produtos farmacêuticos realizadas aos profissionais médicos. É possível identificar o *share of voice* de produtos e/ou fabricantes, saber as principais ações realizadas nestas visitas, como amostras grátis, revistas especializadas, brindes, entre outros. Algumas oferecem a possibilidade de conhecer detalhes sobre posicionamento de produto e material promocional.

As fontes de dados secundários anteriormente mencionados são as mais comumente utilizadas pelas áreas de IM da indústria farmacêutica; porém, há outras fontes também utilizadas para fins específicos:

---

[5] Esta denominação origina-se do fato de que os dados indicam o que foi comprado pelos pontos de vendas (farmácias) e não o que saiu de seus *check-outs*, o que caracterizaria o *selling-out*.

Internet: Tem sido uma fonte cada vez mais frequente e rica de dados e informações sobre produtos e empresas. A grande maioria das empresas farmacêuticas mantém *sites* eletrônicos bastante ricos em conteúdo sobre produtos e informações médicas. Algumas associações médicas também construíram *sites* interessantes, onde é possível obter muitas informações sobre doenças e especialidades médicas.

A Internet tem sido uma fonte de dados muito útil para obter dados sociodemográficos, epidemiológicos e governamentais. O Instituto Brasileiro de Geografia e Estatística (IBGE) disponibiliza uma grande quantidade de dados bastante úteis em seu *site*, que são muito empregados em dimensionamentos de mercado pelas áreas de IM. O Ministério da Saúde e a Anvisa (Agência Nacional de Vigilância Sanitária) têm igualmente aprimorado o conteúdo de seus *sites*, principalmente quanto a aspectos regulatórios do mercado de produtos farmacêuticos. Da mesma maneira, muitos *sites*, públicos e privados, têm disponibilizado dados sobre compras governamentais de medicamentos.

Pesquisas *Ad hoc* Históricas: Projetos de pesquisa *ad hoc* acumulados durante o tempo podem servir de importante fonte de dados secundários, até para finalidades não previstas quando da elaboração do projeto original. Denomina-se meta-análise ao estudo conjunto e consolidação de resultados de vários projetos *ad hoc* históricos.

Bancos de Dados Internos: Muitas vezes, os dados captados e armazenados pela própria empresa com outras finalidades podem ser úteis aos processos de análise das áreas de IM. São exemplos claros os dados de vendas e de clientes, mas outros dados das áreas médica e jurídica (patentes, por exemplo) podem contribuir nesse sentido também.

Publicações e Periódicos: Há uma grande disponibilidade de publicações que podem ser utilizadas pelas áreas de IM das indústrias farmacêuticas, desde publicações médico-científicas até relatórios econômicos e setoriais. Estes tipos de fontes de dados raramente atendem a necessidades específicas, mas servem como base para estudos exploratórios sobre determinadas enfermidades ou para obtenção de cenários macroeconômicos, por exemplo.

Como já foi dito, deve-se esgotar as possibilidades de responder às hipóteses levantadas através de dados secundários antes de buscar projetos ou levantamentos de dados primários, pois estes tipos de projeto demandam maiores investimentos financeiros e esforços, mas trazem respostas específicas e adequadas às questões relevantes que não puderam ser respondidas com os dados (secundários) disponíveis.

Um projeto de pesquisa *ad hoc* é praticamente um subprojeto dentro do projeto maior de inteligência de mercado. Um mesmo projeto de inteligência de mercado pode conter vários projetos de pesquisa *ad hoc*. Menos comumente, um projeto de pesquisa *ad hoc* atende a vários projetos de inteligência.

O fluxo de um projeto de pesquisa *ad hoc* é bastante parecido com o fluxo de inteligência mencionado. A principal diferença é que, agora, a área de IM passa a ser o cliente, e o projeto propriamente dito é conduzido, via de regra, por um instituto de pesquisa de mercado especializado.

Todas as recomendações anteriormente feitas sobre o *briefing* devem ser seguidas para a comunicação com o instituto. Devem constar também deste *briefing* os públicos-alvo a serem estudados (especialidades médicas, por exemplo), abrangência geográfica e contexto do projeto em relação aos demais dados disponíveis. Muitas empresas gostam de recomendar metodologias a serem empregadas, mas uma alternativa mais interessante é deixar esta recomendação a cargo do instituto de pesquisa, tirando proveito de toda a experiência e *expertise* dele.

O instituto recomendará a metodologia a ser utilizada (qualitativa, quantitativa, etc.), proporá o instrumento de coleta (questionário, roteiro, etc.), conduzirá a coleta de dados conforme estabelecido (telefone, Internet, discussão em grupo, etc.), analisará os dados obtidos e fará a apresentação dos resultados. A participação ativa do analista[6] de IM em todo este processo é altamente recomendável. Muitas vezes, dependendo da importância do projeto, o próprio cliente acompanha a coleta de dados, assistindo a discussões de grupo nas salas de espelho ou entrevistas nos consultórios médicos. Mas esta possibilidade não deve privilegiar o método de discussões de grupo em relação aos demais. As metodologias devem ser escolhidas apenas de acordo com os objetivos da pesquisa e não pela facilidade de acompanhamento dos trabalhos de campo.

---

[6] A expressão "analista de IM" é utilizada como função, e não como um cargo, podendo ser exercida por um profissional da área de IM ou outra área, como Marketing.

Apesar de, aparentemente, todo o trabalho em um projeto *ad hoc* ser executado pelo instituto de pesquisa, o analista tem seu desafio em analisar em conjunto, cruzar e fazer sentido entre as diversas fontes de dados planejados e coletados durante o projeto como um todo.

Assim como no caso das fontes de dados secundários, a indústria farmacêutica sempre primou por conduzir um grande número de projetos de pesquisa *ad hoc*, utilizando as mais diversas metodologias e instrumentos de coleta de dados. Nesse sentido, a indústria farmacêutica possui suas particularidades, a saber:

Público-alvo: Historicamente, a grande preocupação das empresas do setor sempre foi entender as necessidades do seu principal cliente ou gerador de demanda, o médico. Trata-se de um público bastante diferenciado, seja pela sua elevada formação técnica, seja pelas características de sua atividade, convivendo frequentemente com situações de elevada complexidade e responsabilidade.

O grau de especialização dos profissionais médicos cresceu consideravelmente nos últimos anos; hoje, existem novas especialidades e subespecialidades com necessidades diferenciadas. Especialidades médicas antigamente desconhecidas passaram a ter papel importante na indicação de medicamentos, como intensivistas e algologistas, entre outras.

Além disso, a descoberta de novas doenças e tratamentos, a rápida evolução tecnológica no campo dos diagnósticos e da pesquisa clínica são fenômenos que desafiam os profissionais médicos. A Internet tem trazido aos seus consultórios pacientes cada vez mais bem informados, capazes de discutir razoavelmente quadros clínicos e soluções terapêuticas.

Os laboratórios farmacêuticos buscam, através dos projetos de pesquisa, entender questões fundamentais entre estes profissionais, como:

- Quais são as especialidades médicas que efetivamente recebem, diagnosticam e tratam cada enfermidade?
- Quais suas percepções e/ou experiências clínicas em relação aos tratamentos disponíveis? E quanto aos tratamentos medicamentosos?
- Qual sua percepção de pontos fortes e fracos de cada medicamento disponível?

- Qual a relação das variáveis eficácia, segurança e preço em doenças específicas?
- Que outros fatores influenciam seu receituário? Perfil socioeconômico do paciente? Como seu receituário afeta sua visão da relação médico-paciente?
- Como os laboratórios, seus consultores de vendas e suas pesquisas clínicas podem efetivamente auxiliar o dia a dia do profissional?

Entretanto, o aumento da competitividade no setor farmacêutico trouxe a necessidade de explorar e entender outros públicos que, atualmente, influenciam significativamente os resultados de vendas dos medicamentos.

Principalmente após o advento dos medicamentos genéricos, atenção especial tem sido dada aos Pontos de Venda (PDV), principalmente farmácias e drogarias, redes ou independentes. Sabe-se que a influência de farmacistas, farmacêuticos e gerentes de farmácias na efetiva aquisição de um medicamento é muito grande. Os laboratórios aprenderam que, além de conseguir a emissão de uma prescrição através da promoção médica, é fundamental garantir a materialização da venda através de ações promocionais direcionadas também ao PDV. Porém, este é um público diferente do médico, com características e necessidades específicas, que também precisam ser pesquisadas e entendidas. São questões comuns neste tipo de público:

- Quais as melhores maneiras de levar informações sobre produtos e fabricantes a farmacistas e gerentes de farmácia?
- Que tipos de promoção são mais efetivos neste público? Quais materiais promocionais utilizar, trabalhos científicos, brindes, outros?
- Até que ponto o receituário médico é obedecido? O que os leva a indicar um produto ao paciente? Preço mais baixo, maior margem de lucro ou ação promocional dos laboratórios?
- Há realmente diferenças entre o perfil profissional e de atuação entre farmacistas de farmácias independentes e de redes?

Cabe ressaltar que alguns medicamentos ou apresentações encontram seu principal canal de vendas em hospitais ou no Governo. Nos ambientes hospitalares, outros públicos específicos são relevantes e devem ser pesquisados, como farmacêuticos que trabalham em hospitais. Como estes profissionais tratam com quadros de maior criticidade e risco, a eficácia acaba assumindo um papel mais preponderante sobre outros aspectos, como preço e embalagem, por exemplo.

Os funcionários que atuam com aquisição de medicamentos para o Governo também se constituem num público bastante diferenciado dos demais e com necessidades bastante específicas. Adquirem elevados volumes de medicamentos, mas devem seguir políticas e orçamentos restritos. O canal Governo tem crescido significativamente em importância para as empresas fabricantes de medicamentos, principalmente aqueles de elevado preço. Nestes casos, o sucesso de um produto pode estar condicionado à inclusão nas listas governamentais de distribuição ou reembolso de medicamentos.

Os pacientes têm recebido crescente atenção por parte da áreas de IM e institutos de pesquisa de mercado. Sua influência sobre a efetiva aquisição de medicamentos tem sido cada vez mais decisiva. Entretanto, a aproximação de respondentes entre o público não-médico deve ser muito cuidadosa pelas restrições legais e regulatórias geralmente severas nesse sentido. A identidade dos pacientes deve ser sempre conservada em sigilo. São questões, via de regra, relevantes a serem exploradas entre os pacientes:

- O que afinal determina a preferência por um medicamento? Apenas o médico, opinião de familiares e amigos, farmacêutico, outros?
- A imagem de maior ou menor confiabilidade dos diversos fabricantes pode influenciar também esta escolha? Como construir esta imagem?
- Qual o real grau de influência de propagandas de massa e *merchandising* em pontos de venda?
- Qual a percepção de eficácia, segurança e preço em relação a tratamentos e produtos alternativos?

Estes três tipos de público são os mais explorados em projetos de pesquisa de mercado da indústria farmacêutica. Entretanto, outros dois tipos de público são, em geral, negligenciados pelas áreas de IM e por seus clientes internos: profissionais de distribuidores e atacadistas e públicos internos das empresas.

Os distribuidores e atacadistas representam elemento-chave na cadeia de suprimentos da indústria farmacêutica. A chegada de medicamentos genéricos e o aumento da competitividade, principalmente entre os medicamentos similares, forçaram estes profissionais a alterar seu modo de operação, agregando valor a seus serviços de distribuição de medicamentos. Porém, a coleta de dados e informações sobre este público é, geralmente, realizada de forma informal e pouco estruturada por parte dos laboratórios.

Similarmente, em muitas empresas, o público interno dos laboratórios, em especial seus representantes e consultores de vendas, tem recebido diminuta atenção por parte das empresas farmacêuticas. Ele representa a linha de frente destas empresas e está em contato constante com clientes e concorrentes. A quantidade e a qualidade de informações relevantes disponíveis neste público são bastante significativas. Entretanto, poucas são as áreas de IM que desenvolveram processos estruturados de coleta, processamento e análise destas informações.

Coleta de Dados: A escolha dos métodos de coleta de dados, como em outras indústrias, depende dos objetivos traçados para o projeto, metodologia (qualitativa ou quantitativa) e método (exploratório, descritivo ou experimental) de pesquisa escolhidos. A recomendação do melhor método deve ser sempre feita pelo instituto de pesquisa e ele deve ser discutido com a área de IM.

Dada a complexidade do público entrevistado, em geral médicos, e da natureza do assunto, em geral doenças, o preparo e a experiência dos entrevistadores e moderadores do instituto em projetos de pesquisa mercadológica da indústria farmacêutica têm aspecto crítico.

As discussões de grupo encontram grande interesse por parte dos gerentes de produtos de Marketing, uma vez que permitem observação da dinâmica do processo através de salas equipadas com espelhos *one-way*. Todavia, muito cuidado deve ser tomado nesse sentido, pois muitos assistentes tendem a selecionar algumas respostas ou comentários isolados no meio da sessão e assumi-los como resultados da pesquisa. Mesmo na ansiedade por respostas rápidas e objetivas, os profissionais de IM devem constantemente conscientizar seus clientes internos a aguardar a finalização do processo de coletas de dados e análise pelos institutos para, então, serem apresentados e discutidos os resultados finais do estudo. O mesmo pode ser dito em relação a acompanhamento de entrevistas pessoais realizadas em *central location*[7] ou nos consultórios médicos.

Em suma, há muitas possibilidades de projetos *ad hoc* de pesquisa, e variam bastante de indústria para indústria. Na indústria farmacêutica, os tipos mais comuns são[8]:

- estudo de imagem de produtos, marcas e institucional;
- estudos de fundamentação: hábitos e atitudes;
- estudos de segmentação e posicionamento;
- perfil do consumidor;
- desenvolvimento de mensagens e campanhas;
- avaliação de campanhas e materiais promocionais;
- teste de conceitos, nomes, embalagens;
- teste de produtos;
- diagnóstico de produtos;
- *recall* e penetração;
- satisfação do consumidor;
- *diary studies*;
- avaliação de sensibilidade de preço;
- compra simulada;
- *brand equity*;
- *brand mapping*.

COLETA E PROCESSAMENTO DE DADOS

Uma vez bem definido o problema a ser respondido, estruturada a forma de respondê-lo através de hipóteses e sub-hipóteses, definidos os dados que serão utilizados, chega-se à etapa de coleta e processamento dos dados, primários ou secundários, e informações.

---

[7] Expressão utilizada para descrever entrevistas realizadas fora do consultório médico, em geral nas instalações do instituto de pesquisa.
[8] Fonte de referência: *site* Data Market Inteligência de Mercado (*www.grupodatamarket.com.br*), instituto especializado em pesquisa de mercado para a indústria farmacêutica.

Os bancos de dados secundários quantitativos comercialmente disponíveis geralmente se encontram bem estruturados e podem ser obtidos através de consultas disponíveis nas interfaces dos sistemas de informações desenvolvidos pelos fornecedores destes bancos de dados. Esta tarefa parece, à primeira vista, bastante simples. Porém, um perfeito conhecimento conceitual a respeito destes bancos de dados é fundamental. Estas auditorias possuem detalhes e limitações importantes que, se não observados, podem levar a resultados futuros errôneos. Por exemplo, algumas auditorias mostram os dados exatamente como coletados, enquanto outras projetam os resultados para o universo em questão.

Já outros tipos de dados secundários não se encontram tão bem estruturados, como informações disponíveis em *sites* eletrônicos ou publicações, que exigem do analista um maior esforço de busca e organização.

Quanto mais organizados estiverem os dados coletados, mais fáceis serão as etapas seguintes do projeto de inteligência. As formas mais comuns de organização de dados primários quantitativos são em tabelas, gráficos dos mais diversos tipos (barras, pizza etc.), fluxogramas e diagramas, entre outras. Os dados qualitativos, como textos e figuras, podem ser organizados em sinopses ou sumários.

Já a coleta de dados primários consiste na execução dos projetos de pesquisa *ad hoc* planejados na etapa anterior. Aqui, a experiência, a competência e a idoneidade do(s) instituto(s) contratado(s) são fundamentais. A aplicação correta dos instrumentos de coleta desenvolvidos e aprovados deve ser acompanhada. O instituto deve demonstrar capacidade em contornar dificuldades normalmente presentes durante a execução de projetos de pesquisa, como encontrar perfil adequado de respondentes, questões de agendamento de entrevistas, treinamento de entrevistadores, alterações de última hora nos instrumentos, entre outros.

ANÁLISE DE RESULTADOS

Nesta etapa, o desafio do analista de IM é aplicar métodos e ferramentas adequadas aos dados coletados na etapa anterior, de modo a efetivamente responder às hipóteses e sub-hipóteses desenvolvidas na etapa de planejamento. Outro importante desafio é considerar um grande con-

Capítulo II - A Pesquisa de Mercado com Base nas Decisões Estratégicas

junto de dados, primários e secundários, obtidos na etapa anterior, colocá-los de maneira coerente com os devidos cruzamentos na estrutura global do projeto, uma vez que todos os dados e análises devem fazer sentido para responder ao objetivo central do projeto.

Mesmo que o referido planejamento tenha sido muito bem elaborado, o analista de IM deve ter consciência de que algumas alterações podem ser necessárias, uma vez que durante o processo de coleta fatos inesperados acontecem, como a impossibilidade de obtenção de certos dados, novas hipóteses de respostas agregadas, mudanças no cenário competitivo, entre outros.

Os dados primários oriundos das pesquisas *ad hoc* conduzidas por institutos de pesquisa, em geral chegam já bastante trabalhados, analisados e, na maioria das vezes, com conclusões e recomendações. Porém, estas pesquisas respondem a questões ou hipóteses parciais do projeto maior de inteligência. Por exemplo, no lançamento de um novo produto, pesquisas *ad hoc* podem ser realizadas para encontrar o posicionamento de marketing mais adequado ou testar um material ou uma mensagem promocional, mas os resultados destas pesquisas necessariamente terão que ser colocados e cruzados com outros resultados de outras partes do projeto maior, como preço, análise dos concorrentes, etc.

Tanto para dados primários quanto para os secundários, as possibilidades de métodos e ferramentas de análise são ilimitadas. Isto pode parecer uma grande vantagem, mas traz consigo o desafio de escolher o melhor método de acordo com as respostas a serem respondidas e os dados disponíveis. Ocorre a tentação de escolher métodos sofisticados, mesmo que os mais simples respondessem satisfatoriamente às questões propostas. E o ponto mais relevante é manter foco na resposta às perguntas formuladas, que são o objetivo de toda a análise e do projeto como um todo. Muitas vezes, dados são levantados e análises produzidas sem que haja uma questão ou decisão de negócio diretamente relacionadas.

Um método de análise bastante utilizado é a "Análise de Portfólio" e suas adaptações. Também conhecido como Matriz BCG[9], este modelo foi originalmente desenvolvido para auxiliar analistas e gerentes a entender a posição relativa de suas unidades de negócio ou produtos dentro do

---
[9] Foi desenvolvido pela empresa de consultoria estratégica Boston Consulting Group.

portfólio global da empresa. Trata-se de um gráfico bidimensional, onde no eixo X é plotada a participação relativa de mercado[10] (PRM) e no Y o crescimento percentual. O eixo X é separado em duas partes a partir de PRM igual a 1, ou seja, divide as unidades ou produtos com PRM menor ou maior do que os respectivos concorrentes-chave. O mesmo ocorre com o eixo Y, que é dividido em duas partes em relação ao crescimento médio de vendas de um mercado-referência.

Assim, temos quatro quadrantes, a saber:

- **Quadrante "Criança-problema":** Crescimento de mercado acima da média de mercado, mas PRM ainda baixo (baixa dominância de mercado). Posição comum de unidades de negócio recém-criadas ou lançamentos que consomem elevados investimentos, mas têm grande potencial;
- **Quadrante "Estrela":** Crescimento de mercado acima da média de mercado e PRM elevado, indicando alta dominância de mercado. São as unidades ou produtos mais importantes da empresa, consomem investimentos, porém fornecem elevados retornos.
- **Quadrante "Vaca Leiteira":** Unidades ou produtos de elevado PRM, mas crescimento inferior à média de mercado. Os investimentos são bastante reduzidos, pois se trata de unidades ou produtos estabelecidos, de sucesso, mas iniciando em maturidade. Geralmente, fornecem o caixa necessário para sustentar os produtos do quadrante "Criança-problema".
- **Quadrante "Abacaxi":** Unidades ou produtos de baixos crescimento e PRM, cuja tendência, obviamente, é de descontinuidade futura.

Este modelo é muito utilizado, pois permite a aplicação em diversos tipos de análise além do padrão de portfólio. Por exemplo, pode-se analisar uma classe terapêutica ou mercado específico através de uma matriz deste tipo. Escolhe-se um produto de participação de mercado intermediária com referência e o crescimento da classe como divisor do eixo Y. Então, plotam-se os produtos concorrentes deste mercado e pode-se observar, de maneira bastante visual e intuitiva, quais são os produtos estrela e abacaxi, os lançamentos e os estabelecidos.

---

[10] Simplificadamente, resultado da divisão da participação de mercado da unidade ou produto pela participação de mercado de um concorrente-referência.

Logicamente, as conclusões desta aplicação são muito diferentes da aplicação original. Por exemplo, pode-se observar o grau de dominância de mercado dos líderes pelas diferenças de suas PRM ou o grau de sucesso dos últimos lançamentos de produtos naquele mercado. É possível variar as unidades utilizadas, como empregar vendas unitárias ou em valores, obtendo visões e análises bastante diferentes.

Além disso, este tipo de modelo é dinâmico, ou seja, permite que sejam projetados e visualizados cenários competitivos futuros e alternativos a partir da estimativa de crescimento futuro dos produtos atuais e novos entrantes.

O modelo de Matriz BCG suscitou o desenvolvimento de outros modelos similares, como, por exemplo, a Matriz GE. Ela basicamente substitui o conceito de PRM por índices de poder de negócio da unidade ou produto no eixo X e no eixo Y, e substitui crescimento de vendas por atratividade do segmento. Cada um destes índices é composto por uma série de fatores, internos para determinar o poder da unidade de negócio, e externos para obter a atratividade do segmento. Em relação à Matriz BCG, a Matriz GE caracteriza-se por ser um modelo mais abrangente, mas também mais difícil e demorado de ser construído e analisado.

Outros modelos comumente aplicados em análise estratégica e competitiva de mercado são a Análise de Grupos Estratégicos, Análise de Cadeia de Valor, Análise de Competidores, Projeção de Cenários, Análise de Influenciadores de Mercado, Curva de Experiência, Curva do Ciclo de Vida, Análise SWOT, entre outros. Cabe ao analista de mercado distinguir as aplicações e limitações de cada modelo às suas necessidades específicas em cada trabalho. Uma vasta e detalhada explicação a respeito destes modelos foi compilada por Craig Fleisher e Babette Bensoussan[11].

A estatística também representa outra grande oportunidade de aplicação de ferramentas poderosas de análise aos analistas de IM. Desde os conceitos mais básicos, como média e variância, até os mais complexos, como análises multivariadas, encontram-se enormes oportunidades de aplicação para análises em problemas do dia a dia das áreas de IM. Entretanto, a falta de conhecimento técnico sobre as ferramentas e a percepção de alta complexidade em sua aplicação restringe sobremaneira a utilização da estatística em IM da indústria farmacêutica.

---

[11] Fleisher, Craig; Bensoussan, Babette. *Strategic and Competitive Analysis*. Prentice-Hall, 2003.

Uma das grandes questões da indústria farmacêutica é avaliar e comparar a eficácia de diferentes tipos de ações promocionais de marketing, como visitação médica, distribuição de amostras grátis e brindes promocionais, participação em eventos médicos, entre outros. Vários bancos de dados fornecem o perfil prescritivo individualizado de um grande número de médicos; assim, é possível comparar o comportamento prescritivo antes e depois de uma determinada ação promocional utilizando o método estatístico chamado "Teste de Hipóteses". Este método permite comparar, por exemplo, duas amostras de médicos de uma determinada especialidade, uma que recebeu a referida ação promocional contra outra que não recebeu a mesma promoção, indicando, para níveis de significância selecionados, se a ação promocional conseguiu elevar (estatisticamente) o número de receitas emitidas.

Como no caso anterior, muitos outros problemas podem ser analisados e respondidos com métodos estatísticos, como aplicar Análise de Segmentação para segmentar cadastros médicos a serem visitados de acordo com um grande número de variáveis (características dos médicos), ou utilizar Regressão (linear ou exponencial) para prever o comportamento futuro de dimensões relevantes, como vendas, participações de mercado, entre outros.

Além da aplicação adequada de métodos e ferramentas a dados e informações, o sucesso da etapa de análise está extremamente ligado à correta interpretação dos resultados e, principalmente, às implicações estratégicas destes resultados às questões de negócios dos clientes das áreas de IM.

Este é um tema extremamente debatido nas empresas: o que realmente significa ser um analista de inteligência de mercado "estratégico". Segundo John Hovis[12] agregar valor em inteligência de mercado "...se resume a uma única palavra – orientação... O objetivo é resumir o que já se conhece e passar para o que não é óbvio. Diga-lhe (ao cliente de IM) o que ele NÃO sabe... dizer o que representa para a empresa".

Dominar e seguir corretamente o fluxo de inteligência, entender os processos de coleta e processamento de dados, conhecer e aplicar moder-

---

[12] Hovis, John. "IC na Avnet: impacto nos resultados", *Competitive Intelligence Review*, vol. 11(3), 5-15 (2000). John Wiley & Sons, Inc.

nas metodologias de análise, produzir apresentações vendedoras, tudo isto é fundamental ao analista de IM; entretanto, hoje demanda-se mais deste profissional conforme reforça John Hovis: "...o importante é exercer impacto, o que representa mais um passo: é preciso fazer a recomendação. É preciso levantar e dizer à alta gerência, ou a quem quer que você esteja transmitindo a mensagem, 'portanto'. É nesse ponto que está a fórmula do sucesso de um processo de IC (Inteligência Competitiva)".

A fim de agregar valor conforme anteriormente descrito, os profissionais de IM devem desenvolver um grande número de habilidades, sendo as principais o conhecimento avançado do negócio farmacêutico, o perfil analítico, voltado a solucionar problemas, e ser bom comunicador. Devem estar sempre acompanhando as mudanças no mercado com uma contínua sinergia com as áreas de Marketing e Comercial.

APRESENTAÇÃO DE RESULTADOS

Esta etapa consiste em organizar os resultados obtidos através das anteriores. Apesar de ser teoricamente a etapa mais simples de todas, algumas armadilhas podem levar a erros críticos, comprometendo todo o sucesso do projeto de inteligência.

Em primeiro lugar, o foco da apresentação de resultados deve ser a resposta às perguntas ou questões de negócio formuladas no *briefing* que motivou o projeto. Nesse sentido, quanto mais direta e objetiva a apresentação, mais ficará comprovada sua eficácia. Por exemplo, se a questão de negócio é "avaliar a viabilidade de lançamento do produto 'X' no mercado 'Y'", na apresentação, em destaque, em local adequado, deve constar claramente o seguinte resultado: "portanto, pelas razões anteriormente explicitadas, (não) recomendamos o lançamento do produto 'X' no mercado 'Y'".

Obviamente, haverá outros elementos ou resultados intermediários que são interessantes de serem apresentados, inclusive para respaldar as conclusões do estudo. O perigo (não raro) é "empolgar-se" muito com os dados e análises realizadas e esquecer-se do mais importante: conectá-los com os objetivos do projeto.

O segundo ponto importante é sempre pensar no público que receberá a informação. Diferentes clientes demonstram diferentes perfis e preferências de acesso às informações. Alguns preferem relatórios com textos e gráficos, outros, apresentações sumarizadas e objetivas, outros ainda preferem a forma de debate e discussão.

Assim, é muito relevante considerar qual a forma preferida de recebimento de informações pelos clientes, qual o tempo que cada um deles terá disponível para ler o relatório ou assistir à apresentação oral, qual o grau de aceitação de relatórios eletrônicos, considerando-se que o grau de habilidade com sistemas de informática varia consideravelmente entre os clientes.

A desconsideração deste aspecto pode levar a uma resistência inicial do cliente ao projeto, não porque não esteja eficaz ou bem realizado, mas porque ele simplesmente não gosta de acessar a informação daquela maneira ou o tempo de dedicação foi maior do que o que ele dispunha.

Em apresentações orais, é fundamental uma confecção visualmente correta, observando-se tamanho e tipo de fontes, contraste com fundo da apresentação, títulos claros, bom balanceamento entre conteúdo e espaços em branco, etc. Recomenda-se priorizar a utilização de gráficos, diagramas e figuras, evitando-se, ao máximo, textos longos que deixam as apresentações extremamente pesadas.

Com o aumento da velocidade das mudanças no ambiente competitivo, a demanda por relatórios escritos tem sido reduzida consideravelmente. Quando necessários, é essencial a colocação dos sumários executivos no início destes relatórios, onde devem estar claramente respondidas as questões de negócio e os dois principais resultados que suportam tal recomendação.

Um elemento que não pode ser esquecido quanto à apresentação, disseminação e comunicação de resultados de pesquisa é o suporte de tecnologia da informação. Duas plataformas que têm sido muito utilizadas são as ferramentas de *Business Intelligence*, ou simplesmente BI, e os denominados "portais" que empregam interfaces Web.

As ferramentas de BI permitem uma série de recursos muito interessantes aos analistas de IM, principalmente a possibilidade de cruzamento de diversas fontes de dados, a construção dinâmica de consultas e possibilidades avançadas de navegação (conhecidos como *drill-up*, *-down*, *through* etc.). Entretanto, os projetos desenvolvidos na área mostram que um grande esforço é necessário na modelagem do sistema e as soluções disponíveis ainda apresentam problemas significativos de performance. De qualquer maneira, representa um avanço para reduzir a dependência de informações das áreas de IM, uma vez que estes sistemas podem ser mais facilmente utilizados pelos clientes internos.

Os portais de inteligência assemelham-se às Intranet corporativas ou podem ser parte delas. Possuem características muito interessantes aos clientes de IM, como fácil navegabilidade, possibilidade de encontrar vários relatórios em um só local, recursos de *download*, entre outras. Eles permitem que as áreas de IM disponibilizem uma grande quantidade de estudos, relatórios e apresentações, em especial aqueles regularmente emitidos, que podem ser acessados remotamente pelos clientes da área. Podem ser também uma fonte de comunicação no sentido inverso, onde os clientes podem colocar solicitações ou *briefings* para as áreas de IM.

AVALIAÇÃO

Como todo fluxo, a última etapa do fluxo de inteligência deve representar alguma forma de retorno ou *feedback* em relação ao processo e seus resultados. Esta avaliação deve ser executada em dois níveis: internamente pelo gestor da área de IM, e, externamente, pelos clientes que requisitaram o projeto. Além disso, esta avaliação deve ocorrer da maneira mais formalizada possível, inclusive com preenchimento de avaliações formais por parte dos clientes. As perguntas a serem formuladas nesta avaliação, de modo geral, são:

- O projeto de inteligência em avaliação efetivamente respondeu a(s) pergunta(s) de negócio formulada(s) pelo meu cliente interno?
- Qual foi o impacto ou contribuição dos resultados para o negócio da empresa? Tais resultados levaram a uma elaboração de estratégia e/ou a uma tomada de decisão baseada em informações?
- Quais foram as ações competitivas, de marketing ou de vendas oriundas destes resultados?

- A estruturação do problema, as fontes de dados utilizadas, as metodologias de análise empregadas e as formas de disseminação de resultados foram as mais adequadas ao problema apresentado?

As respostas a estas perguntas permitirão um contínuo aprimoramento das diversas etapas do fluxo de inteligência anteriormente descrito. É importante frisar que uma área de IM de destaque não é aquela com profissionais extremamente qualificados, que empregam metodologias de ponta em todo o fluxo, mas aquelas que permitem às suas organizações, de maneira direta ou indireta, melhores desempenhos em seus segmentos de mercado.

As áreas de IM devem ser percebidas por seus clientes internos e externos como um elemento de vantagem competitiva da empresa. Um projeto de inteligência simples, mas de grande impacto no negócio da empresa, é preferível a um projeto altamente sofisticado e complexo, mas que traga poucos resultados práticos ao desempenho da empresa.

CAPÍTULO III
PLANEJAMENTO ESTRATÉGICO: FATORES CRÍTICOS E LEVANTAMENTO DE INFORMAÇÕES

INTRODUÇÃO

Para muitas empresas no passado (e infelizmente para algumas atualmente) o direcionamento da empresa voltado somente para a área financeira era considerado suficiente para a permanência dela no mercado. Neste procedimento, a preocupação básica é como "ajustar" os números acima da última linha (seja esta o lucro líquido ou a geração de caixa do período). Desta maneira, no entanto, não estaríamos encontrando o problema verdadeiro.

Todos esses instrumentos foram e são úteis, mas têm sido cada vez mais insuficientes. O ambiente no qual a organização opera tem mudado velozmente. Para sobreviver, a organização precisa exercer controle sobre seu ambiente (interno e externo) e sobre seus recursos (tangíveis e intangíveis), conhecendo as principais variáveis de seu negócio.

Quando tratamos de empresas voltadas ao mercado farmacêutico, onde a venda ou o receituário de um produto na farmácia estão atrelados muitas vezes ao estabelecimento de um conceito, verificamos que somente a análise financeira do negócio possui riscos significativos, até mesmo para a saúde da população.

Um problema sério da informação incompleta é quando ela nos leva a decisões erradas. E elas são mais comuns nas decisões de médio e longos prazos, cujos resultados empreendidos são "obtidos em futuras administrações" ou cujo empenho se esvanece com o tempo.

A empresa orientada para a ESTRATÉGIA permite uma análise global dos problemas enfrentados e facilita a tomada de decisões embasada em atributos mais coerentes e sólidos para o sucesso a longo prazo.

Há muitas definições para a expressão "estratégia empresarial", mas as que estão mais alinhadas com a teoria de administração são aquelas que referenciam a empresa ao seu mercado. Vejamos duas delas:

- Estratégia pode ser definida como "o processo de estabelecer metas e objetivos de longo prazo para a empresa, e de adotar cursos de ação e alocar recursos para atingi-los", segundo o historiador Alfred D. Chandler.
- De acordo com David R. Hampton, estratégia é "um plano que relaciona as vantagens da empresa com os desafios do ambiente. O desafio da estratégia é adaptar a organização com sucesso ao seu ambiente".

A definição da estratégia de uma organização inicia-se no topo dela, entre seus principais acionistas e a alta administração. Deve representar não somente o aproveitamento de uma oportunidade, mas também assumir riscos e saber disponibilizar recursos e competências.

As competências centrais da estratégia são:

- **Gerenciamento da estabilidade**

  A conquista e a permanência no mercado farmacêutico requerem um trabalho de monitoramento diário sobre as atividades desenvolvidas e a visibilidade da empresa.

- **Detecção de *gaps* na empresa**

  Um problema comum no mercado farmacêutico é o foco das empresas somente nas suas potencialidades. Os *gaps* encontrados muitas vezes dependem da percepção que o cliente está tendo da empresa, das ações da concorrência × potencial de reação e, principalmente, da capacitação humana no desenvolvimento do trabalho.

- **Conhecimento do negócio**

  O sucesso da empresa depende do seu conhecimento profundo do negócio e dos hábitos e atitudes dos clientes principais. No mercado farmacêutico podemos dizer que existe variação de conduta até mesmo por especialidade e por faixa etária quando falamos em adquirir/utilizar um produto deste ramo.

- **Administração de mudanças**

  Governo, convênios, empresas, enfim... a arena competitiva na qual estão inseridas as empresas, são influenciados por mudanças constantes e seu sucesso ou permanência neste mercado vai depender da sua capacidade de gerir as mudanças e conseguir diferenciais significativos frente à concorrência, cada vez mais acirrada.

- **Análise e projeção de cenários**
  Uma apurada análise dos principais dados do mercado e uma projeção de cenários adequada permitem às empresas se sentirem mais seguras tanto na implementação das estratégias como na tomada de decisões corretivas, considerando a dinâmica presente neste segmento.

- **Envolvimento da equipe**
  Todo planejamento estratégico está fadado ao fracasso quando as pessoas participantes de sua implementação não estão envolvidas. O envolvimento da equipe será tratado com muito cuidado no último capítulo, mas adiantamos que o treinamento, o *empowerment*, o trabalho em equipe e uma correta política de gerenciamento de competências trazem fôlego novo para as empresas e permitem que as mesmas tenham um crescimento sustentável.

A expressão "visão estratégica" compreende muito mais do que um simples "olhar para o futuro", mas um complexo processo envolvendo a compreensão de todo o universo competitivo da empresa.

O esquema da visão estratégica está descrito na figura da página seguinte.

Para maximizar o sucesso da visão estratégica, alguns cuidados devem ser tomados:

- **Conhecer o grau de importância de determinado objetivo ou problema, separando-os em primários e secundários**
  Desta forma você foca e organiza suas ações, ganhando tempo, produtividade e maior entendimento dos envolvidos, já que eles sabem que existem prioridades, diminuindo a pressão sobre os mesmos.

- **Separar os problemas que não envolvem investimento**
  Problemas de relacionamento, mudanças na estrutura (às vezes a reestruturação demanda um investimento), tratamento dos dados trabalhados etc. podem ajudar de maneira significativa na implementação das estratégias.

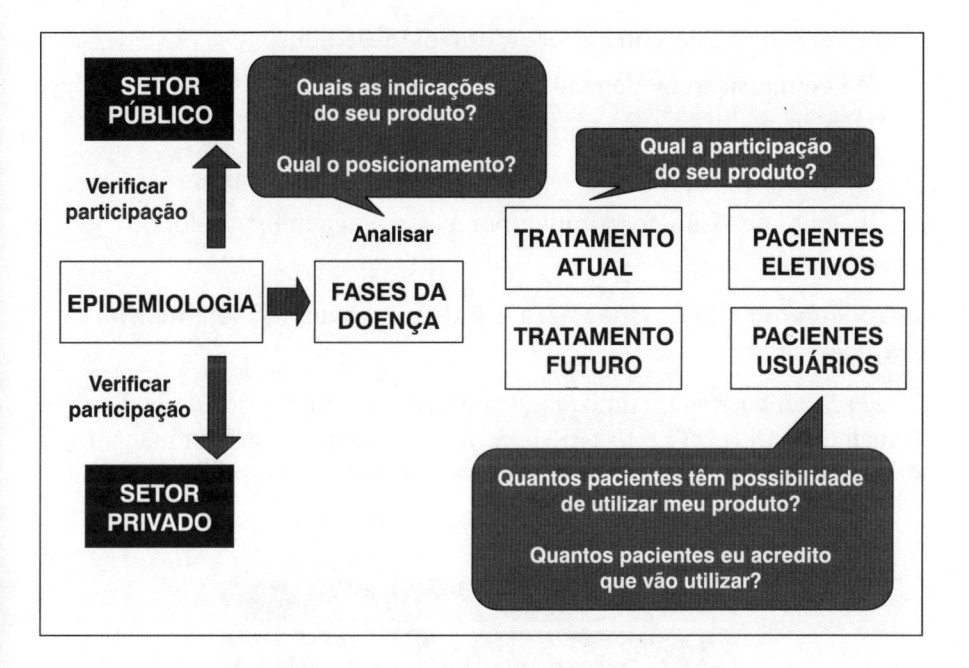

```
         SETOR            Quais as indicações
         PÚBLICO          do seu produto?
                                                  Qual a participação
         Verificar        Qual o posicionamento?  do seu produto?
         participação
                          Analisar    TRATAMENTO      PACIENTES
                                      ATUAL           ELETIVOS
         EPIDEMIOLOGIA    FASES DA
                          DOENÇA      TRATAMENTO      PACIENTES
         Verificar                    FUTURO          USUÁRIOS
         participação

                                   Quantos pacientes têm possibilidade
         SETOR                     de utilizar meu produto?
         PRIVADO
                                   Quantos pacientes eu acredito
                                   que vão utilizar?
```

- **Avaliar sempre se existem outras alternativas**

    Este é o famoso "plano B". SEMPRE existem outras alternativas e o seu planejamento é fundamental devido às mudanças constantes no perfil dos clientes, do mercado e da empresa. Esta flexibilidade permite que os profissionais tenham maior segurança diante das adversidades encontradas e aumenta o seu campo de visão do negócio como um todo.

Embora o trabalho de preparação da estratégia seja tão importante a ponto de definir qual será a orientação da companhia para os próximos anos ou décadas, ela não se autoimplementa. Na verdade, as organizações têm frequentemente falhado na execução de sua estratégia.

Problemas da Estratégia

- falta orientação para o crescimento;
- aplicação inadequada de recursos;
- inadequação produto e mercado;
- inadequação no atendimento aos clientes;

- desequilíbrio entre preços/prazos/descontos;
- composição inadequada da produção;
- falhas na comunicação;
- falta de medidas que possam avaliar o desempenho;
- falta de visão corporativa por parte dos administradores.

Envolvimento das Pessoas para o Sucesso de um Planejamento Estratégico

Para tentarmos minimizar estes problemas, uma prioridade deve ser trabalhada: CLIENTES INTERNOS. São eles que vão determinar a rapidez, a qualidade, a inovação e a competitividade da empresa.

O esquema para o trabalho do cliente interno é o seguinte:

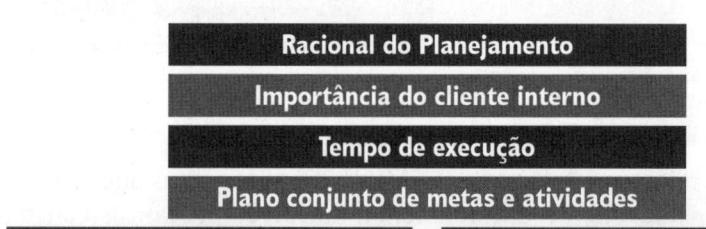

- Racional do Planejamento
- Importância do cliente interno
- Tempo de execução
- Plano conjunto de metas e atividades
- Constante comunicação da chefia
- Intenso acompanhamento
- Divulgação dos resultados aos envolvidos

- **Racional do planejamento**

    O que a empresa espera dos funcionários, os programas/ações que serão implementados mostram a visão geral do processo e facilitam o entendimento dos objetivos.

- **Importância do cliente interno**

    Como a minha participação será importante para a empresa? Esta pergunta é feita regularmente por todos na organização, e a partir do momento que empresa esclarece isto automaticamente as pessoas se sentem mais motivadas, embora elas comecem a esperar algum tipo de retorno quando os objetivos forem atingidos.

- **Tempo de execução**

    O prazo para execução das atividades sempre deve ser exposto, já que a satisfação dos clientes está sempre atrelada ao fator tempo.

- **Plano conjunto de metas e atividades**

    Prioridades e ordenação das atividades criam internamente sinergia nos processos e parceria entre as pessoas.

- **Constante comunicação da chefia/Intenso acompanhamento**

    Infelizmente, nem sempre isto é realizado. As pessoas precisam saber como a chefia está "percebendo" o seu trabalho, principalmente em momentos de crise e da necessidade de desligamento de pessoas. Além disso, a comunicação constante permite ajustes na implementação e até mesmo na estratégia central.

- **Divulgação dos resultados aos envolvidos**

    Independente da maior ou menor importância do resultado esperado, dividir este sucesso ou fracasso com as pessoas aumenta seu comprometimento com a empresa, reforça os seus valores e a sua motivação em atingir sempre melhores resultados. Todos sempre gostam de ouvir/sentir: "Vocês são parte deste sucesso" ou "Todos se envolveram mas – ainda – não conseguimos, vamos lá... o que mais pode ser feito?"

Com este conhecimento podemos agora partir para a avaliação dos recursos da empresa para estabelecer os nossos objetivos.

A essência de todo planejamento estratégico é lidar com a competição, entendendo que a sua posição frente à concorrência deve ser firme e posicionada para superá-la.

É importante dar uma atenção especial às necessidades e desejos/ambições dos clientes, levando em conta:

- Qual a possibilidade da empresa em atender estas necessidades.
- Qual a minha linha de produtos, as possibilidades de mudanças e como eles estão atendendo o mercado.
- Como está a minha estrutura para poder disponibilizar estes produtos de forma que eu consiga aumentar o número de clientes atendidos.

Responder da mesma maneira e de forma específica ao que os concorrentes estão fazendo representa uma forma muito reativa de participar da arena competitiva.

No mercado farmacêutico esta premissa atinge valor de grande importância devido à acirrada competição por preço estabelecida por muitas empresas.

Uma empresa que tem ênfase em planejamento estratégico possui diversos benefícios potenciais:

a) Indica os problemas que podem surgir antes que ocorram.

b) Alerta as organizações para as mudanças e permite ações em resposta a elas.

c) Permite uma clara visão do negócio e possíveis redefinições, se necessário.

d) Encoraja o pensamento positivo por parte do pessoal, estimulando uma abordagem cooperativa, esclarecendo as responsabilidades individuais e gerando uma comunicação interna entre as pessoas, contribuindo para a motivação de todo o grupo.

e) Permite ordenar as prioridades dentro do cronograma do plano bem como coordenar a execução de suas táticas.

f) Identifica e explora futuras oportunidades de mercado, tornando mais efetiva a alocação do tempo e recursos para a implementação de ações efetivas.

Ficam claras estas vantagens quando começamos a entender e implementar algumas ferramentas estratégicas, mas em algum momento do processo nos perguntamos: "Mas os clientes não levam em conta o fator preço?" Certamente todos os clientes são sensíveis a preço, em menor ou maior escala, mas atualmente as empresas começam a perceber que para obterem maior número de clientes fiéis precisam também voltar suas atividades para eles.

Antes de você comparar seus serviços e produtos com a concorrência, deve lembrar que a estratégia toma forma quando você consegue mensurar e avaliar o que está agregando de valor para os clientes através de ativos tangíveis e intangíveis.

Ela também toma forma na tentativa de evitar a competição sempre que possível. Como observou Sun Tzu, a estratégia mais inteligente na guerra é aquela que lhe permite atingir seus objetivos sem ter que lutar.

FATORES QUE AFETAM A ESTRATÉGIA DE UMA EMPRESA

Ameaça de Novos Concorrentes

Os novos concorrentes mudam o cenário competitivo, pois entram com perspectivas de obter participação de mercado e tentam conseguir este objetivo através de aquisições, desenvolvimento de novas capacidades, preços mais baixos, novos serviços, levando os atuais *players* a estarem modificando suas estratégias.

A entrada, no passado, dos produtos similares e, atualmente, dos produtos genéricos modificou significativamente a visão de negócios das empresas, principalmente daquelas que possuem somente produtos de referência, levando-as a adotar medidas que aumentassem a rentabilidade dos seus produtos.

Mesmo com toda a dinâmica exercida no mercado, existem diversas barreiras de entrada que determinam a performance deste novo concorrente que definiremos a seguir.

Economia de Escala

A economia de escala detém a entrada de novos concorrentes por forçá-los a entrar com uma escala grande e adequada ou aceitar conviver com uma desvantagem em custos. Economias de escala na produção, em pesquisa, no marketing, distribuição, utilização da força de vendas, nas finanças são as barreiras principais utilizadas pelas empresas.

No setor de farmácias, as redes, devido a seu maior poder de compra, podem estar disponibilizando para os seus clientes maiores descontos, aumentando seu volume de vendas. As farmácias independentes, por não possuírem esta vantagem, precisam estar tentando aumentar a fidelização do cliente através do atendimento ou da implementação da Atenção Farmacêutica. Esta facilidade na compra de medicamentos pelas grandes redes é um dos principais fatores que determinam que, no futuro, a permanência das farmácias no mercado se dará através da associação, do cooperativismo, das franquias e, evidentemente, das grandes redes.

Diferenciação do Produto

A identificação com a marca cria uma barreira porque força os novos entrantes a gastarem pesadamente para vencer a lealdade dos clientes às marcas existentes. Ser o primeiro produto no mercado e satisfazer as necessidades facilitam muito a identificação com a marca. Esta é a principal barreira para produtos OTC, onde existe uma identificação dos clientes/pacientes por uma marca/empresa.

Empresas nacionais estão investindo em projetos de desenvolvimento de novas apresentações de produtos já existentes na tentativa de diferenciar seus medicamentos de forma a customizar a apresentação de acordo com a prática utilizada pelos médicos para o tratamento de determinada patologia.

Um problema associado à característica de "Diferenciação do Produto" são alguns produtos lançados no mercado, principalmente pelas multinacionais. O argumento promocional vem lastreado como um produto diferente mas, na prática, percebe-se que o mesmo é apenas uma modificação na estrutura básica de uma molécula já estabelecida no mercado, não representando para os médicos vantagens adicionais. Os profissionais de marketing que estão lançando estes produtos precisam estar buscando alternativas de serviços e pensar estrategicamente: "Como posso estar diferenciando este produto frente à qualidade de vida?", "Qual o custo de tratamento de meu produto, frente à concorrência (estudos farmacoeconômicos)?", "Como posso estar comunicando e gerenciando os seus efeitos colaterais?".

As abordagens comumente utilizadas no mercado não conseguem ter efeito sem atitudes criativas e orientadas para o tratamento.

Necessidades de Capital

A necessidade de altos investimentos para competir cria uma barreira para os "novos fabricantes, principalmente se o capital é requerido em gastos irrecuperáveis em pesquisa e desenvolvimento e/ou em publicidade agressiva.

Outra barreira de entrada é o grande investimento promocional das multinacionais. Estas empresas conseguem desenvolver um trabalho efetivo não somente nos médicos, mas também em outros profissionais de saúde e serviços para a população, impedindo que um novo entrante com menos investimento possa ser competitivo em determinados mercados, principalmente aqueles menos sensíveis ao fator preço.

Desvantagem de Custo Independente do Porte

Existem empresas que, independente do tamanho, podem ter vantagens em custos não acessíveis a rivais em potencial. Estas vantagens podem advir dos efeitos da curva do aprendizado, da tecnologia proprietária, do acesso às melhores fontes de matéria-prima, dos subsídios concedidos pelo Governo ou de localizações favoráveis. Em alguns casos, as vantagens de custos podem ser legalmente aplicadas, como no caso das patentes.

Acesso a Canais de Distribuição

Naturalmente, o recém-chegado profissional de marketing deve garantir a distribuição de seu produto. Dependendo do tipo de produto e da forma mais apropriada de distribuição, quanto maiores forem as parcerias das empresas com os distribuidores mais difícil fica a entrada de um novo concorrente.

Como mencionado em capítulo anterior, podemos exemplificar citando a distribuição de produtos genéricos utilizada pelas quatro grandes empresas nacionais, Eurofarma, Aché (que comprou a Biosintética), EMS e Medley. Os entrantes deste mercado possuem uma dificuldade muito grande de poder distribuir de forma adequada seus genéricos, pois os principais distribuidores estão alocados para estas quatro grandes empresas. Não é incomum verificarmos a formação de força de vendas própria para realizar o trabalho de distribuição.

Política Governamental

O Governo pode limitar ou mesmo coibir a entrada a setores sujeitos a controle do Estado. Na área de saúde, a ANVISA desempenha papel fundamental na fiscalização e normatização do setor.

Dentre as funções principais da ANVISA destacamos:

- Coordenar o Sistema Nacional de Vigilância Sanitária.
- Fomentar e realizar estudos e pesquisas no âmbito de suas atribuições.
- Estabelecer normas, propor, acompanhar e executar as políticas, as diretrizes e as ações de vigilância sanitária.
- Estabelecer normas e padrões sobre limites de contaminantes, resíduos tóxicos, desinfetantes, metais pesados e outros que envolvam risco à saúde.
- Intervir, temporariamente, na administração de entidades produtoras, que sejam financiadas, subsidiadas ou mantidas com recursos públicos, assim como nos prestadores de serviços e/ou produtores exclusivos ou estratégicos para o abastecimento do mercado nacional.
- Administrar e arrecadar a taxa de fiscalização de vigilância sanitária.
- Autorizar o funcionamento de empresas de fabricação, distribuição e importação de medicamentos.
- Anuir com a importação e exportação de medicamentos.
- Conceder registros de produtos, segundo as normas de sua área de atuação.
- Conceder e cancelar o certificado de cumprimento de boas práticas de fabricação.
- Exigir, mediante regulamentação específica, a certificação de conformidade no âmbito do Sistema Brasileiro de Certificação – SBC, de produtos e serviços sob o regime de vigilância sanitária segundo sua classe de risco.
- Exigir o credenciamento, no âmbito do SINMETRO, dos laboratórios de serviços de apoio diagnóstico e terapêutico e outros de interesse para o controle de riscos à saúde da população, bem como daqueles que impliquem a incorporação de novas tecnologias.
- Exigir o credenciamento dos laboratórios públicos de análise fiscal no âmbito do SINMETRO.

- Interditar, como medida de vigilância sanitária, os locais de fabricação, controle, importação, armazenamento, distribuição e venda de produtos e de prestação de serviços relativos à saúde, em caso de violação da legislação pertinente ou de risco iminente à saúde.

- Proibir a fabricação, a importação, o armazenamento, a distribuição e a comercialização de produtos e insumos, em caso de violação da legislação pertinente ou de risco iminente à saúde.

- Cancelar a autorização de funcionamento e a autorização especial de funcionamento de empresas, em caso de violação da legislação pertinente ou de risco iminente à saúde.

- Coordenar as ações de vigilância sanitária realizadas por todos os laboratórios que compõem a rede oficial de laboratórios de controle de qualidade em saúde.

- Estabelecer, coordenar e monitorar os sistemas de vigilância toxicológica e farmacológica.

- Promover a revisão e a atualização periódicas da farmacopeia.

- Manter sistema de informação contínuo e permanente para integrar suas atividades com as demais ações de saúde, com prioridade às ações de vigilância epidemiológica e assistência ambulatorial e hospitalar.

- Monitorar e auditar os órgãos e entidades estaduais, distritais e municipais que integram o Sistema Nacional de Vigilância Sanitária, incluindo-se os laboratórios oficiais de controle de qualidade em saúde sanitária e os programas especiais de monitoramento da qualidade em saúde.

- Fomentar o desenvolvimento de recursos humanos para o sistema e a cooperação técnico-científica nacional e internacional.

Relação Fornecedor e Comprador

Os fornecedores estão, cada vez mais, representando um poderoso componente dentro do mercado farmacêutico, pois eles não representam somente um aliado na conquista da rentabilidade das empresas mas também uma forte fonte de informação sobre os concorrentes.

Observamos que existe no mercado farmacêutico o acompanhamento de uma tendência mundial frente aos fornecedores:
- Qualificação minuciosa da qualidade e dos serviços prestados.
- Redução do número de fornecedores.
- Parceria/Sinergia na relação.
- Estabelecimento da relação ganha-ganha, pois as empresas e os fornecedores estão percebendo que, quando um dos elos da relação fica mais enfraquecido, todo o setor sai prejudicado.
- Terceirização de muitas atividades que não são consideradas estratégicas para a empresa.
- O preço estabelecido nesta relação está baseado tanto no custo do produto como também no valor percebido pelo cliente final, na tentativa de maximizar a rentabilidade.

Um fornecedor é poderoso se:
- O mercado for dominado por poucas empresas e mais concentrado do que o setor pelo qual fornece.
- O produto vendido pelo fornecedor for diferenciado ou se tiver custos embutidos. Esta característica pode ser verificada quando entramos na distribuição de produtos especiais, oncológicos por exemplo. Para trabalhar nesta área, os distribuidores de produtos oncológicos precisam ter uma *expertise* no acondicionamento dos produtos e no relacionamento com os clientes. Para que exista a excelência nesta atividade é necessário ter um custo adicional para as empresas.
- Não for obrigado a competir com outros produtos para a venda no setor.

Ao contrário, um comprador é poderoso se:
- Fizer compra em grandes volumes. Compradores de grandes volumes são forças poderosas se o setor se caracterizar por pesados custos fixos. As redes de farmácia obtêm vantagem competitiva desta forma.
- Os produtos comprados não forem diferenciados. Desta maneira os compradores sempre poderão encontrar fornecedores alternativos. Encontramos um exemplo na venda de produtos genéricos e similares, onde os serviços e o componente preço-desconto-prazo adquirem importância.

- Os produtos comprados são representativos tanto nos custos quanto na importância. Desta forma, os compradores serão muito mais exigentes na escolha de seus fornecedores e produtos. As empresas que possuem a análise de seus produtos baseada na curva ABC têm este parâmetro.
- Sendo os lucros baixos, os compradores escolherem melhor os produtos para a compra na tentativa de maximizar seu retorno.
- A matéria-prima utilizada afetar muito a qualidade do produto final. Teoricamente, este item deveria estar contemplando a qualidade da matéria-prima utilizada para a fabricação de medicamentos devido à importância dos efeitos colaterais aos quais os pacientes podem estar sujeitos ou mesmo à ineficácia do produto. Infelizmente nem sempre podemos utilizar este exemplo neste caso.
- O produto representa uma lucratividade muitas vezes superior ao valor comprado – o comprador fica, assim, pouco sensível ao fator preço.
- Está fabricando o produto em sua própria empresa.

Vamos pensar na relação FARMÁCIA–DISTRIBUIDOR–INDÚSTRIA FARMACÊUTICA:

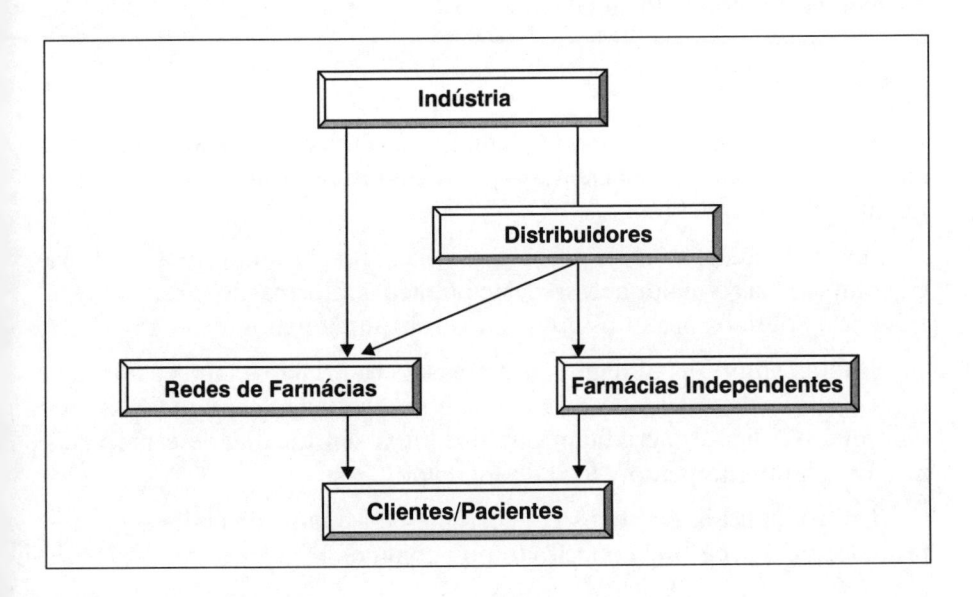

Produtos Substitutos

Os produtos substitutos que merecem mais atenção são aqueles que:

a) são sujeitos a tendências de melhoria de seu *trade-off* preço/desempenho; ou

b) são produzidos por setores de altos lucros.

A entrada de produtos substitutos no setor farmacêutico acontece a todo instante, seja pela introdução de uma nova molécula, uma nova classe de medicamentos ou, olhando pelo lado do preço, pela entrada de produtos similares e/ou genéricos.

O Viagra é um típico produto substituto. Até o seu lançamento, o tratamento para disfunção erétil era realizado através de injeções no próprio pênis, causando um grande desconforto, além do homem não ter controle sobre sua ereção. Com a entrada do Viagra, sua administração via oral e seu mecanismo de ação mais cômodo, houve uma mudança completa no conceito de tratamento, mudando até mesmo os hábitos sexuais de muitas sociedades.

Esta realidade pressiona as empresas a estarem constantemente analisando seu portfólio de produtos, buscando inovações que permitam revolucionar a escolha dos medicamentos.

Poder dos Clientes

Os clientes envolvidos no mercado farmacêutico – médicos, profissionais de saúde e clientes/pacientes – possuem um perfil completamente diferente de 20 anos atrás.

A sensibilidade ao fator preço ainda exerce poder importante na hora da compra, mas o maior acesso deste público à informação faz com que a exigência sobre os produtos adquiridos seja ainda maior.

Muitas empresas tinham como mensagem principal em seus produtos a garantia da qualidade. Qualidade hoje virou uma *commodity*, à medida que os clientes acreditam que produtos sem qualidade estão/estarão, em algum momento, "fora do mercado".

Com a entrada de novos concorrentes e a maior diversificação dos produtos acessíveis, um conceito tomou conta da mente dos profissionais de marketing: PRESTAÇÃO DE SERVIÇOS, DIFERENCIAÇÃO DOS SERVIÇOS.

Para o setor farmacêutico, esta mudança de percepção foi muito benéfica para a consolidação e desmistificação pejorativa das atividades de marketing. Houve, ao mesmo tempo, uma explosão de serviços diferenciados e segmentados por tipo de cliente e uma mudança significativa da visão dos profissionais de marketing, antes voltada à simples confecção de materiais promocionais para serviços orientados para os clientes.

Nesse contexto, a PESQUISA DE MERCADO entra em um processo de rápida modificação, representando não somente um provedor de dados mas assumindo papel de INTELIGÊNCIA DE MERCADO, analisando as melhores oportunidades e estabelecendo respostas viáveis às estratégias da empresa.

E como estamos falando da importância da informação, antes de qualquer planejamento é necessário estar realizando o diagnóstico do ambiente competitivo.

DIAGNÓSTICO ESTRATÉGICO

Para que os administradores possam implementar ações que realmente possuam um diferencial competitivo, é necessário analisar profundamente alguns aspectos importantes. O diagnóstico estratégico pode ser comparado a um radar digital ligado 24 horas por dia, sempre pronto a captar e manter atualizado o conhecimento da empresa em relação ao ambiente e a si própria, visando identificar e monitorar permanentemente as variáveis competitivas que afetam a sua performance.

É com base no diagnóstico estratégico que a empresa irá se antecipar às mudanças e preparar-se para agir em seus ambientes internos e externos. Saber utilizar os instrumentos do planejamento de forma coerente pode ser uma excelente arma competitiva.

As análises mais importantes estão centradas no ambiente interno e externo da empresa e nos darão sustentação para decisões sólidas na área de marketing.

AMBIENTE GERAL ou macroambiente ou ambiente externo

Macroambiente: Economia, Público, Demografia, Política Econômica, Natureza, Tecnologia, Cultura, Política

Ambiente operacional ou microambiente: Mão de obra, Fornecedores, Clientes, Concorrência

Organização

AMBIENTE INTERNO: recursos, aspectos estruturais, produtivos, humanos

AMBIENTE OPERACIONAL ou microambiente

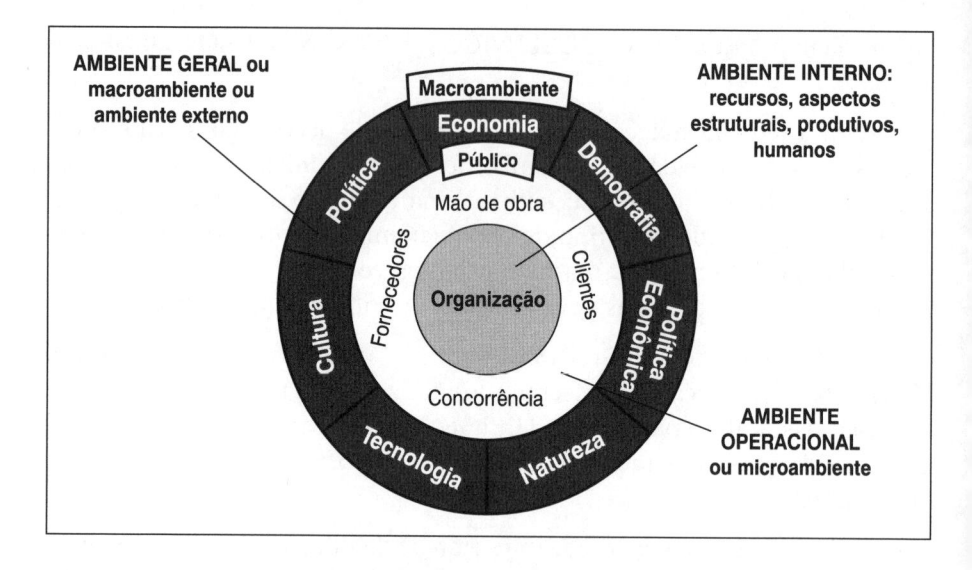

I) Análise do Macroambiente

O ambiente macroeconômico são as variáveis externas à organização, geralmente de amplo escopo e que afetam de forma substancial as atividades da empresa.

a) Componente Econômico

Indica como os recursos são distribuídos e usados dentro do ambiente como, por exemplo, a taxa de inflação, o PIB, as taxas de emprego, as taxas de juros etc. A análise econômica é muito importante para que os administradores possam determinar:

- "Dependendo da situação econômica da população eu vou precisar reajustar minha política comercial."
- "Elaborar minha gestão financeira de acordo com as taxas de juros estipuladas pelo Governo."
- "Dependendo da taxa de emprego, eu posso ter alguns sinalizadores se minha venda irá aumentar ou diminuir."
  - ➢ A população, quando percebe que o seu poder de compra diminuiu, se torna mais crítica em relação ao preço do medicamento, optando por produtos mais baratos.

- "Qual a percepção dos outros países em relação à situação econômica do Brasil e qual o investimento que eles pretendem realizar?"
    - ➢ O mercado brasileiro é muito influenciado pelo financiamento externo. Quando verificamos queda nos investimentos pelas empresas, geralmente existe um desaquecimento na economia e, consequentemente, queda na demanda por medicamentos.

b) Componente Social

Descreve as características da sociedade na qual a organização existe. Níveis educacionais, costumes, estilo de vida, idade, distribuição geográfica e a mobilidade da população fazem parte deste componente.

- "Em qual(is) mercado(s)/Qual público-alvo eu quero obter a penetração ou expansão do(s) meu(s) produto(s)?"
    - ➢ A determinação dos mercados-alvo representa uma otimização importante nos investimentos e aumento na lucratividade e produtividade, inclusive da força de vendas.
    - ➢ Um exemplo da importância de se conhecer o mercado mais atrativo de um produto é o lançamento de um antibiótico. Estes medicamentos possuem como característica principal a atuação efetiva sobre determinados tipos de bactéria. Quando eu conheço profundamente a ação do meu produto, vou posicionar sua comunicação para a classe médica e para a população somente nas patologias com maior grau de resposta.
        - ✓ É comum encontrarmos empresas que comunicam que seu antibiótico é ativo contra inúmeras patologias. Desta forma o laboratório acaba gerando uma desconfiança da classe médica, que não prescreve o produto devido à falta de seletividade de ação.
- "Como eu posso adaptar meu produto a determinado estilo de vida?"
    - ➢ Cada sexo, cada região, cada cultura possuem hábitos que diferem muito um dos outros. O profissional de marketing deve saber propor uma estratégia central mas entender e tentar adaptar a comunicação de acordo com as diversidades encontradas.

- "Como eu posso dividir minha força de vendas de acordo com a distribuição geográfica e potencial de cada região?"
  - ➢ Esta é uma questão muito importante: entender o potencial de cada região, pois a cota de vendas por representante/região é determinada principalmente por este parâmetro.
    - ✓ Estudar profundamente as auditorias, realizando trabalho de *targeting* e segmentação dos médicos, adicionada a saídas constantes a campo, facilitam a tomada de decisão sobre o potencial de cada região.
- "Como eu posso diferenciar meu produto de acordo com a idade de meu cliente?"
  - ➢ A população idosa representa um mercado altamente potencial tanto para as farmácias como para as indústrias, devido ao perfil destes pacientes em adquirir medicamentos para uso crônico e, também, pela maior fidelidade à empresa ou farmácia que proporcionou um valor agregado maior.
    - ✓ Como este público é muito sensível a serviços voltados ao atendimento e pós-venda, as empresas de maneira geral devem estar propondo novas alternativas para aumentar em número e adesão este tipo de cliente.
- "Que nível social eu quero atingir com o meu produto?"
  - ➢ Produtos inovadores geralmente atingem uma classe social mais favorecida, devido ao preço diferenciado destes medicamentos. Uma forma de possibilitar que mais pessoas tenham acesso a estas novas moléculas é tentar incluir o produto na lista de produtos excepcionais do Governo. É um trabalho árduo, mas possibilita um ganho importante no volume de vendas.
  - ➢ Para as farmácias, o nível social possui aspectos interessantes. Verifica-se que em farmácias instaladas em bairros/cidades com melhor poder aquisitivo, a queda nos preços faz com que exista uma evasão de clientes, pela percepção de que aquela farmácia não vai poder atender suas necessidades específicas.
    - ✓ Da mesma maneira, os médicos são questionados por este tipo de cliente quando prescrevem um produto genérico ou simi-

lar. Frases como "Por que o senhor prescreveu este produto? Não existe outro mais efetivo? Eu posso pagar..." ou "Eu prefiro o produto de referência, pois como posso pagar eu me sinto mais seguro com medicamentos de empresas multinacionais" não são raras.

c) Componente Político

Compreende os elementos que estão relacionados à obrigação governamental. Exemplos são o tipo de governo, a atitude do Governo frente às indústrias, os esforços para tentar obter aprovação nos projetos, o progresso na aprovação de leis e a predisposição dos candidatos.

- "Que alianças minha empresa precisa fazer?"
    > O bom relacionamento com pessoas do Governo sempre facilita a aprovação de novas ideias, direitos ou reivindicações.
- "Quais são as pessoas importantes no Ministério da Saúde através das quais eu possa obter o registro de meu produto o mais rápido possível?"
    > O registro de produtos farmacêuticos varia de acordo com a nacionalidade da empresa, com o tipo de produto e com o maior ou menor contato com o Governo.
- "Quais os possíveis governantes do meu país/estado/município e quais as suas plataformas de governo em relação ao meu setor de atuação?"
    > O setor das farmácias e das indústrias está sempre sujeito a novas leis e políticas de saúde. É importante estar conhecendo previamente a plataforma do candidato em questão para que sejam tomadas as medidas profiláticas cabíveis.
- "Que projetos que estão em andamento no Congresso poderão afetar o meu negócio?"
- "Quais as campanhas do Governo para a saúde e como podem afetar positivamente ou negativamente meu negócio/produto (Exemplo: Campanha contra AIDS, Aleitamento Materno etc.)?"
    > Atividades de marketing que estejam alinhadas a campanhas do Governo ganham maior visibilidade, além de melhorar a imagem da empresa frente à população.

✓ Para as farmácias que pretendem implementar a atenção farmacêutica como diferencial, vale lembrar que para trabalhar com esta ferramenta, atividades como palestras à população e prestação de serviços em saúde representam muitos pontos a favor na conquista dos clientes.
– Muitas vezes é possível realizar até mesmo uma parceria com o Governo/Prefeitura. Isto é muito comum em cidades de menor porte.

d) Componente Legal

Descreve regras ou leis que regem as condutas das empresas.

- "Quais são as leis relacionadas à divulgação de produtos farmacêuticos?"
  - ➤ Existem diversas normatizações no setor farmacêutico, por exemplo a Resolução 102, que determinam as normas na propaganda de medicamentos.
- "O que está acontecendo no Congresso Nacional em relação ao mercado e à indústria farmacêutica?"

e) Componente Tecnológico

Inclui a nova abordagem para a produção de produtos e serviços, novos procedimentos e equipamentos. Os avanços tecnológicos não afetam somente a estratégia mercadológica das empresas, mas mudam o comportamento de uma sociedade.

Este componente é muito importante na indústria farmacêutica, pois verificamos a todo momento novas drogas no mercado que possibilitam uma melhora significativa nas principais patologias, com menores efeitos colaterais.

Um exemplo claro desta tecnologia são os medicamentos para o tratamento do câncer. No passado a toxicidade destas drogas muitas vezes era o determinante para que o paciente viesse a óbito. Atualmente, as novas drogas estão conseguindo uma especificidade de atuação cada vez maior somente nas células cancerosas, diminuindo os efeitos colaterais e conseguindo uma melhora significativa na resposta e na qualidade de vida dos pacientes.

- "Quais os diferenciais tecnológicos do meu produto/empresa frente à concorrência?"
    - ➤ Quando pensamos em diferenciais tecnológicos podemos olhar sob vários aspectos:
        - ✓ Softwares de gerenciamento da farmácia.
        - ✓ Sistemas de estoque.
        - ✓ Tecnologia de informação de minha farmácia/indústria:
            - – Para as farmácias, a facilidade de informação de seus estoques, da saída dos produtos nas suas lojas e o gerenciamento de suas compras representam vantagem competitiva importante dentro deste mercado "inchado" de concorrentes.
        - ✓ Os anticorpos monoclonais, os produtos denominados anti-TNF (*Tumor Necrosis Factor*), são alguns exemplos de produtos com diferenciais tecnológicos que pretendem se tornar, em um futuro próximo, uma tendência no desenvolvimento de medicamentos.
- "Quais as formas farmacêuticas mais utilizadas dentro do meu mercado de atuação?"
    - ➤ No Brasil, diferente de países europeus, o uso do supositório, por exemplo, possui pouca adesão ao perfil da população. Pacientes idosos têm dificuldade de deglutição e isto afeta a forma farmacêutica. A apresentação injetável possui um perfil de produto hospitalar... enfim, a forma em que o seu produto se apresenta possui influência na adesão e consequente sucesso de mercado.
- "Que modificações podem ser feitas para melhorar a resposta, absorção ou efeitos colaterais do meu produto?"
    - ➤ Este tipo de trabalho está sendo efetivamente colocado em prática tanto pelas multinacionais como pelas empresas nacionais, como uma forma de agregar maior valor aos médicos e pacientes e modificar a visibilidade de seus produtos similares.
- "Como eu posso otimizar a tecnologia de produção?"

Um erro comum dos profissionais de marketing é acreditar que toda inovação ou tecnologia vai agregar valor e consequentemente gerar receita.

> **Uma Nova Tecnologia ou Inovação Somente Trará Retorno Quando o Cliente Tem a Percepção Disto!!**

Até que ponto a terceirização de uma força de vendas trará melhores resultados? Os custos certamente serão muito menores, mas e o comprometimento da equipe?

A Internet representa uma evolução sem precedentes, mas quais as formas de atingir o cliente que realmente se consolidam?

> **As Palavras-chave são**
> **PESQUISA E CONHECIMENTO DO MERCADO!!!**

2) ANÁLISE DA EMPRESA

Após a análise do macroambiente é muito importante que o profissional conheça as potencialidade e os problemas de sua empresa para que ele possa estabelecer estratégias que possibilitem maximizar os seus potenciais competitivos e estabelecer ações corretivas.

Precisamos inicialmente definir quais são as competências centrais da empresa, pois serão estas competências que teremos como ponto de partida para uma análise profunda de toda a organização.

Uma competência central é aquela que:

- Possui um aspecto significativo para a satisfação e benefício do cliente.
- É muito difícil de ser copiada pelos concorrentes.

Um resultado importante da análise dos pontos fortes e fracos da empresa deve ser a especificação das competências que podem ser apresentadas no mercado. As opções para uma maior participação nos mercados existentes e para o desenvolvimento em novos mercados são frequentemente determinadas pelo elenco de competências centrais que a empresa tem a sua disposição.

Conhecendo as competências centrais, novas análises devem ser feitas.

a) Recursos Técnicos

O setor farmacêutico é um universo no qual os recursos técnicos têm uma participação muito forte, além de evoluir rapidamente. As empresas deste setor devem estar constantemente verificando no mercado as novas tecnologias à disposição e analisar:

- "Que tecnologia será importante não somente para a otimização de meus processos mas que também será 'percebida como importante' pelos meus clientes?"

Desta forma você minimiza gastos desnecessários em tecnologias fadadas à rápida substituição, ao fracasso ou que não significam nada na mente dos clientes.

Como a percepção do mercado é que a qualidade não é mais um diferencial mas uma característica que deve ser intrínseca aos produtos, os gestores das empresas do mercado farmacêutico devem padronizar o conceito de Qualidade Total em seus processos e produtos para que o marketing possa estabelecer estratégias focadas e segmentadas, e não simplesmente comunicar "meu produto tem qualidade"; isso é o mínimo que se espera!

b) Recursos Financeiros

Os recursos financeiros são muito importantes para determinar o escopo para a ação e a capacidade de pôr as estratégias em operação.

Dependendo do investimento que irá ser disponibilizado para cada produto, serão necessárias ações mais criativas e inovadoras para a fidelização do cliente. Da mesma forma que um investimento moderado acaba gerando uma otimização dos meios de comunicação, eliminando, na maioria das vezes, algumas mídias de menor retorno.

No setor farmacêutico, é muito comum o investimento estar atrelado a campanha de vendas dos produtos. Os gerentes, diante desta realidade, estão buscando ações que realmente tragam benefícios aos seus clientes e que passem uma percepção de parceria mais sólida. A abordagem está partindo da massificação para a customização, com ações específicas em clínicas e hospitais de acordo com as necessidades dos clientes.

É importante que todo gestor de marketing estabeleça no início do ano a ser trabalhado, ou no final do ano anterior, um planejamento de todas as suas atividades durante o período, qual a verba destinada para cada uma delas e, principalmente, uma reserva para que ele possa redirecionar suas estratégias de acordo com a dinâmica do mercado e da concorrência.

Dicas importantes:
1) Estabeleça prioridades dentro de sua verba promocional.
2) Dedique 60 a 65% desta verba aos primeiros seis meses:
   - Analise os resultados após este período.
   - Verifique se é necesssário investir os outros 35-40%.
   - Se você deixar a maior parte de sua verba para ser alocada no segundo semestre, muitas vezes vai acabar não a utilizando pois, dependendo dos resultados financeiros obtidos e das modificações na política/objetivos, a sua verba vai ser cortada/minimizada, prejudicando a sua imagem interna e com os clientes.

c) Sistemas de Informação

A informação sempre será a principal ferramenta para a tomada de decisões onde o volume e a importância desta informação vêm aumentando geometricamente.

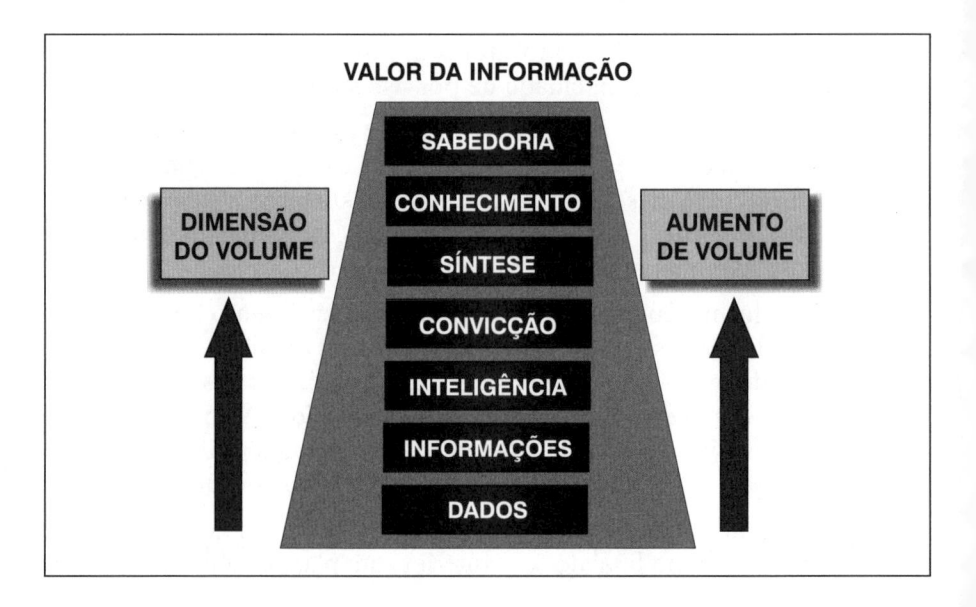

VALOR DA INFORMAÇÃO

DIMENSÃO DO VOLUME → AUMENTO DE VOLUME

- SABEDORIA
- CONHECIMENTO
- SÍNTESE
- CONVICÇÃO
- INTELIGÊNCIA
- INFORMAÇÕES
- DADOS

A informação hoje adquiriu um caráter altamente globalizado. As auditorias tradicionais não são mais suficientes. A utilização da Internet vem se tornando uma das principais aliadas na busca de informação.

A integração e a disponibilização de todas as informações internas representam a diferença entre uma maior ou menor agilidade, qualidade e amplitude nos serviços prestados.

As empresas que dispuserem de sistemas capazes de administrar estas informações e que conseguirem interpretá-las de forma estratégica terão maiores condições de obter sucesso frente à concorrência e estabelecer uma imagem sustentável no futuro.

d) Recursos Humanos – Ambiente Corporativo

A motivação e a interação dos recursos humanos determinam a longevidade de uma empresa.

Com um mercado cada vez mais dinâmico, a rapidez das decisões e, principalmente, da implantação de novos projetos vem se tornando peça fundamental na conquista dos clientes.

Esta agilidade somente é percebida se todos os departamentos da empresa estiverem esclarecidos e orientados para o marketing e para a satisfação das necessidades dos clientes.

A organização deve promover um ambiente de interação, transparência e motivação, onde não devem existir "focos de informação", um erro comum que provoca internamente um clima de insegurança e de comentários equivocados.

Mudanças devem ocorrer primeiramente de dentro para fora da empresa, pois não adianta uma boa imagem no mercado com funcionários desmotivados. Em algum momento estes problemas vão ser refletidos nos clientes, provocando uma percepção negativa a longo prazo.

Analisando o ambiente corporativo de sua empresa você poderá realizar um diagnóstico comparativo entre o desempenho da empresa no mercado e das áreas relacionadas a esta performance, podendo traçar estratégias de melhoria contínua com aquelas que estão em sintonia com os objetivos da empresa e com aquelas que precisam de uma atenção especial por parte da administração.

e) Distribuição

Um canal de distribuição é a combinação das instituições através das quais uma empresa comercializa seus produtos para os seus consumidores finais.

Direcionamento Estratégico do Canal

Para a escolha de um canal de distribuição é muito importante levar em consideração alguns aspectos:

a) Análise do produto

A análise do produto é um dos fatores mais importantes no estabelecimento do canal de distribuição, pois precisamos saber:

- O seu valor unitário e a sua sofisticação técnica.
- A manipulação especial que necessita ser feita pelo cliente.
- A armazenagem necessária que este produto necessita.
- Quais as características para o transporte.

b) Custo da distribuição

Após a análise das características do produto é necessário levantar o seu custo. O objetivo principal é poder atingir o maior número de clientes potenciais com o menor custo e da melhor forma possível. Deve haver sempre um estudo financeiro do retorno do mercado em que se quer atuar com o custo dos diferentes canais de distribuição.

c) Cobertura do mercado

A cobertura do mercado geralmente é calculada dividindo o número de clientes potenciais pelo potencial total de clientes. Dependendo das especialidades que se quer atingir, esta cobertura pode ser maior ou menor.

Por exemplo: em áreas altamente especializadas, como oncologia e sistema nervoso central, a cobertura deve ser maior visto a importância dos médicos do setor. Em especialidades como pediatria e ginecologia, onde o número de profissionais é muito grande, deve-se fazer uma análise de quantos médicos a empresa quer contatar e estabelecer um critério de seleção.

d) Serviço ao consumidor

Os serviços diferem de consumidor para consumidor e dependem de cada departamento, além dos recursos alocados para cada segmento.

Geralmente a força de vendas determina quais tipos de serviço cada especialidade espera da empresa e também o que os concorrentes estão realizando.

Uma forma de análise pode ser a confecção de uma tabela, onde se colocam todos os serviços aos quais os clientes estão sendo submetidos e os que a empresa acredita que poderão ser colocados em prática; realiza-se uma pesquisa com uma amostragem de médicos de diferentes regiões, estabelecendo notas de acordo com a sua importância. Desta forma evitam-se investimentos desnecessários em canais de distribuição muitas vezes mais onerosos.

e) Controle do canal

Este controle está relacionado ao fluxo de informações entre os clientes e a companhia. Estas informações podem estar relacionadas com as atividades dos concorrentes, esforços promocionais da concorrência, atitudes dos clientes quanto aos produtos e serviços ou mesmo a razão do sucesso ou fracasso de determinado produto no mercado.

As informações devem ser analisadas em termos de precisão, rapidez e confiabilidade das fontes, para que o planejamento do canal tenha uma menor probabilidade de erros futuros.

Canais de Distribuição Utilizados na Indústria Farmacêutica

Na indústria farmacêutica existem três principais canais de distribuição:

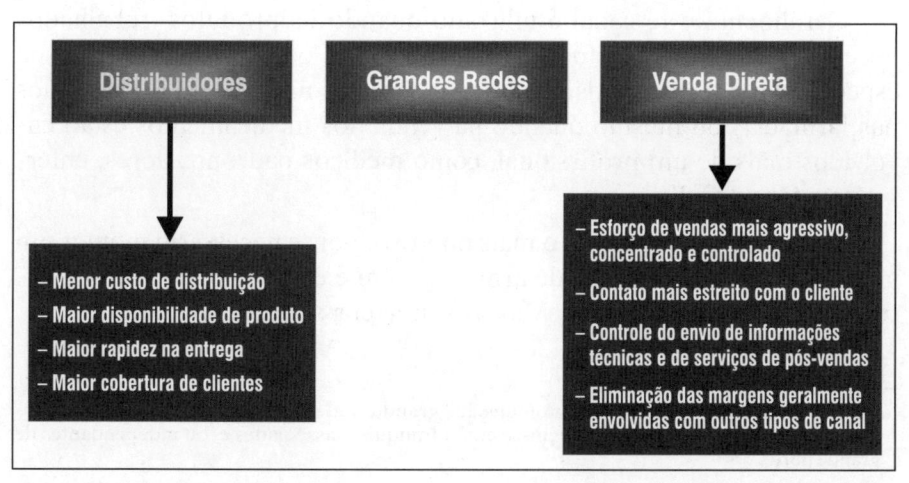

Distribuidores	Grandes Redes	Venda Direta
– Menor custo de distribuição – Maior disponibilidade de produto – Maior rapidez na entrega – Maior cobertura de clientes		– Esforço de vendas mais agressivo, concentrado e controlado – Contato mais estreito com o cliente – Controle do envio de informações técnicas e de serviços de pós-vendas – Eliminação das margens geralmente envolvidas com outros tipos de canal

a) Venda para distribuidores

O principal canal de distribuição da indústria farmacêutica é constituído dos distribuidores. Através dos distribuidores as empresas conseguem:

- Menor custo de distribuição.
- Maior disponibilidade de produtos para as farmácias e hospitais.
- Maior rapidez na entrega destes produtos.
- Maior cobertura de clientes.

Por outro lado, a venda através de distribuidores algumas vezes prejudica a cobertura de vendas, pois geralmente o volume vendido para este canal é muito grande, e quando há qualquer problema em relação à demanda dos seus produtos diminui, consequentemente, o pedido de compra, dificultando o planejamento esperado.

b) Venda para grandes redes de farmácia*

A demanda nas grandes redes de farmácia costuma ser grande o suficiente para possibilitar a sua venda direta. A vantagem é a maior flexibilidade de negociação pela falta da imagem do intermediário, que acaba fazendo a empresa vender seus produtos com um preço menor e a farmácia comprar por um preço maior.

c) Venda direta

Geralmente este canal é utilizado quando os produtos trabalhados necessitam de um contato mais próximo com os clientes devido a sua especificidade técnica, relacionamento, quando não podem ser vendidos nas farmácias ou mesmo quando na venda dos medicamentos estão envolvidos mais de um profissional, como médicos padronizadores, enfermeiros, farmacêuticos etc.

Este canal geralmente é o mais oneroso, pois é necessário montar um grande sistema de controle de armazenagem e estoque para a pronta entrega em diferentes clientes. Mas as vantagens são inúmeras:

---

* Nota: Estamos considerando a denominação "grandes redes" a todas as farmácias que possuem alto poder de compra. Incluem-se então franquias, associadas e/ou independentes de grande porte.

- Esforço de vendas mais agressivo, concentrado e controlado.
- Contato mais estreito com o cliente, facilitando a determinação de suas necessidades.
- Oportunidade de controlar o envio de informações técnicas e de serviços de pós-vendas.
- Eliminação das margens geralmente envolvidas com outros tipos de canal.

Estamos considerando neste item a venda de produtos e não a promoção médica que é realizada por uma força de vendas voltada para a propaganda e divulgação dos produtos.

No assunto tratado acima, a força de vendas pode exercer o papel de propagandista e de vendedor.

f) Visibilidade da empresa

A visibilidade de uma empresa no mercado determina o seu esforço na conquista de novos clientes e de melhores fornecedores.

Considerando que estamos numa fase de grandes fusões, geralmente o tamanho da empresa significa uma maior visibilidade, mas o profissional de marketing deve buscar agregar à sua empresa alguns conceitos que realmente fazem a diferença:

a) Compromisso com a idoneidade de informações

A classe médica não aceita mais informações desencontradas a respeito das características do seu produto frente à concorrência. Atualmente tem-se muito mais credibilidade na aceitação de alguns efeitos colaterais, montando-se um sistema de suporte em informação, do que mascarar resultados.

b) Compromisso com a qualidade do produto e dos serviços

O fornecimento de medicamentos com qualidade é uma obrigação das empresas. Elas devem tomar um cuidado muito grande no planejamento de suas atividades e na seleção de seus fornecedores para que consigam colocar no mercado a excelência na qualidade dos seus produtos e serviços adequados às reais necessidades dos seus clientes.

c) **Compromisso com a classe médica**

A classe médica mudou seu perfil com o decorrer do tempo. É comum encontrarmos médicos trabalhando em vários locais no mesmo dia. Este perfil tem duas consequências negativas para este profissional: menor qualidade de vida e menor tempo para sua atualização.

As empresas que fornecerem serviços que possibilitem acesso à informação de uma forma mais rápida e prática, melhorando consequentemente a sua qualidade de vida, terão diferenciais importantes na venda dos produtos.

d) **Compromisso com os pacientes**

Os pacientes estão cada vez mais tendo acesso a novas informações a respeito de medicamentos e tratamentos. Este fator é muito importante na demanda dos produtos, pois muitas vezes eles questionam e exigem dos médicos determinada terapia ou procedimento.

Os profissionais do setor precisam estabelecer ferramentas que possibilitem que as pessoas tenham maiores informações a respeito do compromisso da empresa com a população e o que ela está fazendo para melhorar a saúde do país.

e) **Compromisso com os funcionários**

Os funcionários são o espelho de uma empresa. Eles refletem a política corporativa de conduta com a sociedade.

Estabelecer um ambiente motivador e transparente entre as pessoas facilita a imagem da empresa no mercado e, principalmente, a promoção dos produtos tanto para os clientes diretos como para os indiretos.

f) **Compromisso com o meio ambiente**

A grande maioria das empresas está voltando os seus olhos para o meio ambiente, pois o conceito de qualidade de vida está muito relacionado com o local onde vivemos.

Parcerias com organizações voltadas ao meio ambiente podem ser uma boa maneira de aumentar e melhorar a visibilidade da empresa.

g) Domínio do mercado

Além da imagem, a análise do domínio efetivo ou aparente do mercado pode ser de grande importância pois pode ser utilizada para avaliar marcas. Frequentemente os consumidores acreditam que os líderes de mercado são melhores do que o resto do mercado. O simples fato de ser o produto mais vendido confere um *status* de ativo ao produto.

Nota-se que os produtos lançados inicialmente dentro de sua classe terapêutica geralmente detêm a liderança na prescrição médica, o mesmo acontecendo com aqueles que mantêm a liderança do mercado. Isto se deve também ao alto grau de troca de informações do mercado médico, onde as experiências positivas com determinado produto são repassadas de profissional para profissional, além dos esforços promocionais das empresas.

h) Fornecedores

Verificamos que em alguns processos e serviços a escolha dos fornecedores é baseada principalmente no fator preço. O preço sempre deve ser um dos fatores presentes na análise, mas a excelência necessária ao *mix* de produto deve ser sempre mantida.

- Matéria-prima de alta qualidade.
- Distribuição rápida e adequada.
- Ideias inovadoras e pertinentes.
- Qualidade do material promocional.
- Eficiência em todos os serviços prestados.

Quando conhecemos os fornecedores de uma empresa sabemos antecipadamente de seu compromisso com seus clientes e da qualidade esperada no mercado.

Após esta análise profunda dos principais parâmetros da empresa, precisamos transformar os princípios estratégicos em uma diversificação bem-sucedida. Para isso, ela deve examinar em primeiro lugar seus negócios existentes e o valor agregado pela corporação.

Como uma Empresa Escolhe sua Estratégia Corporativa

- **Identificação dos Inter-relacionamentos entre os Negócios Existentes:** Uma empresa não deve somente encontrar meios de aumentar a vantagem competitiva de seus departamentos/unidades de negócio como também descobrir caminhos para a diversificação. A sinergia entre as pessoas e a compreensão dos objetivos principais da empresa, atreladas à busca de parcerias internas, representam um prognóstico muito positivo de sucesso a longo prazo.

- **Selecionar os Negócios Básicos que Servirão de Fundamento à Estratégia Corporativa:** Uma diversificação bem-sucedida começa com a compreensão dos negócios essenciais que servirão de fundamento para a estratégia. Negócios essenciais:
    - estão em um setor/mercado atraente;
    - têm potencial para conseguir uma vantagem competitiva sustentável;
    - proporcionam conhecimentos especializados ou atividades que representam uma base para o lançamento da diversificação.

Muitas indústrias farmacêuticas, após realizar detalhado estudo sobre seus negócios essenciais, estão definindo estratégias focadas em negócios mais rentáveis. Atualmente, é comum encontrarmos empresas licenciando ou vendendo seus produtos para concorrentes pelo fato de os mesmos não representarem foco em suas atividades.

- **Criar mecanismos organizacionais horizontais para facilitar o inter-relacionamento entre negócios básicos e preparar o terreno para a futura diversificação correlata:** A alta gerência pode facilitar o inter-relacionamento dando ênfase à colaboração entre unidades, agrupando os diversos setores internos, alterando o sistema de incentivos e tomando medidas para criar um forte sentido de identidade corporativa.

- **Buscar a diversificação pela transferência de conhecimentos especializados se as oportunidades são limitadas:** Uma movimentação do mercado farmacêutico nesse sentido são as constantes fusões. Outra maneira é a formação de novas unidades, caso as existentes possuam conhecimentos especializados que possam ser transferidos.

3) ANÁLISE DO MERCADO

Uma das decisões fundamentais que se colocam diante de uma empresa é a análise e a escolha de seu mercado de atuação.

Muitas empresas adotam uma abordagem baseada no cliente ou nos mercados para segmentar os seus produtos. Os segmentos são definidos pelos próprios clientes e não pelos produtos específicos que compram.

Uma abordagem muito útil é fazer a segmentação com base nos benefícios que o cliente procura obter ao utilizar o produto.

a) Determinação da Atratividade dos Mercados

1) Fatores de mercado

- **Tamanho do segmento:** Sem dúvida, um dos fatores que tornam um segmento potencial é o seu tamanho. Mercados volumosos oferecem um maior potencial de expansão das vendas. Eles oferecem um potencial para alcançar economias de escala na produção e no marketing e constituem, portanto, um caminho para operações mais eficientes.

- **Taxa de crescimento:** Acredita-se que o crescimento da empresa acontece mais facilmente em mercados em crescimento.

- **Estágio de evolução do setor:** A escolha por um estágio de evolução mais inicial ou mais maduro vai depender do investimento de marketing planejado e do retorno a curto ou a médio prazos.

- **Previsibilidade:** Quanto mais previsível o mercado, menos propenso ele é a descontinuidade e a turbulência, e mais fácil é de prever com precisão o valor do segmento potencial. Maior será a certeza também da viabilidade a longo prazo do segmento.

- **Elasticidade e sensibilidade ao preço:** Nos mercados mais sensíveis a preço, como no caso do setor farmacêutico, existe uma maior probabilidade de ocorrência de guerra de preços.

Atratividade do Mercado

- Tamanho de Segmento
- Taxa de Crescimento
- Elasticidade e Sensibilidade Preço
- Previsibilidade
- Evolução do Setor

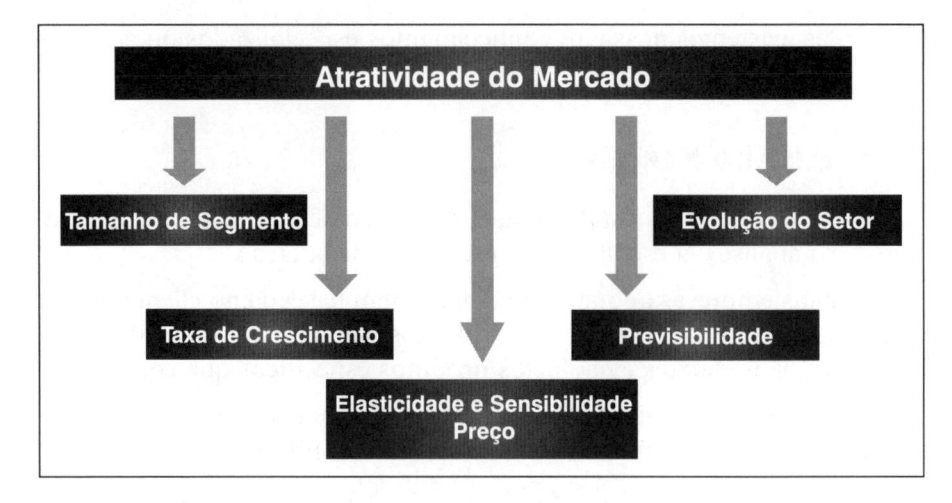

Podemos analisar também a atratividade de mercado utilizando a Matriz McKinsey-GE.

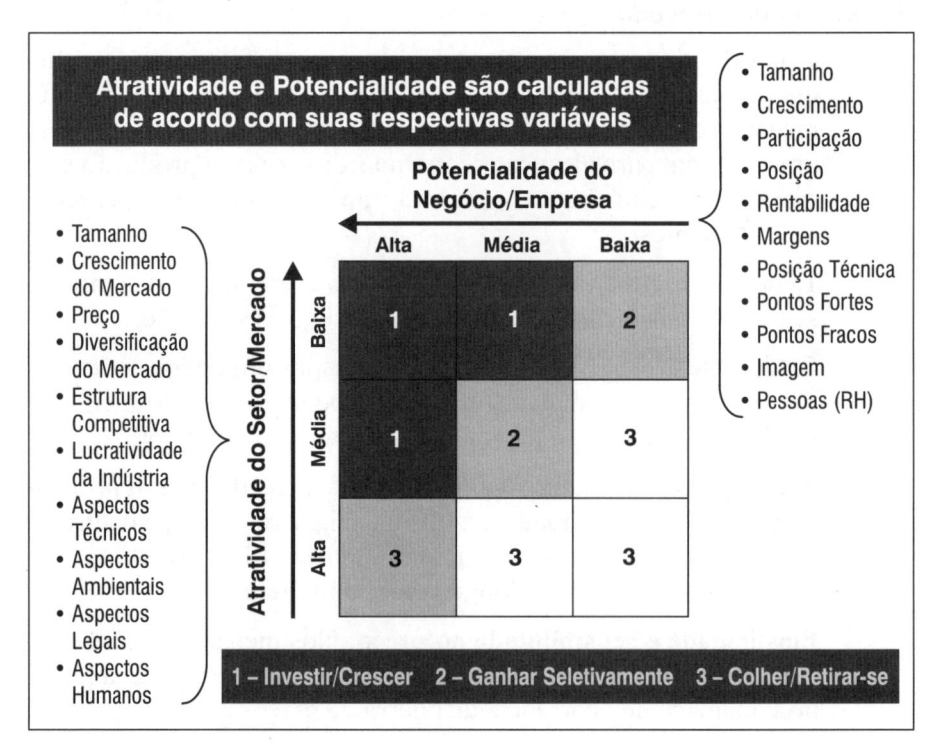

Atratividade e Potencialidade são calculadas de acordo com suas respectivas variáveis

Atratividade do Setor/Mercado (variáveis):
- Tamanho
- Crescimento do Mercado
- Preço
- Diversificação do Mercado
- Estrutura Competitiva
- Lucratividade da Indústria
- Aspectos Técnicos
- Aspectos Ambientais
- Aspectos Legais
- Aspectos Humanos

Potencialidade do Negócio/Empresa (variáveis):
- Tamanho
- Crescimento
- Participação
- Posição
- Rentabilidade
- Margens
- Posição Técnica
- Pontos Fortes
- Pontos Fracos
- Imagem
- Pessoas (RH)

Matriz (Atratividade do Setor/Mercado × Potencialidade do Negócio/Empresa):

Atratividade \ Potencialidade	Alta	Média	Baixa
Baixa	1	1	2
Média	1	2	3
Alta	3	3	3

1 – Investir/Crescer   2 – Ganhar Seletivamente   3 – Colher/Retirar-se

2) Fatores econômicos e tecnológicos

- **Nível de utilização de tecnologia:** As indústrias farmacêuticas vêm investindo um percentual significativo de seu faturamento em pesquisa e desenvolvimento e este diferencial atrai mercados que utilizam esta característica de modo mais completo, servindo como barreira à entrada de outras empresas.

  No mercado brasileiro, onde o fator preço é determinante para que a maioria da população tenha acesso ao medicamento, este desenvolvimento tecnológico de algumas empresas deve ser encarado pelos profissionais do marketing como argumento de promoção e perspectiva a longo prazo, para sensibilizar os clientes que têm a possibilidade de utilizar em seus pacientes produtos de ponta.

- **Investimento necessário:** O tamanho do investimento que será necessário também é um dos fatores que estabelecerão a atratividade do mercado. Um medicamento que tem uma verba restrita dentro de um mercado com volume grande de vendas deve ter seu planejamento condicionado a esta realidade, embora outros fatores devam ser levados em conta nesta avaliação, como diferencial do produto e perspectiva do mercado.

3) Fatores competitivos

- **Intensidade da concorrência:** Está relacionada à quantidade de concorrentes sérios existentes no mercado.

  Numa concorrência perfeita ou quase perfeita a competitividade de preços é acirrada. Os participantes menores geralmente oferecem, em condições competitivas, produtos semelhantes de forma que a diferenciação raramente é obtida, ou, quando é conseguida, muitas vezes é baseada no preço. Estes concorrentes devem saber que este tipo de abordagem acaba prejudicando o próprio mercado de atuação, estabelecendo novos critérios de utilização dos medicamentos, não mais focados na qualidade.

- **Grau de diferenciação:** Nos mercados onde há pouca diferenciação entre os produtos ofertados há oportunidades significativas para as empresas que podem obter a diferenciação. Quando não houver esta possibilidade deve-se evitar a guerra de preços a qualquer custo.

4) Fatores ambientais

- **Oscilações econômicas:** O mercado brasileiro é um dos mercados vulneráveis a variações econômicas. Um dos principais exemplos foi a variação brusca do dólar que ocorreu há algum tempo e que teve um impacto significativo nos preços dos produtos farmacêuticos. Mesmo assim o mercado farmacêutico exerce uma grande atratividade devido ao seu grande mercado potencial.

- **Exposição a fatores políticos e legais:** Os mercados que estão sujeitos a grandes variações por fatores políticos ou legais são menos atrativos. Estão tramitando no Congresso Nacional diversos processos envolvendo a indústria farmacêutica, que tratam da promoção dos medicamentos por exemplo, até o envio dos lucros para as matrizes.

- **Aceitabilidade social e impacto físico ambiental:** A preocupação com o meio ambiente e o advento da política do verde têm feito com que as empresas examinem as implicações sociais mais amplas dos mercados em que pretendem investir.

A indústria farmacêutica vem adotando uma nova maneira de análise dos mercados. As auditorias geralmente utilizadas, como o *Close Up*, o PMB e outras pesquisas *Ad hoc* (contratadas em empresas especializadas), fornecem os dados quantitativos e qualitativos. Agora começa a proliferar no meio um novo conceito de coleta de informação, denominado *Advisory Board*.

Na prática, no *Advisory Board* são convidados alguns dos principais médicos em determinada especialidade, onde a empresa fornece e explica os dados coletados e os participantes expõem a sua opinião sobre a veracidade destes números, analisando os dados com a realidade prática encontrada nos consultórios e hospitais. Muitas vezes este grupo analisa até mesmo como deve ser a abordagem das ações de marketing para a especialidade, fazendo ajustes e críticas construtivas.

Esta ferramenta, além de proporcionar uma análise mais aprofundada do mercado, possibilita um aumento no relacionamento destes formadores de opinião com a empresa à medida que eles percebem a intenção da companhia em proporcionar os melhores serviços à classe médica. A diferença do *Advisory Board* com a pesquisa em grupo é o maior comprometimento e relacionamento com a empresa, já que periodicamente são realizadas reuniões de percepção com os mesmos médicos.

4) ANÁLISE DA CONCORRÊNCIA

Conhecer os concorrentes é fator crítico para o planejamento eficaz de marketing. Primeiramente vamos classificar como concorrência não somente as empresas, mas também os produtos estabelecidos ou que ainda serão lançados.

A análise da concorrência deve ser realizada de uma forma ampla, pois, dependendo dos lucros e da oportunidade de crescimento no mercado, pode atrair novos participantes.

Um exemplo clássico é o planejamento de lançamentos de produtos similares e genéricos no mercado. Existe uma detalhada análise de vendas dos diversos produtos nos diferentes mercados em que as empresas querem atuar, verificando seu potencial a médio e longo prazos. Caso estas análises sejam positivas, a empresa tenha facilidade na compra da matéria-prima e não exista qualquer tipo de barreira, como, por exemplo, uma patente, o produto é lançado no mercado.

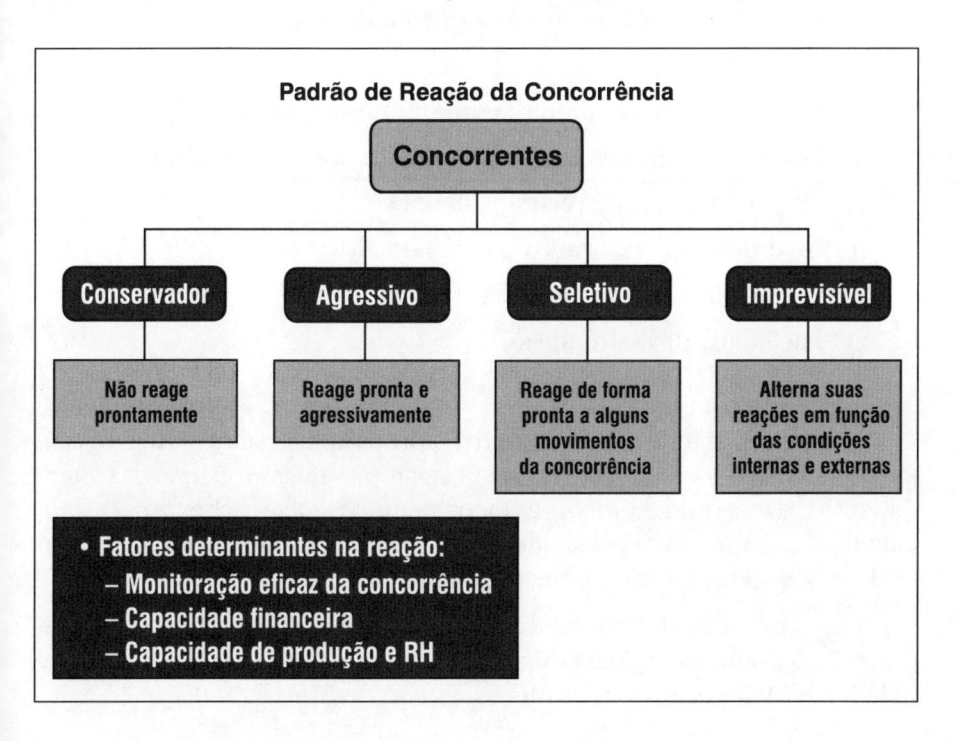

Padrão de Reação da Concorrência

Concorrentes

Conservador	Agressivo	Seletivo	Imprevisível
Não reage prontamente	Reage pronta e agressivamente	Reage de forma pronta a alguns movimentos da concorrência	Alterna suas reações em função das condições internas e externas

- Fatores determinantes na reação:
  - Monitoração eficaz da concorrência
  - Capacidade financeira
  - Capacidade de produção e RH

Para a empresa conhecer seus concorrentes ela precisa fazer uma comparação dos seguintes fatores:

a) Tamanho da empresa.
b) Programas de marketing: público-alvo, objetivos e metas, estratégias de marketing, qualidade, inovações tecnológicas.
c) Participação no mercado: áreas, segmento, atuação.
d) Participação em cada canal de distribuição.
e) Preço.
f) Política comercial.
g) Posicionamento de cada marca concorrente no mercado.
h) Grau de satisfação dos consumidores de cada marca concorrente.
i) *Share of mind* das marcas.
j) Perfis de reação dos concorrentes.
k) Capacitação dos profissionais de marketing.
l) Capacitação da força de vendas.
m) Envolvimento da empresa com pesquisa e desenvolvimento.
n) Relacionamento da empresa-funcionários com os clientes.
o) Disponibilidade de recursos financeiros.
p) Investimentos realizados e programados.
q) Capacidade e facilidade de produção.
r) Facilidade de distribuição.
s) Estilo de administração.

Após analisar todas estas variáveis, o profissional estará apto para examinar os seus pontos fortes e fracos. Enquanto as metas e estratégias atuais da concorrência podem afetar a intensidade de suas reações, suas capacidades determinarão a possibilidade de iniciar e sustentar um movimento de reação a mudanças ambientais e competitivas.

Um procedimento muito adotado no planejamento estratégico da indústria é o gráfico de Forças (*Strengths*), Fraquezas (*Weakness*), Oportunidades (*Opportunities*) e Ameaças (*Threats*) – SWOT *Analisis*.

Capítulo III – Planejamento Estratégico: Fatores Críticos e Levantamento de Informações

As FORÇAS E FRAQUEZAS estão relacionadas ao AMBIENTE INTERNO DA EMPRESA, como os aspectos financeiros, recursos humanos, marketing e planejamento. As AMEAÇAS E OPORTUNIDADES estão relacionadas ao AMBIENTE EXTERNO DA EMPRESA, como novos entrantes, políticas, mudança nos hábitos dos clientes, etc.

Empresa	Mercado
Strength	Opportunity
Weakness	Threat

Empresa	Mercado
Strength	Opportunity
Weakness	Threat

Quais são suas qualidades?

O que você faz bem?

Quais recursos você tem em mãos?

O que as outras pessoas observam como qualidade em você?

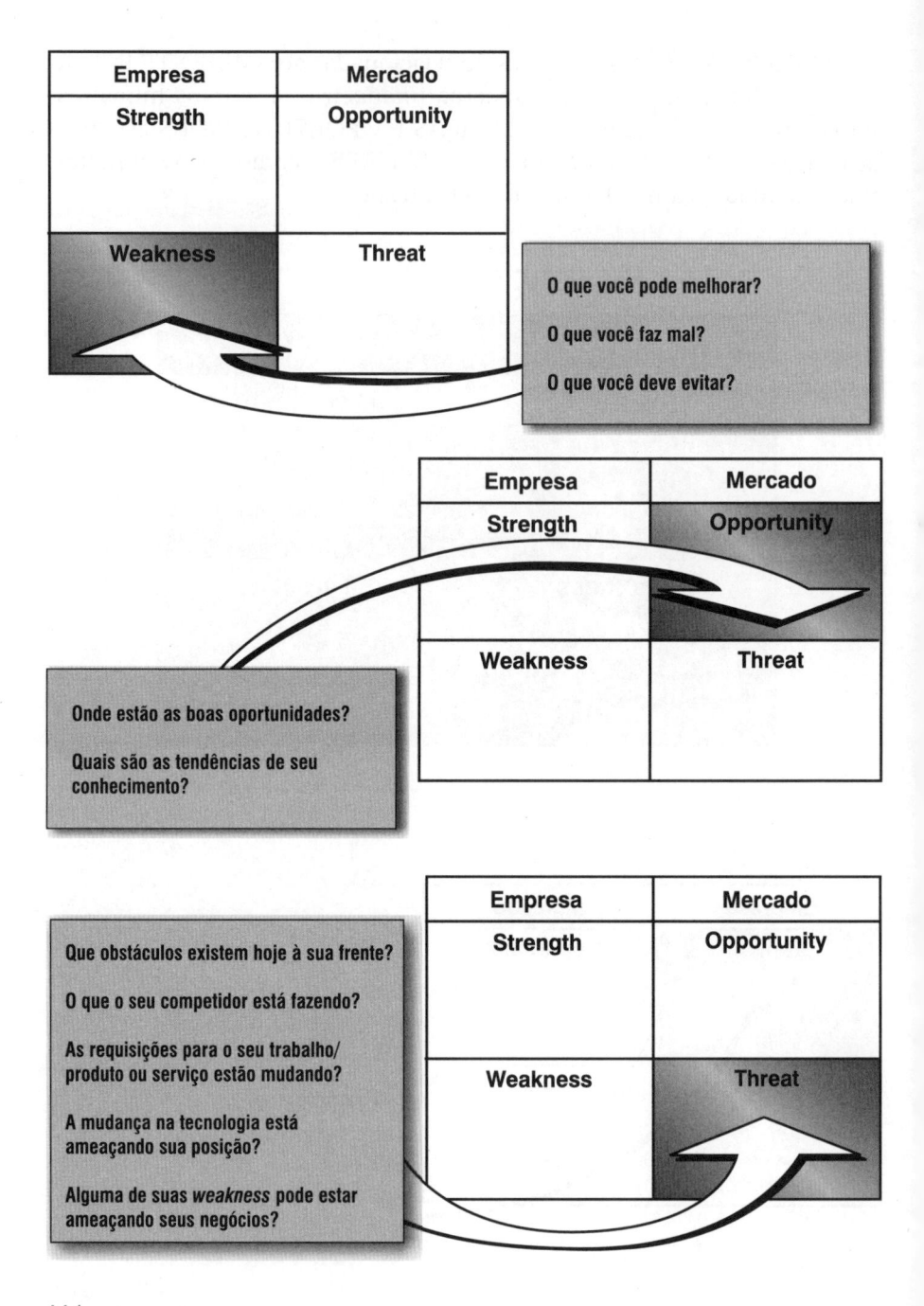

Empresa	Mercado
Strength	Opportunity
Weakness	Threat

O que você pode melhorar?

O que você faz mal?

O que você deve evitar?

Empresa	Mercado
Strength	**Opportunity**
Weakness	Threat

Onde estão as boas oportunidades?

Quais são as tendências de seu conhecimento?

Que obstáculos existem hoje à sua frente?

O que o seu competidor está fazendo?

As requisições para o seu trabalho/ produto ou serviço estão mudando?

A mudança na tecnologia está ameaçando sua posição?

Alguma de suas *weakness* pode estar ameaçando seus negócios?

Empresa	Mercado
Strength	Opportunity
Weakness	**Threat**

1) Perfis de capacidade

Independente do panorama atual da empresa e dos concorrentes, a projeção da reação da concorrência deve ser entèndida. Isto implica questões como:

a) **Satisfação do concorrente com sua posição atual:** Um concorrente satisfeito permite que concorrentes indiretos explorem novos mercados sem serem perturbados. Por outro lado, um concorrente que esteja tentando melhorar sua posição atual pode reagir rapidamente às mudanças no mercado. O conhecimento das futuras metas da empresa é de grande relevância para avaliar este assunto.

b) **Vulnerabilidade dos concorrentes:** Independente do tamanho da empresa ou de seus investimentos, sempre existe pelo menos um ponto onde os concorrentes podem encontrar grandes oportunidades. Estes dados podem ser coletados no trabalho de campo, juntamente com o representante ou através das reuniões médicas, onde sempre são comparadas as empresas com suas forças e fraquezas. A empresa deve ponderar suas ações com base em um referencial estratégico amplo, prospectando mercados, produtos e serviços a médio e longo prazos.

2) Escolhendo bons concorrentes

Quando uma empresa opta por entrar em um mercado, também escolhe seus concorrentes. Na seleção de novas oportunidades, portanto, é importante ter em mente que nem todos os concorrentes são igualmente atraentes para seus clientes.

A empresa competitivamente segura entende o mercado em que opera e procura estabilizá-lo. Desta forma, é pouco provável que adote estratégias pouco rentáveis, como guerra de preços e práticas antiéticas, como informações não verdadeiras de seus produtos.

Um outra vantagem de uma empresa competitivamente madura é que ela pode pressionar constantemente para forçar a eficiência das operações nas empresas com as quais concorre. No setor farmacêutico as empresas estão em alerta constante sobre as atividades que estão sendo desenvolvidas aos clientes pela concorrência, gerando serviços cada vez mais focados com investimentos racionalizados.

5) Análise dos Clientes

Este é um dos pontos mais importantes para o planejamento estratégico da empresa. Na área farmacêutica, geralmente, as empresas não comunicam seus produtos diretamente ao consumidor final, mas para um intermediário: o médico.

Para entender este cliente e fornecer serviços e comunicações adequadas sobre os produtos precisamos conhecer:

a) Qual a linha de conduta da especialidade em estudo.

Por exemplo, quando um paciente apresenta uma laringite, qual o tratamento inicial de escolha. Caso exista uma recidiva, qual a linha de tratamento mais utilizada.

b) A classe médica precisa estar constantemente atualizada.

Para entender melhor esta atualização é necessário saber como estes profissionais adquirem estes conhecimentos:

- Através de congressos.
- Através de reuniões médicas.
- Através da Internet.
- Através de atualizações do representante.
- Através da assinatura de revistas.
- Outras formas de adquirir conhecimento.

Cada profissional é sensível a alguns tipos de informação. Resta saber como cada cliente absorve melhor o conteúdo da comunicação.

c) É importante detectar os médicos que estão despontando em sua especialidade.

Para isso é necessário estar constantemente no campo e, estabelecendo um *networking* amplo entre os médicos, verificar quais deles começam a se tornar formadores de opinião.

Algumas vezes, os futuros formadores de opinião são aqueles que estão complementando sua formação no exterior. Ao retornarem, trazem consigo informações e atualizações essenciais à classe, sendo requisitados para muitas palestras e convenções.

Quanto aos profissionais já estabelecidos e influenciadores dos demais colegas, a empresa deve estabelecer uma parceria muito próxima, pois eles serão requisitados também pelas outras empresas e a aceitação ou não do convite dependerá em parte da afinidade que ele possui com a companhia e o quanto ele acredita no seu produto.

Este relacionamento implica o conhecimento de todas as atividades destes profissionais que exercem também funções como chefes de departamento, professores de universidades ou participantes da comissão de padronização nos hospitais. Isto ajudará muito a força de vendas na conquista de seus objetivos.

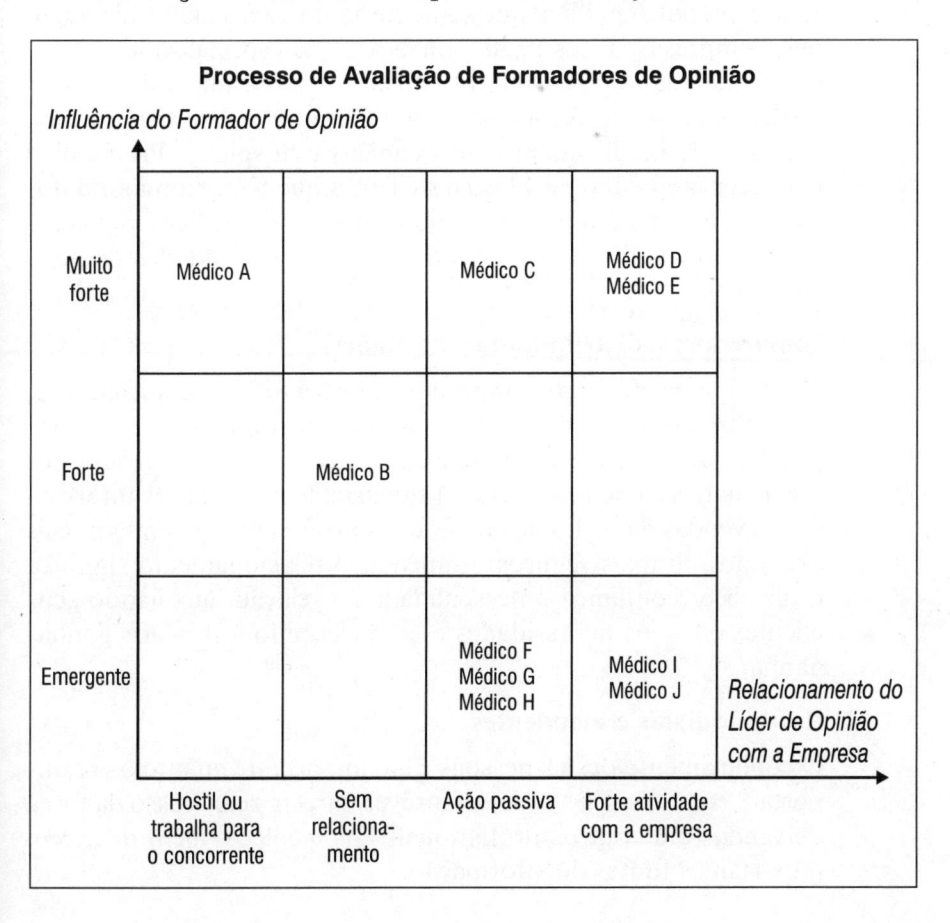

Processo de Avaliação de Formadores de Opinião

Influência do Formador de Opinião

	Hostil ou trabalha para o concorrente	Sem relacionamento	Ação passiva	Forte atividade com a empresa
Muito forte	Médico A		Médico C	Médico D / Médico E
Forte		Médico B		
Emergente			Médico F / Médico G / Médico H	Médico I / Médico J

Relacionamento do Líder de Opinião com a Empresa

d) Residentes

Outro público que tem uma importância significativa e que poucas empresas focam são os residentes. Considerando que estes jovens médicos ainda estão em fase de consolidação das informações, a empresa precisa conhecer quais são as suas necessidades – que geralmente se encontram no campo do conhecimento – e supri-las de uma maneira criativa e de baixo custo (o foco principal sempre serão os médicos que já atuam na área) para que no futuro exista um relacionamento com a empresa e seus produtos.

e) Farmacêuticos e enfermeiros

Este é um outro público que somente agora vem sendo trabalhado pelas empresas. Estes profissionais vêm se especializando muito dentro de sua área, assumindo posições importantes dentro das instituições, sendo responsáveis muitas vezes pela introdução ou exclusão de medicamentos nas clínicas e hospitais. Precisamos conhecer também o perfil destes clientes que têm, na maioria dos casos, um contato muito próximo com a classe médica e um acesso muito mais facilitado, abrindo muitas oportunidades de mercado.

f) Compradores, distribuidoras e farmácias

O relacionamento com compradores, distribuidoras e farmácias é, na sua maioria, somente comercial. Considerando que eles compram produtos da sua empresa e dos concorrentes, é esperado (por ser da natureza do ser humano) que facilitem o fluxo de informações e vendas daqueles dos quais estes profissionais se sintam mais próximos ou mais seguros. Aumentar o relacionamento significa estabelecer confiança e pessoalidade na relação, auxiliando seus clientes em suas necessidades e estabelecendo a relação "ganha-ganha".

g) Recepcionistas e atendentes

O conhecimento destas pessoas é tão importante quanto o "se importar" com elas. Elas são responsáveis diretas pelo acesso da força de vendas e de outros profissionais aos médicos, além de serem importantes fontes de informação.

Poucas vezes os laboratórios prestam algum tipo de treinamento voltado a esta classe, sendo os representantes os responsáveis por qualquer tipo de serviço. Esta realidade está mudando.

As empresas estão percebendo que os médicos têm algumas carências em relação à administração do seu próprio negócio e estão disponibilizando cursos em administração de clínicas e treinamento.

No próximo capítulo veremos a elaboração dos objetivos e estratégias de diferenciação no mercado farmacêutico.

Capítulo IV
Planejamento Estratégico: Objetivos e Diferenciação

OBJETIVOS ESTRATÉGICOS

Antes de começar a estabelecer seus objetivos, uma pergunta deve ser respondida pelos profissionais de marketing:

"Qual é o tamanho do seu mercado de utilização de seu produto?", ou melhor, "Quantos pacientes podem tomar o seu medicamento?"

Para chegarmos a esta resposta precisaremos conhecer a incidência e a prevalência da doença na qual se pretenda que o produto gere receita.

Vamos definir inicialmente INCIDÊNCIA e PREVALÊNCIA:

Incidência: Número de novos casos em determinado período de tempo, geralmente um ano.

Prevalência: Número de casos totais da doença em determinado período de tempo. Pode ser um ano ou mais. A prevalência compreende os casos novos (incidência) e os casos antigos, de pacientes que entraram o ano com a doença.

O racional que deve ser utilizado para conhecer os pacientes potenciais para o produto é:

a) Quais a prevalência e a incidência de pacientes no ano?

b) Destes pacientes, quantos são tratados?

c) Quantos são tratados pelo SUS? E particular?

d) Com quais tipos de medicamento estes pacientes são tratados?

e) Quantos deles têm potencial para estar utilizando o meu medicamento (os chamados pacientes elegíveis)?

f) Destes pacientes potenciais, para quantos eu vou estimar que estarei vendendo meu medicamento no ano de (estabelecer o ano)? É importante salientar que você precisa levar em conta os seus concorrentes para obter a previsão de pacientes.

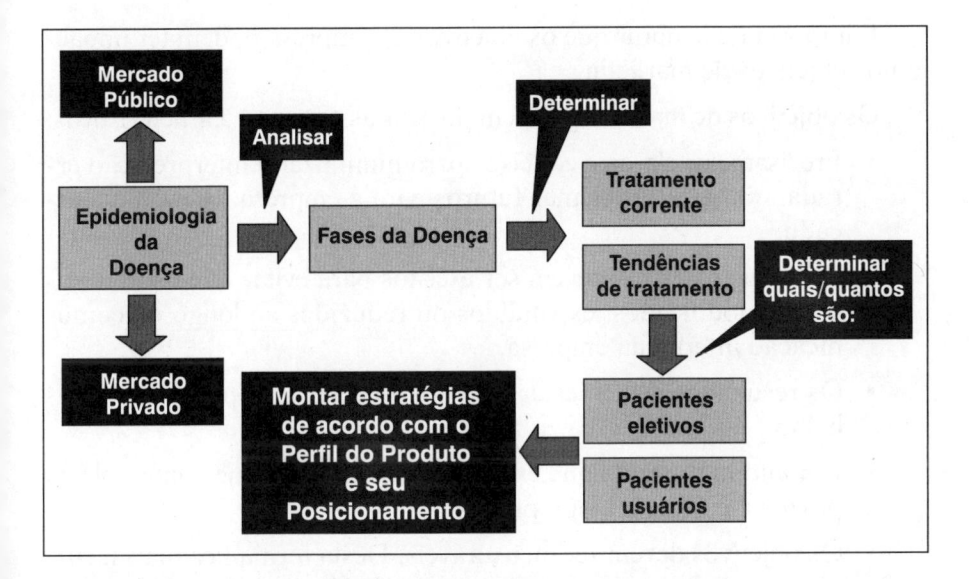

Capítulo IV – Planejamento Estratégico: Objetivos e Diferenciação

```
Mercado Público ← Analisar
    ↑
Epidemiologia da Doença → Fases da Doença → Determinar:
    ↓                                         Tratamento corrente
Mercado Privado                               Tendências de tratamento → Determinar quais/quantos são:
                                                                          Pacientes eletivos
Montar estratégias de acordo com o Perfil do Produto e seu Posicionamento ← Pacientes usuários
```

Geralmente são utilizados dados de prevalência mas a incidência é muito importante para se determinar, nos casos novos da doença, qual o potencial de seu produto frente à concorrência.

Somente desta maneira, utilizando dados epidemiológicos e avaliando o potencial de pacientes para o seu produto, é que o seu planejamento estratégico sai do âmbito do "eu acho que" e vai mais para dados concretos de mercado, minimizando erros e aumentando as chances de sucesso.

O processo de estabelecimento dos objetivos consiste em dois estágios:

Objetivos Corporativos

Os objetivos corporativos se concentram no tipo de negócio em que atuará a empresa, crescimento da receita, rentabilidade, retorno sobre o investimento e imagem institucional.

Objetivos de Marketing

No outro estágio serão estabelecidos os objetivos de marketing. Estes objetivos devem estar em linha com os objetivos da empresa e dar suporte para que os mesmos sejam atingidos.

É importante lembrar que os objetivos da empresa podem ter impacto nos objetivos de marketing.

Os objetivos de marketing devem possuir as seguintes características:

- Precisam ser claros e concisos para minimizar a interpretação errada, que gera problemas futuros para a empresa, clientes e mercado.
- Todos os objetivos devem ser escritos para evitar que os mesmos sejam modificados, expandidos ou reduzidos ao longo da comunicação interna da empresa.
- Os resultados devem estar claros e especificados por área de trabalho.
- É muito importante que exista um cronograma que contemple os prazos a curto e a longo prazos.
- Os objetivos devem ser mensuráveis. Desta forma fica mais fácil o acompanhamento da performance individual e coletiva.
- Para que não exista desmotivação dos funcionários, os objetivos devem estar embasados em números atingíveis, advindos do conhecimento profundo do mercado de atuação e de seu potencial.
- As informações resultantes da análise da situação fornecem as bases necessárias para os objetivos a serem perseguidos com as ações do marketing.

Conhecendo estas características, os gestores de marketing propõem objetivos geralmente em uma ou mais das seguintes áreas:

- Vendas.
- Lucro.
- Mercado.

Objetivos em Vendas

Refletem a finalidade fundamental do processo de marketing dentro da empresa, que é gerar receita. Estes objetivos podem ser expressos em dólares, reais, total de unidades vendidas ou através de mudanças percentuais de um período para outro.

Exemplo:
- Obter receita de vendas de R$ 25 milhões.

Objetivos por Lucros

Como a própria definição, podem ser mensurados através dos lucros totais, lucro bruto *versus* lucro líquido ou lucro por unidade. Eles podem ser estabelecidos em termos relativos, como uma porcentagem de vendas, como um retorno percentual sobre o investimento ou como uma mudança nos lucros de um período para outro.

Objetivos de Mercado

Podem estar relacionados com qualquer área do marketing mix. O mais comum e amplo especifica a participação de mercado que a empresa obtém com determinado produto.

Exemplos:
- Atingir em receituário participação de 25% no mercado de antiinflamatórios.
- Crescer 15% no mercado de cefalosporinas orais.
- Atingir em um ano um cadastro de 350 médicos.
- Reduzir em 12% o preço do produto para equivaler ao preço do mercado sem reduzir a sua margem.
- Reduzir em 20% a verba promocional.
- Conseguir, através de novas transportadoras, uma redução de 10% no atraso de produtos refrigerados.
- Colocar no mercado uma apresentação pediátrica de antibiótico.

É importante que os objetivos estejam focados para vendas, mas, principalmente, para os LUCROS. A "venda a qualquer custo" não pode ser a conduta usual. Não é incomum verificarmos empresas que adotam políticas de preços mais baixos ou de altos descontos com problemas de sustentabilidade.

No mercado público de medicamentos, e em muitos hospitais, opera-se bastante com o conceito de "Menor Preço". As empresas devem tomar cuidado na sua estratégia para focar também no mercado privado e em hospitais que entendam o conceito de "custo de tratamento/farmacoeconomia".

A pergunta que fica então é: "Qual a vantagem de, em muitos casos, eu vender meu produto com um desconto alto/preço baixo? A resposta está na utilização de seu produto. Quando um hospital padroniza seu medicamento, muitos médicos vão estar tendo contato com a eficácia deste produto, gerando o "hábito prescritivo". Ao sair do hospital ele geralmente vai atender no seu consultório, MANTENDO a mesma prescrição. Neste caso o paciente vai até a farmácia e compra o produto com um preço mais vantajoso.

Muitos gerentes sacrificam os lucros para poderem mostrar um aumento nas vendas. O volume de vendas é importante, mas estas vendas precisam gerar lucros.

Comunicação dos Objetivos

Após o estabelecimento dos objetivos de marketing, é necessário que exista uma comunicação para todos os níveis da empresa. Esta deve ser realizada de forma racional e gradativa, de acordo com o nível hierárquico dos departamentos, sempre considerando que os objetivos devem ser implementados "de cima para baixo".

O envolvimento do departamento de recursos humanos juntamente com a gerência na comunicação e motivação dos funcionários é fator crítico para que os objetivos sejam atingidos e que existam cooperação e sinergia entre as pessoas.

Avaliação dos Recursos Corporativos e Definição dos Objetivos de Marketing

Antes de estarmos definindo os objetivos de marketing, devemos analisar as potencialidades e as fraquezas da empresa, pois quanto maior a disponibilidade de recursos maior será a vantagem "potencial" (a palavra potencial está sendo usada porque verificamos que muitas empresas possuem grande disponibilidade de recursos mas não conseguem obter sucesso por não conhecerem o potencial do mercado, perfil dos clientes e por não adotarem estratégias efetivas) em relação às atividades implementadas.

Os principais recursos que devem ser avaliados são:

- **Recursos financeiros** – Exemplo: Verba promocional.
- **Recursos de capital** – Exemplo: Instalação da produção, redes de comunicação.
- **Recursos humanos** – Exemplo: Tamanho da força de vendas, qualificação dos funcionários, estrutura para tomada de decisões.
- **Recursos de pesquisa e desenvolvimento** – Exemplo: Patentes, *pipeline*.
- **Recursos de informação** – Exemplo: Estrutura de inteligência de mercado, relacionamento com fornecedores e clientes.
- **Recursos de suprimento** – Exemplo: Disponibilidade e garantia de recebimento dos produtos pelo cliente, contratos de fornecimento.
- **Recursos de mercado** – Exemplo: Força das marcas, força dos programas promocionais, imagem da empresa e de seus produtos.

Conhecendo estes fatores, os profissionais de marketing poderão estar definindo melhor seus objetivos.

Os objetivos corporativos se concentram no tipo de negócio em que atuará a empresa, crescimento da receita, rentabilidade, retorno sobre o investimento e imagem institucional.

DESENVOLVIMENTO E SELEÇÃO DE ESTRATÉGIAS DE MARKETING PARA A INDÚSTRIA FARMACÊUTICA

Duas análises muito importantes devem ser levadas em conta nesta fase:

Seleção dos Clientes-alvo

Ao desenvolver sua estratégia de marketing, a empresa deve perguntar quais as maneiras específicas de obter vantagem competitiva.

A primeira etapa na elaboração de uma estratégia no marketing farmacêutico é a análise da relação cliente-produto. Esta análise requer descobrir:

- Por que os médicos/clientes utilizam um produto em especial.
- O que o produto significa para eles.
- Que resultados eles esperam do produto.
- Em que situações o produto é utilizado.
- O que faz o médico/cliente não utilizar seu produto em todas as indicações promovidas.

Pesquisas com alguns formadores de opinião e também com algumas saídas a campo conversando com médicos ou sua equipe podem responder a estas perguntas.

Projetando uma Estratégia de *Mix* de Marketing

1. Estratégia de produto

Percebe-se, na prática, que o marketing farmacêutico trabalha o componente intangível de uma maneira muito agressiva na mente dos clientes. Este trabalho é focado preferencialmente em estratégias de relacionamento a longo prazo com médicos, pacientes e outros profissionais do mercado.

Estratégia de produto é criar a percepção de uma diferença entre a oferta da empresa e a da concorrência na mente do consumidor.

Observe que esta definição destaca que a diferenciação do produto se baseia na *percepção* do consumidor quanto às diferenças entre os produtos da concorrência e os da própria empresa. A questão aqui é se os consumidores percebem a diferença. Se os consumidores não percebem a diferença, então não importa se ela existe ou não.

A diferenciação do produto é considerada uma das características mais fundamentais do marketing e pode ser dividida para o segmento farmacêutico em duas categorias:

a) Diferenciação funcional

Baseia-se nos atributos físicos tangíveis do produto. Segundo esta estratégia, a empresa tentará diferenciar seu produto dos produtos da concorrência através de critérios mensuráveis que podem fazer comparações diretas entre os produtos disponíveis.

A diferenciação funcional de produtos farmacêuticos está atrelada geralmente aos seguintes atributos:

- **Eficácia do produto:** Este sempre será o principal parâmetro da comunicação ao médico, mas atualmente este conceito está perdendo força, pois a classe médica acredita que a eficácia deve ser uma característica intrínseca do produto.

- **Efeitos colaterais:** Considerando que existe um crescente aumento da população idosa no país e uma busca cada vez maior por qualidade de vida, os medicamentos com menores efeitos colaterais encontram uma oportunidade única de diferenciação. A farmacoeconomia trabalha muito bem neste ponto e sua utilização está sendo muito difundida para justificar o lançamento de produtos mais caros, consolidar os diferenciais de produtos já consolidados mas estratégicos para as empresas e também para estabelecer corretamente a relação do real custo do tratamento.

Outra ferramenta utilizada para aumentar a segurança na utilização de um produto é a farmacovigilância, tratada em capítulo específico neste livro, que acompanha os efeitos colaterais dos produtos ao longo do tempo e permite uma série de atividades complementares e corretivas pelos profissionais de marketing.

- **Posologia:** Quanto menor o número de "tomadas", maior vai ser a adesão do paciente e a recidiva da doença, pois se evita esquecimentos ou subutilização do produto. Vale lembrar que muitos pacientes geralmente são polimedicamentosos e utilizam produtos para patologias crônicas, e a posologia mais cômoda minimiza problemas futuros relacionados a medicamentos.

- **Forma farmacêutica:** Existe uma tendência de mercado para um aumento na administração do produto se dar por via oral, devido a maior facilidade e comodidade desta forma farmacêutica. Infelizmente para algumas patologias em que o medicamento é de uso hospitalar a apresentação oral não é paga pelos convênios, dificultando a entrada do produto no mercado.

A forma farmacêutica também é muito importante para pacientes especiais como crianças, idosos, pessoas com problemas cerebrais. A forma líquida é muito melhor em alguns casos, principalmente quando existe dificuldade de deglutição.

A forma injetável ainda é muito utilizada, mas devido a sua característica invasiva sua presença é menor nos tratamentos ambulatoriais.

A diferenciação funcional é muito usada pelas empresas que possuem produtos inovadores quando não existem cópias no mercado. A promoção é baseada nos benefícios adicionais que o medicamento possui frente aos concorrentes da classe.

Ela está muito ligada a estratégia tecnológica, baseada na pesquisa e desenvolvimento na busca de drogas mais superiores tanto na resposta como na minimização dos efeitos colaterais.

Vale lembrar que a vantagem tecnológica pode ser difícil de ser mantida pois os concorrentes podem copiar ou aperfeiçoar esta inovação, caso o produto não esteja protegido legalmente.

b) Diferenciação emocional

Esta estratégia é utilizada quando existe pouca diferenciação dos produtos no mercado ou a força das empresas competidoras é tão grande que as empresas acabam recorrendo ao emocional, ao relacionamento, para aumentar a percepção de que os seus produtos são melhores do que os da concorrência.

No mercado brasileiro esta estratégia é uma das mais adotadas pelos laboratórios, pois ele possui um número muito grande de medicamentos com pouca diferenciação, onde a diferenciação emocional pode ocorrer de várias formas:

- **Imagem da Empresa:** Percebemos que existe no mercado industrial farmacêutico um aumento significativo de entrantes tanto de produtos similares como de produtos genéricos. Mais do que a imagem, a percepção que a empresa possui no mercado representa diferencial competitivo importante na hora da prescrição médica, no balcão da farmácia ou mesmo no diálogo entre paciente e seu médico durante a definição do medicamento para determinada patologia.

  Atividades de responsabilidade social, transparência, estruturas de suporte e informação a médicos e pacientes e desenvolvimento de pesquisa no país são algumas das principais atividades que as empresas podem desenvolver para melhorar a sua visibilidade.

- **Relacionamento com a Classe Médica:** Muitas indústrias interpretam relacionamento como "comprar" o médico. Este tipo de conduta gera um gasto desnecessário, além de não fidelizar o cliente. Os médicos, de maneira geral, principalmente considerando que mais de 50% deles possuem menos de 40 anos, precisam de INFORMAÇÃO E PARCERIAS EM SEU DESENVOLVIMENTO PESSOAL E PROFISSIONAL.

  O treinamento focado em relações médicas e não em relações públicas, não somente da força de vendas mas de todos os profissionais que se relacionam com este público, faz com que exista um respeito muito maior dos médicos para com as empresas, e não uma relação de exploração, como vemos em muitos casos.

  No momento da prescrição, existem inúmeras alternativas de tratamento, muitas vezes semelhantes, seja no princípio ativo, seja na indicação dos produtos. O relacionamento e a parceria do médico com a empresa ajudam muito no reforço da marca e na escolha do medicamento.

- **Prestação de Serviços/Solução de Problemas:** As empresas precisam adequar a sua mentalidade e modificar o seu objetivo principal: elas não vendem/entregam produtos, ENTREGAM SOLUÇÕES!!!! E as soluções estão relacionadas a inúmeros SERVIÇOS que aumentam o valor dos produtos para os clientes e permitem um grau de fidelização ainda maior, ou melhor, os clientes tendem a ser fiéis por mais tempo. O compromisso de buscar sempre novas alternativas visando a satisfação das necessidades dos clientes determina a longevidade de uma empresa no setor farmacêutico.

  Em um mercado onde estão em jogo a saúde, a segurança e a qualidade de vida da população, as empresas DEVEM estabelecer mecanismos de controle muito rígidos de todos os seus processos, da produção à venda, para tentar minimizar a sua imagem negativa na sociedade.

- **Indicação pelos Pacientes:** Quando os pacientes, principalmente os idosos, têm boa resposta a determinado medicamento, geralmente eles acabam indicando o mesmo para as pessoas próximas. Evidentemente que o médico sempre vai ser o componente mais importante no processo de uso de um produto, mas ele acaba sofrendo influência quando um paciente à sua frente lhe diz: "Meu (amigo, vizinho, parente) utilizou este medicamento para a mesma doença e está muito bem. O senhor pode receitar 'x' para mim?" Para produtos OTCs, o chamado "boca a boca" tem um peso enorme na escolha de um medicamento.

Não podemos deixar de citar a maior influência que o farmacêutico está exercendo no balcão da farmácia ao orientar os pacientes em como utilizar adequadamente um medicamento. Como todo ser humano, este profissional também sofre influência das informações que circulam no mercado.

Durante um longo período de atividades do marketing farmacêutico, percebeu-se que as indústrias acabaram "viciando" a classe médica com patrocínios e financiamentos estrondosos. Todas as solicitações dos médicos eram atendidas, como televisões, passagens e viagens com a família, etc. Desta forma muitas gerações de médicos acabaram tendo a percepção de que a indústria farmacêutica é um "banco".

As empresas precisam começar a trabalhar esta nova geração de médicos para começar a introduzir no mercado que uma parceria na área de saúde somente pode ser promissora quando os dois lados crescem e este crescimento gera melhorias para a saúde da população. Em outras palavras, o marketing farmacêutico moderno está baseado na:

- Informação com base científica.
- Atualização constante.
- Sinergia entre os parceiros.

2. Estratégia de preço

Dentro do contexto econômico brasileiro, nem sempre estável, percebe-se que as margens da indústria farmacêutica diminuíram ao longo do tempo. Os principais motivos para esta queda são:

- **Câmbio alto:** O desenvolvimento de princípios ativos no país é muito pequeno, levando as empresas, principalmente as nacionais, a estarem importando estes produtos.
- **Entrada dos produtos genéricos:** A entrada dos produtos genéricos levou uma grande parte das empresas a repensarem suas es-

tratégias de preços, principalmente para os produtos que não possuem mais patentes. De maneira geral, houve uma redução nos preços dos produtos mais antigos.

- **Controle dos preços pelo Governo:** Com o controle dos preços pelo Governo, fica difícil o repasse de possíveis aumentos nos custos. Esta questão é muito discutível, pois as indústrias farmacêuticas trabalham com margens muito altas e o repasse destes custos adicionaria um aumento significativo em toda a cadeia de distribuição, gerando um preço final inviável para o consumidor final, diminuindo a demanda pelos produtos.

- **Taxas altas de juros:** Esperamos que nos próximos anos o Governo não esteja atrelando o controle da inflação às taxas de juros, mas neste momento estas altas taxas aumentam as despesas financeiras das empresas e dificultam o investimento no mercado brasileiro.

- **Maximização do lucro e retorno sobre o investimento em P&D:** Com a entrada dos produtos genéricos, a presença significativa dos produtos similares e o baixo poder aquisitivo da população, as empresas de desenvolvimento de novos produtos são pressionadas a obterem o retorno sobre o investimento em pesquisa num período cada vez mais curto.

  Por outro lado, para que elas se mantenham competitivas, mais investimento em pesquisa e desenvolvimento devem ser realizados com maior possibilidade de acerto, pois percebemos que o número de novas moléculas que realmente trazem novos benefícios vem caindo ano a ano.

- **Lançamento de medicamentos para nichos de mercado:** Na tentativa de poder agregar maior valor ao seu produto e aumentar as suas margens, as empresas estão lançando produtos para nichos de mercado. Com preços maiores, muitas vezes a inclusão e a utilização deste produto no mercado brasileiro estão atreladas à inserção na lista de produtos excepcionais do Governo, tarefa esta nem sempre tão fácil, onde, mais uma vez, são necessários investimentos maiores em estudos farmacoeconômicos etc.

- **Boa parte dos médicos não consegue entender a diferença preço do produto × custo do produto:** O preço final do medicamento representa o parâmetro principal no momento da prescrição, quando o médico compara produtos de uma mesma classe terapêutica. Os menores efeitos colaterais, a qualidade de vida do paciente e outros fatores que afetam o custo do medicamento estão sendo trabalhados exaustivamente pelos laboratórios, mas a consolidação deste conceito está crescendo lentamente.

- **O paciente geralmente possui desconhecimento do medicamento e compra, na maioria das vezes, pelo menor preço:** Este cenário é preocupante. Quando o paciente entra na farmácia e solicita um medicamento sem conhecê-lo, fica sujeito à "empurroterapia" de produtos similares mais baratos e de qualidade algumas vezes duvidosa. Este fato é agravado principalmente porque mais de 50% dos medicamentos são vendidos sem prescrição médica.

A classe média, responsável pela demanda elástica de medicamentos, deve ser o público em que as empresas devem focar sua comunicação sobre os medicamentos e sua utilização, para tentar aumentar o poder de escolha e discernimento desta população.

VALOR AGREGADO AOS CLIENTES

PARA VENDERMOS NOSSO PRODUTO E OBTERMOS CRESCIMENTO A LONGO PRAZO PRECISAMOS SABER:

O QUE AGREGA VALOR PARA O CLIENTE?

Ou

O QUE O CLIENTE PERCEBE COMO VALOR AGREGADO?

A percepção é o atributo com o qual os profissionais do marketing mais precisam tomar cuidado, pois nem sempre o melhor produto é o mais vendido, nem sempre os melhores serviços são os mais eficazes, tudo dependendo de:

"O QUE MEUS CLIENTES, AOS QUAIS EU PRETENDO VENDER OU QUE POSSUEM POTENCIAL EM COMPRAR, PERCEBEM QUE AGREGA VALOR EM RELAÇÃO AOS PRODUTOS E SERVIÇOS?"

De maneira geral, a fórmula mais simples para definir o conceito de valor é:

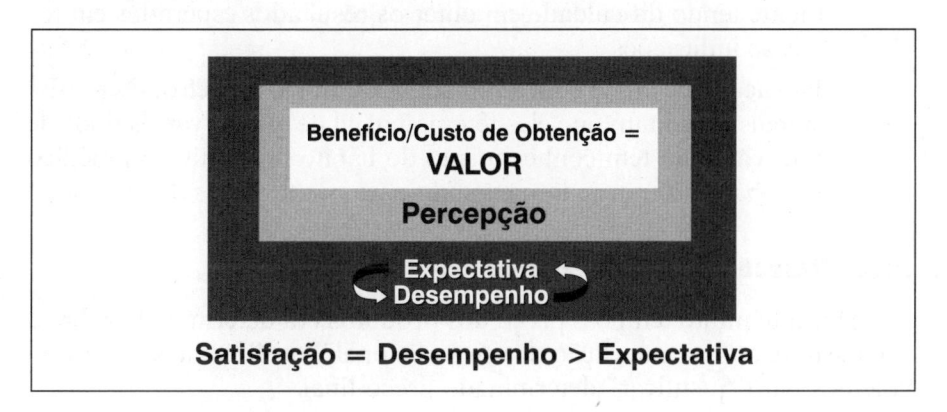

```
Benefício/Custo de Obtenção =
        VALOR
       Percepção
    ⟶ Expectativa ⟵
      Desempenho
Satisfação = Desempenho > Expectativa
```

Algumas premissas são importantes quando pretendemos atingir em cheio os desejos de nossos clientes e agregar valor a longo prazo:

- **É impossível atingir a todos os clientes e mercados:** A escolha correta do público-alvo aumenta a possibilidade de sucesso, reduz os custos, diminui os erros ou ações corretivas e aumenta a rentabilidade de seus produtos.

- **Os médicos tratam a doença e o paciente:** Uma questão importante é ter a consciência de que os médicos tratam a maior parte de seus pacientes como únicos. Isto significa que mesmo que os médicos estejam utilizando seu produto, eles não vão utilizá-lo em todos os casos em que o produto está sendo indicado/promovido, ou mesmo que ele utilize seu produto em diversas patologias ele não vai, necessariamente, utilizá-lo em todos os pacientes, pois leva em consideração outros aspectos como idade, função hepática e renal, sexo, histórico familiar etc.

- **O posicionamento do produto evita problemas na implantação de ferramentas de controle da performance:** Posicionar o produto de forma que otimize as indicações que realmente possuam potencial prescritivo facilita a consolidação da marca/princípio ativo, ajuda a implementar as ações de marketing para o público correto e facilita a análise da performance do produto.

Parece simples, mas vemos constantemente profissionais de marketing posicionando seus produtos de forma muito ampla e posteriormente tendo dificuldade em obter os resultados esperados em todas as indicações.

Isto acontece muito com antibióticos de amplo espectro. Os profissionais acreditam que eles têm potencial de atingir vários tipos de infecção, não têm conhecimento do hábito prescritivo do médico e acabam promovendo o produto para muitos tipos de infecção.

Preço Baseado no Valor

Durante muito tempo o preço dos produtos era determinado sobre o seu custo e, após a colocação de um "adicional", os diferenciais estavam voltados para "justificar" determinado preço final.

Ainda existem empresas que trabalham desta forma, mas a conduta que proporciona maior crescimento do produto e da empresa a longo prazo é o PREÇO BASEADO NO VALOR.

No preço baseado no valor, os clientes-alvo fornecem a informação sobre a sua percepção do que lhes traz valor. A partir daí a empresa estabelece seu preço, adequando seus custos, entregando para o cliente um produto mais focado às necessidades do mercado.

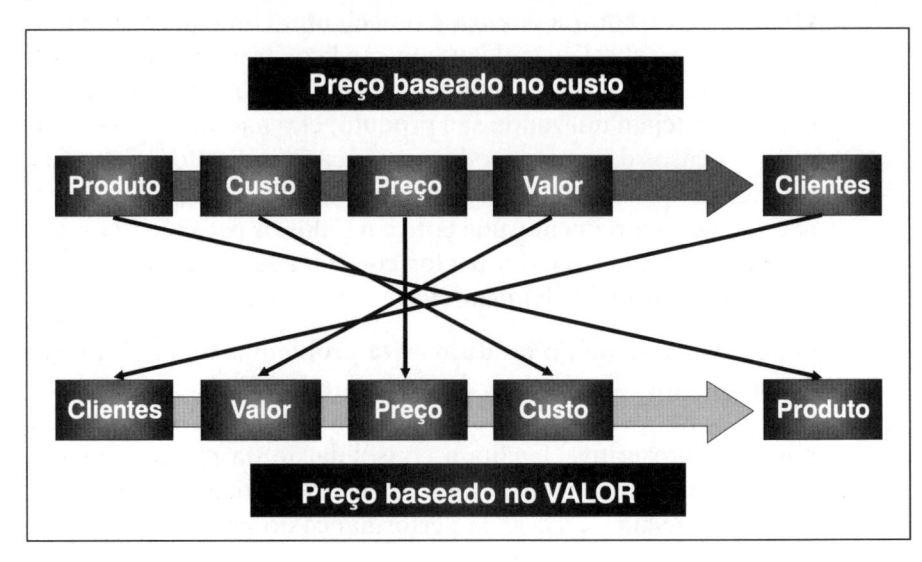

Preço baseado no custo

Produto → Custo → Preço → Valor → Clientes

Clientes → Valor → Preço → Custo → Produto

Preço baseado no VALOR

É importante reforçar que nem sempre isto é possível, considerando que na indústria farmacêutica existe uma pressão da matriz ou dos proprietários em obter uma margem de lucros por produto prefixada, geralmente alta.

Não é incomum a segmentação de mercado ser implementada não somente como uma estratégia de marketing, mas também devido à dificuldade de atingir maior número de clientes pelo alto preço do produto.

Impacto do Preço de Acordo com o Perfil do Comprador

Todos nós, ao comprarmos um produto, verificamos que o mesmo possui certo impacto sobre nossas reservas. De acordo com este impacto × percepção de diferenciação que este produto possui podemos classificar os clientes em quatro principais quadrantes de fidelização:

	Percepção de Diferenciação baixa	Percepção de Diferenciação alta
Impacto do Preço alto	Compradores de Preço	Compradores de Valor
Impacto do Preço baixo	Compradores de Conveniência	Compradores de Relacionamento

- **Compradores de preço:** Este tipo de comprador não percebe qualquer diferenciação e o impacto do preço é importante para ele. Hospitais, secretarias de saúde e a população de baixa renda representam este tipo de comprador.

- **Compradores de conveniência:** Mesmo que o impacto do preço seja pequeno, este tipo de comprador não vê diferenciais significativos para comprar o produto. A localização do ponto de venda e a compra de similares e genéricos entram neste segmento, embora para produtos genéricos a identidade e a confiança com determinada marca ajudem no momento da aquisição do medicamento.

- **Compradores de relacionamento:** Estes são clientes que as empresas querem possuir, pois conseguem verificar a diferenciação de um produto para outro, com a vantagem do impacto financeiro ser pequeno. As empresas buscam cada vez mais o relacionamento com a classe médica para poder aumentar a lembrança pelo uso de determinado produto.

- **Compradores de valor:** Medicamentos de lançamento ou aqueles que possuem um preço *premium* devido a sua maior tecnologia estão incluídos nesta categoria de clientes, que realmente representam o foco das empresas, principalmente para aquelas que desenvolvem pesquisa clínica.

Estratégias de Preço de Acordo com o Tipo de Produto

Quando se estabelece uma estratégia de preço, os profissionais do marketing devem conhecer muito bem o seu consumidor, pois, dependendo do produto oferecido, um preço mais baixo do que o da concorrência pode causar a percepção de um produto de menor qualidade.

Como já dissemos anteriormente, projetar produtos que possam ser vendidos com lucro a um preço-alvo tornou-se a meta da maioria das empresas de sucesso. Quando estabelecemos o preço, estamos definindo que segmento de mercado queremos atingir com este produto, de acordo com as necessidades percebidas por estes clientes.

O preço SEMPRE deve ser um componente do mix de marketing e NUNCA usado isoladamente como única ferramenta de diferenciação, pois há diversas deficiências nesta atividade:

1) Quando nenhuma característica dos produtos for destacada, o cliente não terá qualquer contexto dentro do qual julgar o preço. O preço é usado pelos consumidores como medida de valor, e isso força os administradores a injetar valor no produto por meio de todas as variáveis do marketing mix: características do produto, distribuição, imagem da marca, etc., para que influenciem o cliente no preço que está disposto a pagar.

2) As empresas que usam o preço como principal apelo de mercado reduzem o produto a uma *commodity* na mente dos consumidores. Quando estes encontram marcas concorrentes que oferecem melhores benefícios de uso, passam a ter maiores elementos para ver o potencial de satisfação destas marcas.

3) Embora o preço possa criar picos de demanda e vendas de curta duração, a longo prazo representa uma estratégia fraca para o estabelecimento de uma posição estratégica defensável. A razão é que o preço é o item mais fácil de ser copiado pela concorrência.

Vale lembrar que mesmo para os produtos similares e, mais recentemente, para os genéricos, a estratégia de seus produtos não está baseada somente no preço.

Campanhas institucionais fortes estão sendo realizadas por estas empresas para que o mercado tenha a percepção de que os seus produtos têm uma qualidade assegurada através de fornecedores idôneos. Além disso, as empresas de similares vêm oferecendo uma série de serviços inovadores à classe médica, buscando no relacionamento o seu diferencial competitivo.

As empresas de genéricos desenvolvem um trabalho muito sério e intenso nos pontos de venda, as farmácias, sobre a qualidade de seus produtos e também na capacitação dos funcionários, desde balconistas até farmacêuticos. Quando um paciente busca um medicamento genérico, o objetivo é que o funcionário ofereça o produto em que ele tenha mais segurança na empresa e na qualidade oferecida.

Detalhamento dos Fatores que Afetam a Formação do Preço de um Medicamento no Mercado Farmacêutico

a) Número de produtos concorrentes

Quanto maior o número de produtos concorrentes, e dependendo do perfil de negociação das empresas, o preço do seu produto pode ser pressionado a ser "puxado" para baixo como forma de manter o mercado. Mais uma vez, a rentabilidade do produto é muito importante, principalmente quando o mesmo possui pouco volume de venda.

b) Número de empresas concorrentes

Neste caso, um grande número de empresas concorrentes deve ser interpretado como uma grande oportunidade de desenvolvimento de diferenciais competitivos baseados no *benchmarking*, ou seja, conhecer as características dos concorrentes que realmente sejam importantes e implementá-las em sua empresa.

É importante que os profissionais de marketing saibam escolher quem são seus verdadeiros concorrentes para poder elaborar estratégias focadas nas características de competitividade deles. Um exemplo importante: uma multinacional que possui produtos para a linha de cardiologia deve escolher como principais concorrentes as empresas com a mesma característica. Não que produtos similares e genéricos não sejam concorrentes, mas na arena do mercado a sua empresa possui semelhança estratégica para competir com empresas que trabalham com estabelecimento de conceito, estudos clínicos, etc.

c) Preço praticado pelos concorrentes

Da mesma maneira que o item anterior, você deve saber posicionar seu produto em um preço que esteja dentro da faixa praticada pelos seus verdadeiros concorrentes.

Caso lance um produto inovador com um preço semelhante a um produto genérico, vai estar comprometendo seu lucro e cometendo um erro estratégico grave.

Na formatação do preço de um produto similar é preciso saber quais os preços praticados pelos concorrentes. Colocar produto a preço *premium* é condenar ao fracasso as suas vendas.

d) Pesquisa e desenvolvimento do produto

A cobrança sobre o retorno do investimento em pesquisa e desenvolvimento é cada vez maior devido a diversos fatores.

- Menor tempo de vida de um produto novo.
- Aumento no investimento alocado para pesquisa.
- A alta competitividade presente no mercado farmacêutico faz com que o produto precise dar retorno em períodos menores.

- Mudança constante no hábito prescritivo da classe médica, devido a constantes lançamentos.

Produtos derivados de pesquisa geralmente possuem a característica de preço *premium*, segmentado para um menor número de pacientes que podem adquirir o medicamento.

e) Proteção de patente

A partir de 1996, com a introdução da lei das patentes, houve uma nítida divisão do mercado. As multinacionais verificam a todo momento seu portfólio para analisar a viabilidade ou não de determinados produtos, ao mesmo tempo que focam suas atividades no desenvolvimento de novos medicamentos.

As empresas nacionais começam a registrar todos os produtos sem patentes para aumentar sua competitividade e paralelamente assumir parcerias nacionais e internacionais para o lançamento de produtos inovadores, através de licenciamento e concessões ou mesmo montando laboratórios de desenvolvimento de novas apresentações ou novas formas farmacêuticas.

Dependendo da importância do produto patenteado, a parceria com o Governo deve ser muito próxima, pois o mesmo pode entrar com a quebra desta patente. O preço deste produto e sua distribuição devem ser muito bem planejados, uma vez que na negociação com o Governo as margens serão seriamente comprometidas. O volume, neste caso, compensa as perdas.

f) Forma de distribuição

Conforme dito anteriormente, quase toda a distribuição de medicamentos da indústria farmacêutica é realizada pelos distribuidores, por facilitar a pulverização do produto em todos os pontos de venda além de diminur e agilizar o processo.

Esta agilidade proporciona ganhos importantes, o que se reflete no preço do medicamento, embora este tipo de distribuição deva ser focado em produtos que são divulgados pela força de vendas das empresas ou que não necessitem de estabelecimento de conceito.

Algumas linhas de representantes que realizam venda direta, como por exemplo hospitalares e oncológicos, possuem um diferencial na abordagem da comunicação mas o custo na distribuição aumenta proporcionalmente.

g) Probabilidade de aparecer novos produtos concorrentes

Na probabilidade de aparecer novos produtos concorrentes podemos tomar algumas medidas:

- Quando percebemos que a nossa empresa vai lançar um outro produto com características semelhantes a um outro já existente, num curto período, ou quando o nosso produto não possui diferenciais ou estudos significativos o bastante para se manter no mercado durante muito tempo, podemos estabelecer um preço alto para maximizar sua lucratividade no menor tempo possível.

- Caso tenhamos uma ótima capacidade produtiva, nosso produto seja muito importante para a empresa e saibamos que nossos principais concorrentes têm característica de baixo preço, podemos colocar o preço deste produto num patamar que englobe o maior público-alvo possível e que justifique suas características diferenciadas.

- Se nossos concorrentes diretos possuem produtos de alto preço e tecnologia, teremos que verificar se possuímos suporte científico a médio ou a longo prazos para poder compensar um preço *premium*, principalmente se o nosso produto for reembolsado pelos convênios ou pago pelo Governo.

h) Características da especialidade em que o produto vai ser promovido

Cada especialidade médica possui um conceito sobre o preço de um produto. Médicos que trabalham constantemente sob a pressão de "vida e morte", como oncologistas, cardiologistas, neurologistas e outros que convivem com pacientes com baixa qualidade de vida, como geriatras, têm mais facilidade em utilizar produtos mais caros porque entendem que o custo adicional para o paciente vai ser revertido em benefícios.

Esta premissa é verdadeira, mas os profissionais de marketing devem saber que dependendo da gravidade do problema, do número de medicamentos que o paciente vai precisar tomar e do poder aquisitivo do mesmo, o hábito prescritivo pode variar muito.

Lembre-se sempre:
O MÉDICO TRATA A DOENÇA E TAMBÉM O PACIENTE COM TODA A SUA INDIVIDUALIDADE.

i) Pagamento do produto pelo Governo ou operadoras de saúde

Muitas empresas estão encontrando dificuldade na aprovação de determinados preços pelo Governo. Estes casos são muito comuns quando o produto possui alta tecnologia e não vai conseguir obter preço competitivo nas farmácias, tendo então que recorrer ao pagamento pelo Governo.

A formação de grupos de profissionais das mais diversas empresas em farmacoeconomia e o desenvolvimento de estudos retrospectivos e prospectivos neste mesmo tema têm sido uma maneira de aumentar a chance de sucesso na inclusão de novos produtos no mercado.

j) Preços e margens praticados pela empresa

Mesmo que o mercado esteja sinalizando um parâmetro de preços na qual a empresa deva estar se adequando, na maioria das vezes existem condutas internas que fixam uma margem mínima para seus produtos.

Desta forma, os gestores de marketing devem ter a consciência de que eles precisarão conhecer muito bem seus mercados e clientes potenciais para que consigam segmentar suas atividades baseadas em um preço algumas vezes "imposto" pela empresa.

k) Taxas de crescimento da economia

Em economias que possuem dificuldade de crescimento, como no caso do Brasil, a demanda por produtos farmacêuticos é sempre vista com cautela ou com uma visão segmentada por classes sociais.

Da mesma maneira, diante de um cenário de dificuldade de acesso ao medicamento, muitas empresas adotam a política de menores preços para poderem competir por um mercado formado por uma população de menor renda e tentar se manter viável na quantidade vendida. Os produtos similares e genéricos trabalham muito dentro deste conceito.

l) Testes exigidos pelo Governo

Os testes de bioequivalência e biodisponibilidade exigidos pelo Governo para os produtos genéricos e similares aumentam consideravelmente os custos destes produtos.

Para que o Governo consiga obter a excelência na qualidade nestes produtos é necessária uma vigilância muito agressiva e frequente dos princípios ativos utilizados pelas empresas que trabalham com genéricos e similares, pois a visibilidade positiva é comprometida quando médicos e pacientes relatam a falta de eficácia em comparação com os produtos de referência. Não é incomum algumas empresas que fazem o teste em determinados lotes, o submeterem à aprovação do Governo e posteriormente comprarem lotes mais baratos para futuras produções, já que não existe fiscalização adequada.

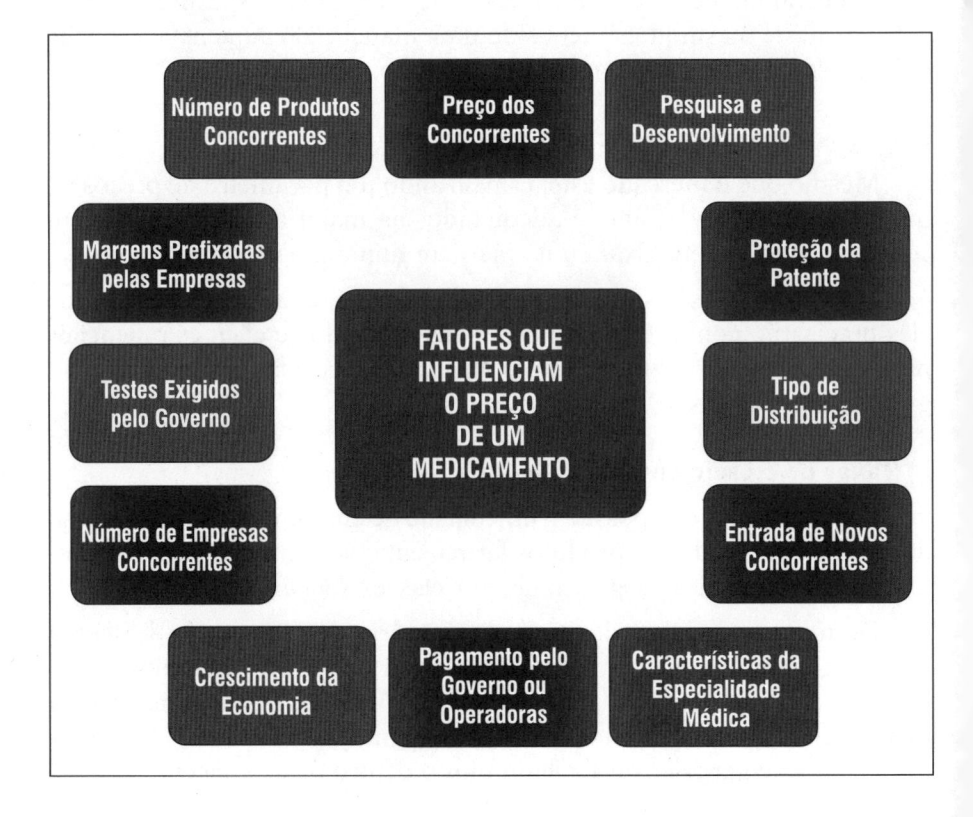

FATORES QUE INFLUENCIAM O PREÇO DE UM MEDICAMENTO
- Número de Produtos Concorrentes
- Preço dos Concorrentes
- Pesquisa e Desenvolvimento
- Margens Prefixadas pelas Empresas
- Proteção da Patente
- Testes Exigidos pelo Governo
- Tipo de Distribuição
- Número de Empresas Concorrentes
- Entrada de Novos Concorrentes
- Crescimento da Economia
- Pagamento pelo Governo ou Operadoras
- Características da Especialidade Médica

Escolha da Estratégia de Preço de Medicamentos

a) Novos produtos

1. Estratégia de *premium price*

Esta estratégia visa estabelecer um alto preço de entrada do mercado com o objetivo baseado nos lucros. Características desta estratégia: geralmente esta estratégia é acompanhada de altos investimentos.

É recomendada:

- Quando a demanda é incerta.
- Quando se espera que entre um similar num curto período de tempo.
- Quando o produto é tão inovador que a sua expectativa de amadurecimento é a longo prazo.

Outras situações onde pode ser introduzida a estratégia de *premium price*:

- Quando o cliente não é sensível ao fator preço.
- Quando se quer amortizar rapidamente os investimentos em pesquisa e desenvolvimento.
- Quando está planejado lucro a curto prazo.
- Quando se quer evitar aumento de preços.
- Quando o segmento sinaliza que altos preços são percebidos como diferenciais de qualidade.

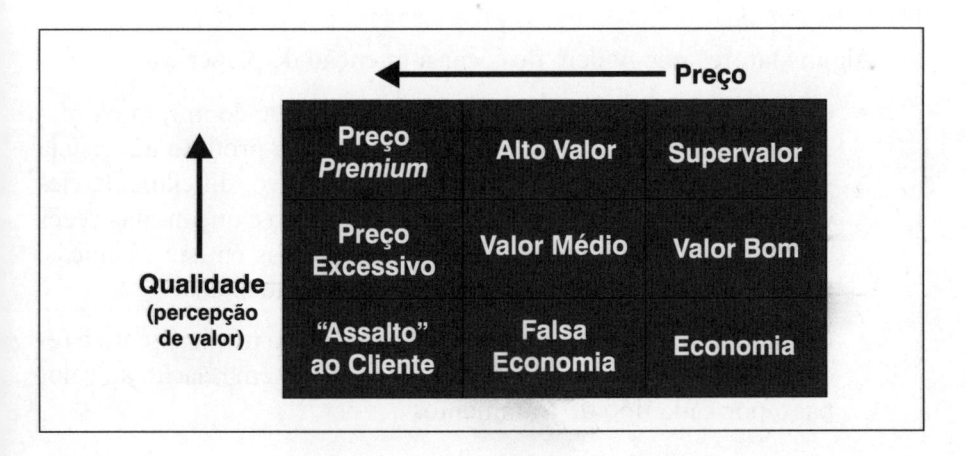

Qualidade (percepção de valor) ↑	← Preço		
	Preço *Premium*	Alto Valor	Supervalor
	Preço Excessivo	Valor Médio	Valor Bom
	"Assalto" ao Cliente	Falsa Economia	Economia

2. Estratégia de penetração de mercado

Esta estratégia visa estabelecer preços mais baixos para aumentar rapidamente sua participação no mercado e, consequentemente, um aumento rápido nas vendas.

Características desta estratégia:
- O mercado tem alta elasticidade no preço.
- É possível reduzir as margens do produto.
- Os custos de produção são baixos.

Outras situações onde pode ser introduzida a estratégia de penetração de mercado:
- Quando os consumidores são muito sensíveis ao preço.
- Quando se quer crescer rapidamente.
- Para desencorajar a entrada de novos concorrentes.
- Quando a empresa possui vantagens nos processos produtivos.
- Quando o mercado apresenta poucos riscos de redução dos preços.

Independente da estratégia utilizada, é muito importante que todo o lançamento esteja baseado no conhecimento dos hábitos de prescrição médica e de todos os fatores que podem influenciar a utilização do seu produto.

Alguns fatores que podem deslocar a intenção de prescrição:
- Os médicos trabalham em alguns hospitais que compram os medicamentos baseados em licitação. Caso o seu produto não esteja padronizado e não tenha um preço competitivo, dificilmente eles vão poder prescrevê-lo. O problema neste caso é que muitas vezes os médicos utilizam os mesmos medicamentos em suas clínicas, através do hábito que existe na sua conduta hospitalar.
- Quando os médicos trabalham em áreas onde o medicamento é reembolsado por convênio, existe uma restrição em relação ao valor pago por cada tipo de tratamento.

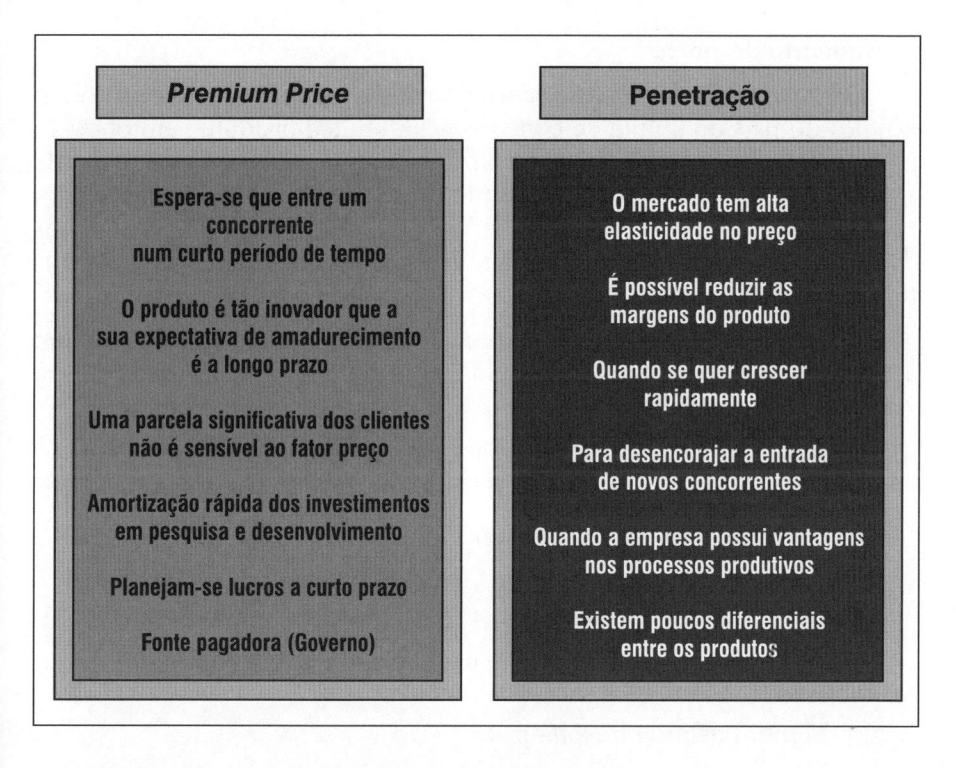

Premium Price

- Espera-se que entre um concorrente num curto período de tempo
- O produto é tão inovador que a sua expectativa de amadurecimento é a longo prazo
- Uma parcela significativa dos clientes não é sensível ao fator preço
- Amortização rápida dos investimentos em pesquisa e desenvolvimento
- Planejam-se lucros a curto prazo
- Fonte pagadora (Governo)

Penetração

- O mercado tem alta elasticidade no preço
- É possível reduzir as margens do produto
- Quando se quer crescer rapidamente
- Para desencorajar a entrada de novos concorrentes
- Quando a empresa possui vantagens nos processos produtivos
- Existem poucos diferenciais entre os produtos

b) Produtos já comercializados no mercado

Para produtos já comercializados no mercado pode haver somente três alternativas (considerando que o Governo autorizou o aumento de preços):

1. Manutenção do preço

Quando o mercado não apresenta grande variação ou sensibilidade ao preço, os diferenciais do seu produto já estão estabelecidos e a diferenciação está baseada em outras atividades.

2. Redução do preço

Esta estratégia é utilizada como uma medida defensiva frente à entrada de novos concorrentes. No caso da concorrência ser um similar ou genérico é devido ao seu menor preço; no caso de um produto inovador, pode ser por uma vantagem competitiva do produto aliada a um preço mais baixo.

3. Aumento do preço

O aumento do preço pode ocorrer devido a mudanças na situação econômica do país ou à falta de concorrência, onde o produto vem obtendo grande volume de vendas e sua utilização é essencial para certo tipo de tratamento. Algumas vezes o aumento neste tipo de medicamento é para poder melhorar a margem de toda uma linha de produtos com menor demanda. É importante lembrar que o aumento nos preços deve ser autorizado pelo Governo.

Depois que uma estratégia de preço é implementada, é necessário um acompanhamento constante da mudança nos custos do produto, da sua venda, da economia, etc.

O preço pode ser promovido para a classe médica como:
- Custo diário de tratamento.
- Custo mensal de tratamento.
- Custo por ciclo.
- Custo anual de tratamento.

Outras maneiras de abordagem é associando os benefícios do produto ao custo:
- Menor custo de hospitalização.
- Menor custo de armazenamento e transporte.

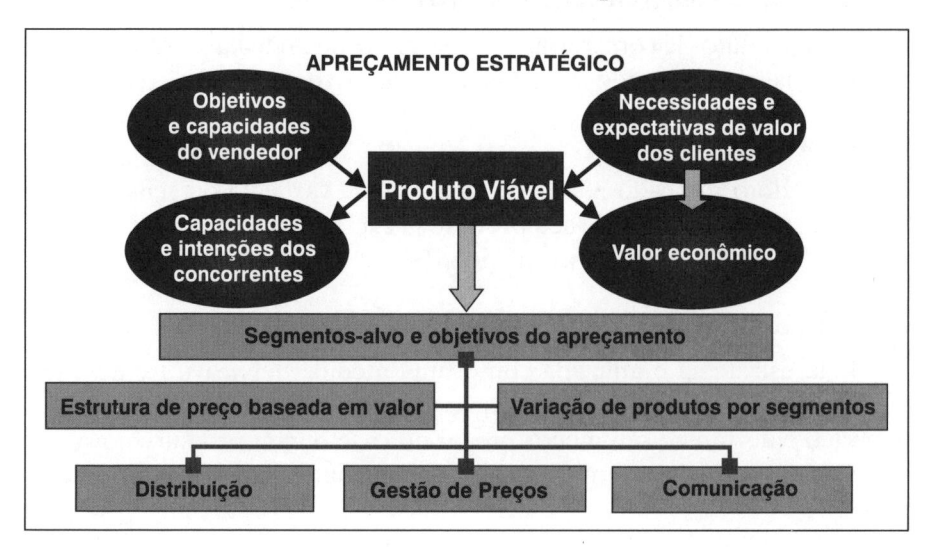

A utilização de estudos farmacoeconômicos representa um avanço na abordagem dos produtos, pois leva em conta o CUSTO DO TRATAMENTO E/OU A QUALIDADE DE VIDA associada a determinado produto ou associações de produtos. Desta forma, o cliente passa a ter a noção de custo total de tratamento, com todas as suas implicações, e não somente o preço final do produto.

c) Estratégia de promoção

A promoção é o veículo onde o produto, o preço e a distribuição devem ser transmitidos de uma forma coerente, ética e persuasiva.

A promoção, especialmente a propaganda, tem mais *glamour* do que os outros componentes do mix de marketing. É certamente a mais visível e a maneira mais criativa de todos eles.

Mesmo assim, a promoção não terá sucesso se os outros componentes do mix de marketing forem insatisfatórios, pois a promoção somente poderá vender produtos ou serviços se eles tiverem características que realmente satisfaçam as necessidades dos clientes.

A promoção dos medicamentos está monitorada pela ANVISA, que estabeleceu regras que devem ser seguidas pelos laboratórios.

A principal diferença da promoção neste setor é que as vendas dos produtos estão vinculadas à prescrição/utilização da classe médica, o nosso objeto de estudo da estratégia de marketing.

Algumas dicas:

- ✓ Planejamento para 12 meses
- ✓ Priorizar os primeiros 6 meses
- ✓ Verba em torno de 7-10% do faturamento líquido
- ✓ Ênfase na informação e formação dos clientes
- ✓ Campanha traz maior impacto
- ✓ Forma de abordagem é o grande diferencial
- ✓ Não considerar amostragem pequena de insucessos
- ✓ Atingir várias formas de comunicação
- ✓ Realizar pesquisa de satisfação

Os médicos geralmente são mais racionais na utilização de um produto do que os pacientes. Em uma prescrição, geralmente são levados em conta:

- Seu conhecimento do produto através de informações advindas do representante, mídia ou leituras especializadas.
- Seu hábito prescritivo.
- Sua experiência com a droga.
- A conduta repassada pela universidade ou por formadores de opinião.

Estas características estão muito associadas também a alguns fatores não tangíveis, como:

- Relacionamento do médico com a empresa ou com o representante.
- Envolvimento profissional do médico com a empresa.
- Sentimento de parceria do médico com a empresa devido a diversas programações dirigidas a seu aperfeiçoamento e melhoria de sua qualidade de vida.

Propaganda Médica e suas Abordagens Estratégicas

Processo de Utilização de um Produto

Existem quatro estágios do processo de utilização de seu medicamento:

1) **O médico não conhece seu produto mas tem necessidade.**
   Neste caso deve-se estabelecer o conceito do produto colocando suas características e seus benefícios. A intenção é fazer com que o médico tenha um contato com os resultados clínicos da droga. As amostras grátis desempenham importante papel nesta etapa.

2) **Os médicos conhecem seu produto mas utilizam o concorrente.**
   Neste caso precisamos saber quais os critérios que o médico utiliza para tratar os seus pacientes nas indicações em que sua droga é promovida. Sabendo disso, é necessário descobrir quais as drogas que estão sendo prescritas e mostrar os benefícios de seu produto frente à concorrência. Existem algumas outras formas de promoção junto ao médico neste caso.

3) **Os médicos utilizam o nosso produto mas algumas vezes usam o concorrente.**

É necessário adotar uma estratégia de fidelização, conhecer necessidades não supridas pela concorrência e diferenciar o tratamento com este médico.

4) Os médicos utilizam largamente o produto da empresa.
O reforço da compra e a manutenção de ações diferenciadas devem ser utilizados para não perder este cliente importante.

É utopia achar que os médicos utilizarão somente o seu medicamento, pois para a mesma doença existem tipos específicos de paciente (variação de idade, sexo, funcionalidade dos órgãos, estado nutricional, etc.) e a classe médica sabe que para cada um deles existe um produto com características específicas que agem de forma diferenciada.

O importante é formar a percepção mais ampla possível de utilização de seu produto.

Principais Objetivos de uma Propaganda Médica

- Criar consciência da existência de um produto ou marca.
- Criar a imagem da marca.
- Suprir o médico de informações a respeito dos benefícios e características superiores de seu produto, como:

    a) melhor efeito terapêutico;

    b) menores efeitos colaterais;

    c) melhor relação custo-efetividade;

    d) posologia mais cômoda;

    e) melhor qualidade de vida;

    f) maior sobrevida (no caso de produtos para doenças terminais);

    g) melhor sabor (principalmente para pacientes pediátricos);

    h) apresentação com quantidade de medicamentos suficiente para completar o tratamento.

- Combater as informações da concorrência.
- Gerar interesse na utilização do produto.
- Construir uma imagem corporativa favorável.

- Estabelecer uma reputação frente ao médico para o aumento das vendas ou mesmo como plataforma para futuros lançamentos.

MATERIAL PROMOCIONAL

Quando o profissional do marketing farmacêutico for elaborar um material promocional, ele deve levar em conta as seguintes abordagens:

Abordagens Racionais

a) Apelos do produto

1) **Econômicos:** Considerando o que foi dito a respeito do custo do produto, este fator deve ser trabalhado sempre associado a algum outro fator tangível, como a eficácia, menores efeitos colaterais ou apresentação do medicamento.

2) **Inovação:** Inovação pertence à tradição dentro da propaganda dos laboratórios. Empresas que possuem a imagem de inovadoras têm uma clientela muito fiel na classe médica.

3) **Diferenciação:** Esta é a base da mensagem para os médicos. As características diferenciadas do seu produto frente à concorrência. Mesmo que seu produto seja um genérico ou um similar, sempre é possível realizar uma diferenciação em seus serviços, tudo dependendo do seu "arsenal" de informação sobre os seus clientes mais importantes.

4) **Aprovação:** O produto ganha muita credibilidade se ele já foi utilizado por um número grande de profissionais no país ou mesmo no exterior. As empresas no mercado brasileiro vêm percebendo que o desenvolvimento de estudos e experimentações de seus produtos no Brasil aumenta ainda mais as suas vendas, pois as características da população brasileira diferem muito da população americana ou europeia.

b) Apelos do uso clínico

1) **Segurança:** Segurança é uma consideração primária da classe médica. Muitas vezes um medicamento não é utilizado devido aos seus efeitos colaterais.

2) **Resposta terapêutica:** Este fator está intrínseco na prescrição. É usada geralmente a mensagem da taxa com o tempo de resposta.

3) **Estudos clínicos:** Um produto que possua muitos estudos clínicos publicados tem uma credibilidade muito maior para os clientes. Os estudos clínicos expressam o interesse do meio médico na droga e a percepção de um aprimoramento constante de sua utilização e indicação.

c) *Abordagens não-racionais*

1) **Empatia:** Empatia é a participação dos sentimentos ou ideias de outra pessoa. Os representantes e as pessoas com contato mais próximo aos médicos devem se empenhar em conquistar a empatia e, consequentemente, a credibilidade.

2) **Humor:** Uma propaganda realizada com senso de humor torna a mensagem mais agradável, embora esta abordagem não deva ser excessiva ou invasiva. O humor deve vir naturalmente com o aumento do relacionamento.

3) **Curiosidade:** Como a atualização constante é necessária para o sucesso de um médico, a sua curiosidade também é muito desenvolvida. É prioritário que a propaganda consiga despertar a curiosidade para que exista o interesse na utilização da droga.

4) **Valorizar o ego:** Mesmo que um médico não seja uma referência em sua especialidade, ele deve ser tratado como se fosse. A valorização deste profissional pode acabar resultando na utilização de seu produto, que será de vital importância na cobertura de suas metas de vendas.

Outras estratégias diferenciadas utilizadas pela indústria farmacêutica

São as seguintes as principais estratégias de sucesso utilizadas pela indústria farmacêutica:

1) Amostras grátis

Até hoje a utilização de amostras grátis representa uma estratégia de sucesso para muitas empresas.

Estratégias de Diferenciação Utilizadas pela Indústria Farmacêutica

Amostras grátis	Diferenciação em congressos	Médicos no treinamento dos representantes
Pesquisa clínica focada	Telemedicina	Aprimoramento pessoal do médico
Ações de comunicação	Reuniões regionais	Internet "Portal"

Vantagens
- Promove a massificação da marca.
- Gera experimentação.
- Aumenta o "Share of Mind" do produto pela classe médica e pelos pacientes.
- Facilita o trabalho do representante, devido ao mercado de propaganda estar há muito tempo associado à entrega de amostras.

Desvantagens
- Custo alto.
- Estratégia fraca, caso não existam suporte de serviços, informações técnicas ou problemas de orçamento.

2) *Estudos clínicos/Percepções sobre a utilização de produtos*

Dentro dos apelos não-racionais, citamos a valorização do médico. Ao ser convidado para estar participando de um estudo clínico, o médico adquire um *status* importante em sua classe e tem um contato profundo com os efeitos terapêuticos de sua droga, gerando comentários para toda a classe médica.

Além disso, sua empresa/linha de produtos adquire o *status* de "compromisso com a inovação" e preocupação com o tratamento unindo "eficácia com menores efeitos colaterais", algo muito positivo para a empresa.

Alguns cuidados dos profissionais de marketing no momento de introduzir uma pesquisa clínica no mercado são necessários:

- Seleção dos principais centros de pesquisa do país ou dos médicos que realmente têm expressão no meio e realmente levam a sério a introdução, a administração e o acompanhamento dos pacientes.
- Seleção de clientes potenciais ou fiéis para ingressarem na pesquisa para não gerar problemas de relacionamento.
- A pesquisa deve ser direcionada para o posicionamento do produto, ou seja, para a maneira pela qual a empresa quer que seu produto seja reconhecido e diferenciado.
- Acompanhamento muito próximo do marketing com o departamento médico e seus monitores da pesquisa.

3) Participação em reuniões ou congressos médicos

Os congressos estão entre as principais maneiras que a classe médica dispõe para se atualizar e trocar experiências com outros profissionais.

Algumas atividades podem ser feitas nesse sentido:

- Convite para participar de congressos médicos nacionais e internacionais, onde o seu medicamento vai estar sendo exposto, seja no *stand* de vendas, seja através de simpósios-satélites ou eventos específicos.
- Convite para ser um *speaker* da empresa, onde o médico vai entrar em contato com todos os estudos clínicos e as mensagens-chave.
- Convite para congressos e reuniões promovidos pela própria empresa, tanto como palestrante como congressista.
- Convite para participação em um *advisory board*, onde ele poderá expor suas opiniões sobre as estratégias da empresa, ao mesmo tempo que entra em contato com diversas informações envolvendo o seu produto.

Vantagens

- Validação da promoção que os laboratórios pretendem realizar, minimizando possibilidades de erro.
- Maior relacionamento com os formadores de opinião.
- Maior credibilidade nas informações disponibilizadas.

Desvantagens

- Geralmente os mesmos médicos que participam do seu *advisory board* são parceiros de outras empresas.
- Estes médicos não necessariamente considerarão seu produto melhor devido a sua participação como conselheiro.

4) Telemedicina

Uma maneira mais econômica de atingir um público heterogêneo de médicos é através da telemedicina. A ferramenta se baseia em um sistema onde é possível vários médicos em diferentes locais do país estarem assistindo em tempo real a uma palestra/curso através da transmissão via satélite. Esta estratégia tem se mostrado mais econômica do que patrocinar 400, 600, mil médicos, além de passar a ideia de inovação.

Mesmo esta atividade sendo pouco utilizada, acredito que, com a redução dos investimentos promocionais e a crescente necessidade de aumentar e pulverizar o receituário, a telemedicina representará uma estratégia interessante.

5) Reuniões regionais

Com o passar do tempo, as empresas estão percebendo que os "megaeventos" patrocinados por elas em locais paradisíacos possuem baixo custo-benefício/venda, pois como os médicos já estão "viciados" em estarem viajando pela indústria, estes eventos acabam se tornando mais um turismo do que um evento científico.

O que está realmente dando retorno são os chamados EVENTOS REGIONAIS. Estes eventos são realizados em cidades com certa expressão dentro da especialidade-alvo e são convidados para serem os palestrantes um médico da região e outro médico da capital do estado ou formador de opinião.

Convidando estes dois perfis médicos a empresa consegue:

- Aumentar o relacionamento com os médicos de cada região que são influenciadores do meio.
- Aumentar o relacionamento com os formadores de opinião devido à ajuda do laboratório para aumentar a extensão do nome do mesmo entre outros médicos.

- Aumentar o número de médicos que irão assistir à palestra devido à maior facilidade de locomoção.
- Complementar o trabalho do representante em cada região, na parte técnica e no relacionamento, já que estarão presentes num mesmo local muitos médicos de seu cadastro.
- Custo muito reduzido para a infraestrutura do evento, necessitando apenas de material de apresentação e uma sala de reunião para 30 a 50 pessoas (número maior do que 50 pode prejudicar a retenção da mensagem).

6) Complementação do treinamento

Convide o médico para proferir palestras para a força de vendas, participando até mesmo das reuniões de ciclo. Desta forma haverá um envolvimento com a estrutura da empresa, sendo mais uma forma de ele entrar em contato com as informações do seu produto.

Vantagens

- Melhora a qualidade da propaganda.
- A propaganda acaba sendo direcionada para as reais necessidades médicas dentro de cada especialidade.
- Passa a credibilidade e o compromisso do laboratório com a qualificação de sua força de vendas.
- Realiza ajustes finos na estratégia central.
- Aumenta o relacionamento com outro grupo de médicos.

7) Aprimoramento profissional

Vários cursos e palestras estão sendo utilizados com uma resposta muito positiva da área médica:

- *Mídia training:* Como o médico deve falar quando conceder uma entrevista.
- *Oratória:* Algumas vezes os médicos têm muito conhecimento mas têm certa dificuldade em se expressar em público. Este curso visa corrigir este problema.
- *Administração de clínicas:* Como o médico pode otimizar a administração de sua clínica e de seus funcionários.
- Aprimoramento de residentes.

Os residentes pertencem a um grupo de médicos muito interessante para os laboratórios, pois:
- Possuem maior "permeabilidade" para novas informações.
- Geralmente são médicos que arriscam mais.
- O conceito de que os laboratórios são uma "instituição financeira" ainda não está muito consolidado.

8) Utilizando o Departamento de Comunicação da empresa

Uma Comunicação Corporativa eficiente pode mudar o rumo de uma empresa. Pode transformar a empresa num grande sucesso de mercado ou pode acabar com ela, mesmo que tenha bons produtos ou serviços.

Uma pesquisa do SEBRAE aponta que apenas 0,03% das micro e pequenas empresas investe em Comunicação no Brasil. Este dado impressionante nos mostra o grau de despreparo das empresas. Muitas nascem da vontade de empreender de uma pessoa ou mesmo de uma necessidade momentânea, pois ao perder um emprego, a pessoa vê como única saída investir no seu próprio negócio, devido às dificuldades impostas pelo mercado na hora da recolocação deste profissional.

Nestes casos, falta conhecimento da empresa de que não basta ter um bom produto ou serviço. É necessário saber comunicar isto ao mercado. Na maioria das vezes, o empresário acaba investindo somente em publicidade por não conhecer as inúmeras possibilidades que uma Comunicação Corporativa eficiente pode gerar.

Uma boa Estratégia de Comunicação Corporativa pode, externamente, ajudar a posicionar a empresa junto aos seus potenciais clientes e, internamente, motivar os próprios colaboradores a uma ação mais produtiva. Toda vez que a empresa onde este colaborador trabalha é citada nos veículos de comunicação, a sua satisfação é tão grande quanto a do próprio empresário. E esta satisfação resulta numa maior produtividade, pois todos gostam de trabalhar numa empresa que tem visibilidade no mercado e goza de um bom conceito.

Na pesquisa citada acima, foi identificado que existem vários mitos que impedem os empresários de investir em comunicação. Acreditar que a comunicação é somente para as grandes empresas é o principal deles.

Hoje, isto não é verdade, pois com a Internet pequenas empresas conseguem ter espaços nos veículos, independentemente se são grandes anunciantes ou não. O que importa neste caso é se a comunicação desta empresa irá trazer algo de novidade para o mercado. Na própria pesquisa constatou-se que uma empresa só será grande se souber utilizar a Comunicação Corporativa como aliada da sua Estratégia Empresarial.

Uma boa comunicação pode ajudar a construir a reputação de uma empresa, a posicionar a "marca" na mente do consumidor, a agregar valor ao produto e ao negócio, a oferecer informações da empresa ao mercado e a gerar atitude favorável dos diversos segmentos de público para as suas iniciativas.

Dentro da Comunicação Corporativa, a empresa precisar ter em mente que ela só irá funcionar se atingir todo o seu público-alvo. A Comunicação Institucional, interna e a de marketing são ações que necessitam estar integradas, visando manter a uniformidade. Muitas vezes observamos determinada empresa utilizar formas diferentes de comunicação, até com vários fornecedores. Isto acaba confundindo a mente do consumidor.

Ao optar por investir em Comunicação Corporativa, a empresa precisa definir quem será responsável pela produção desta comunicação. Qual será a frequência desta comunicação, evitando que o mercado receba muita informação que, embora importante, pode se tornar "comum" no meio de tantas "novidades" enviadas a esses veículos. E, principalmente, de que forma a empresa irá medir o resultado desta comunicação. É importante saber qual o impacto que esta comunicação está causando no mercado, seja um impacto negativo, positivo e/ou neutro.

É importante ressaltar que, muitas vezes, notícias do seu segmento, como pesquisas de mercado, eventos, artigos e lançamento de produtos inovadores, poderão gerar uma exposição tão grande que o retorno será muitas vezes superior à publicidade que a empresa costuma utilizar com grandes investimentos. Para alcançar este sucesso, basta a empresa saber utilizar de forma correta esta comunicação.

RESPONSABILIDADE SOCIAL X RESPONSABILIDADE CORPORATIVA

Um problema que deve ser levantado é a falta de entendimento sobre o tema Responsabilidade Social. Existe diferença para Responsabilidade Corporativa?

A análise mais frequente é que as empresas têm exercido sua Responsabilidade Social ou sua cidadania através de parcerias com ONGs ou apoio a projetos desenvolvidos pelas mesmas. Também se observa, ao lado do enorme crescimento de ONGs e entidades não-governamentais, uma proliferação de fundações e institutos de empresas com essa mesma finalidade, ou seja, projetar e estruturar investimentos sociais. Assim, as empresas entendem que estão fazendo seu papel de contribuir positivamente na busca da transformação da sociedade. Seria isto Responsabilidade Corporativa?

A questão é que parece que esta confusão interessa a ambos os lados. O crescimento de organizações não-governamentais não significa apenas entidades idôneas cujos fins são apenas benevolentes. Significa um contingente de pessoas que perceberam que este é um ótimo caminho para oferecer serviços com impostos mais baixos e, por fim, ter uma boa desculpa para buscar recursos onde eles existem – na iniciativa privada.

Por outro lado, há as empresas que ainda não entenderam, ou não querem entender, que responsabilidade não significa doação ou terceirização de investimento social. Significa, sim, GESTÃO, ATITUDE.

Significa estarem atentas ao consumo de insumos, buscarem, constantemente melhorar seus processos e seus produtos e adequá-los à realidade ambiental, cuidarem dos relacionamentos para que eles sejam frutíferos e construtivos para todos os partícipes, serem éticas e transparentes para garantir que poderão continuar a exercer seu papel no futuro, trabalhar para garantir a sustentabilidade de seu negócio e ao mesmo tempo do ambiente e da sociedade em que estão inseridas.

No entanto, ao invés de estarem empenhadas em seguir por esse caminho, algumas empresas preferem acreditar que são responsáveis e cidadãs através da criação de um instituto que terceiriza os seus investimentos sociais e apoiam organizações e projetos sociais e/ou ambientais.

É evidente que o terceiro setor traz muitos benefícios à sociedade e existe muito espaço para o trabalho de muitas destas entidades, bem como para as fundações e institutos oriundos de empresas. O trabalho de entidades sérias e críveis é muito bem-vindo e necessário, principalmente num país com tantas carências e sem políticas públicas claras e o imprescindível apoio financeiro. Certamente a abundância de recursos está na iniciativa privada, que não pode e nem deve se eximir, em especial se escolher campos de atuação afins com o negócio da empresa. No entanto, é im-

Capítulo IV - Planejamento Estratégico: Objetivos e Diferenciação

portante ficar bem claro que isso não é Responsabilidade Corporativa e que nem é só por esse caminho que as empresas encerram seu exercício de cidadania.

Infelizmente esse tipo de atitude, não inserida num contexto mais amplo e estratégico, apenas tira o foco do que realmente é importante e das ações que efetivamente levariam a sociedade, o planeta e as pessoas a uma transformação positiva. Também impede que as empresas olhem para esse assunto com a devida importância, uma vez que passam a acreditar que já estão fazendo seu dever e não percebem que estão incorrendo em riscos futuros irreversíveis e perdendo grandes oportunidades de negócio.

Oportunidades de perceber nichos de mercado, de conhecer melhor o cliente, de ter fidelidade e relacionamento de parceria com fornecedores e colaboradores, de inovar em processos e produtos que podem reduzir custos e criar novos mercados. Sustentabilidade é um assunto estratégico e a Responsabilidade Corporativa é o caminho de gestão que leva a empresa a ser sustentável.

Não se enganem: fundações, institutos e maravilhosos projetos sociais não eximem a empresa de sua responsabilidade – Responsabilidade Social não é Responsabilidade Corporativa.

Ações Diferenciadas Promovidas pela Área de Comunicação

Algumas ações diferenciadas que estão sendo realizadas e que vêm obtendo sucesso são:

a) Ações conjuntas com hospitais para melhoria da qualidade de vida dos pacientes

Alguns projetos voltados para o paciente começam a ser implementados nos principais hospitais, visando uma integração maior entre a equipe multiprofissional e os pacientes. Estes projetos são formatados geralmente na forma de palestras informativas, onde os médicos explicam de uma maneira clara quais as perspectivas dos pacientes em determinada doença, esclarecendo as suas principais dúvidas.

Além dos médicos, outros profissionais, como farmacêuticos, enfermeiros, psicólogos, nutricionistas, etc., explicam aos pacientes, dentro de cada competência, as atividades e condutas necessárias para que tenham uma melhor qualidade de vida e relacionamento com a sociedade.

Outra abordagem muito interessante é a participação de personalidades da sociedade, como políticos, atores ou cantores que tiveram a doença e a superaram, mostrando a todos os presentes que eles não estão sozinhos nesta caminhada e que não podem perder a esperança. Estas personalidades são consideradas pela maioria das pessoas como referências da sociedade e, como tal, o seu exemplo significa uma injeção de ânimo em todas elas.

Os pacientes geralmente recebem antes do evento folhetos informativos e/ou brindes, confeccionados pela própria indústria farmacêutica, contendo dicas importantes de alimentação, recomendações sobre somo deve ser conduzido o seu tratamento, orientação de como se relacionar com as pessoas dentro de uma nova realidade de vida, etc.; materiais sempre formatados com o objetivo de motivar as pessoas para uma nova vida, com dignidade e qualidade.

Estas atividades geralmente melhoram muito o relacionamento da empresa com os médicos e outros profissionais daquela instituição, abrindo muitas portas para futuras negociações.

b) Ações conjuntas com associações de pacientes e Governo

Outra atividade que vem despertando a sociedade são as atividades que ocorrem durante o ano e abordam determinado assunto de interesse social, como o Dia da Mulher, Dia Nacional do Câncer, Semana do Diabetes, etc.

Estes eventos mobilizam um grande número de pessoas e é importante que a empresa mantenha ou estabeleça uma parceria, pois melhora sua imagem e a de seus produtos perante a comunidade, mostrando à sociedade que a empresa está se empenhando em prover melhores condições às pessoas, assumindo seu papel de instituição voltada à saúde.

c) Inserção de informações da empresa e dos produtos no rádio, na televisão e nos jornais

Estes ainda são os meios de comunicação mais acessíveis à população, e é imperativo que as empresas os utilizem com uma certa regularidade.

Para se obter sucesso nesta área alguns pontos são importantes:

a) A contratação de uma assessoria de imprensa competente é o principal ponto de partida para se obter sucesso, pois é ela que vai conseguir as matérias e entrevistas nos principais veículos de cada região.

b) Todas as informações que forem narradas ou publicadas têm que ser abordadas eticamente, embasadas por informações comprovadas. Um cuidado nesse sentido é selecionar alguns dos principais formadores de opinião da especialidade-alvo e transformá-los em *speakers* potenciais da sua empresa para a mídia. Esta capacitação é realizada através de cursos de oratória e cursos específicos de como se comportar frente às câmeras.

c) Um ponto essencial que geralmente é deixado de lado é a orientação dos *speakers* a respeito das mensagens-chave a serem citadas sobre os seus produtos, que vão despertar o interesse da população para a sua empresa ou produto.

d) As pessoas responsáveis pela comunicação da empresa devem estar muito bem informadas sobre todos os congressos e seminários em que a empresa vai participar para que eles consigam agendar com antecedência a cobertura de todos estes eventos.

d) Informação da empresa e dos produtos para os funcionários

Não é incomum os próprios funcionários não estarem informados sobre os produtos que são comercializados pela sua empresa. Precisamos entender que nossos funcionários são também um grande meio de divulgação de nossa empresa e de nossas marcas.

Quando alguém nos pergunta onde trabalhamos e dizemos: "Trabalhamos na empresa 'x'", a próxima pergunta é: "quais são os produtos de sua empresa?". Neste momento, os funcionários têm que ter informações completas e precisas sobre quais são e para que são indicados os produtos, pois, dependendo do relacionamento destas pessoas, a empresa tem sua credibilidade muito aumentada.

Algumas informações importantes e que devem ser divulgadas:

- Os produtos e suas indicações.
- Quais os futuros lançamentos e o que eles representarão no contexto médico.

- Participação da empresa em eventos sociais (McDia Feliz, Campanha do Dia da Mulher, etc.).
- Como ter acesso ao produto (farmácia, hospital, distribuidora, etc.).
- Como atua cada departamento.

Os funcionários precisam acreditar e visualizar um futuro promissor da sua empresa para poderem repassar estas informações para o seu meio social. Toda empresa deve começar sua orientação de marketing voltada ao consumidor interno. Os nossos funcionários sempre serão os nossos principais clientes. Não podemos nos esquecer disso.

ATIVIDADES DE MÍDIA NEGATIVAS

Atualmente percebemos que algumas atividades, que anteriormente obtinham certo sucesso no mercado, são percebidas pelos principais clientes das indústrias, os médicos, como ferramentas insuficientes e até mesmo sem credibilidade para incremento de vendas de um produto. São elas:

a) Anúncio em revistas

Independente da origem da revista, esta prática vem perdendo muita força nos últimos tempos, principalmente agora que os gerentes de produtos e marketing possuem sua verba promocional cada vez mais limitada.

Está comprovado que dificilmente um profissional médico presta atenção no anúncio da empresa, sendo que o interesse deste profissional está todo voltado para as matérias técnicas. Com os diversos empregos a que se submete, ele precisa de informações rápidas e objetivas para o desenvolvimento de seu conhecimento e para a resposta de seus problemas.

Este fato é agravado quando a revista não é reconhecida no meio médico ou não está ligada a qualquer instituição de renome.

b) Utilização de *outdoors*

Esta ferramenta é justificada somente se o produto for vendido sem receituário, os chamados OTCs, ou se a empresa busca uma comunicação institucional dele. Mesmo assim, em conversa com alguns médicos e também com algumas pessoas que trabalham na área de saúde, foi citado que a memorização de uma mensagem institucional divulgada num *outdoor* é muito pequena, pois não existe um retorno associado.

Esta mídia, além de ser questionável, consome dos laboratórios uma verba considerável, associando o trabalho da agência e o aluguel dos espaços estrategicamente localizados.

9) Utilizando a Internet

Desenvolvendo *sites* específicos para cada especialidade, inclusive a residência, abordando desde temas gerais até trabalhos clínicos importantes.

O conceito de "PORTAL" está aumentando gradativamente dentro do desenvolvimento dos *sites* voltados aos médicos. O objetivo do Portal é possibilitar ao médico, em um mesmo espaço, conseguir todas as informações importantes para o seu dia a dia, desde a parte técnica/científica até informações sobre viagens, banco etc.

Gerenciamento da Promoção

Todas estas atividades devem estar dentro de um contexto gerencial que precisa conter as seguintes características:

- O planejamento promocional deve ser feito com um período mínimo de 12 meses de antecedência, para que possam ser reconhecidos os congressos, simpósios e outros eventos dos quais a empresa pode estar participando.
- Na estratégia promocional devem estar contemplados os possíveis lançamentos de novas apresentações ou mesmo de novos estudos clínicos que serão inseridos no mercado.
- Os planos promocionais devem ter uma prioridade de atividades, pois durante o período pode haver algumas circunstâncias que exijam uma diminuição desta verba promocional.
- A comunicação da empresa e dos produtos deve ser planejada com antecedência, para que não existam problemas de última hora. O contato com os fornecedores com antecedência é muito importante, juntamente com o calendário de eventos.
- Todas as atividades promocionais devem ter um sistema de medição relacionado a:
    - ✓ satisfação dos médicos em relação à promoção (material, eventos etc.);
    - ✓ retorno da promoção sobre as vendas.

Modelo de Controle do Investimento Promocional

ATIVIDADES	Q1				Q2				Q3				Q4				Total Ano
	Jan.	Fev.	Mar.	Total	Abr.	Mai.	Jun.	Total	Jul.	Ago.	Set.	Total	Out.	Nov.	Dez.	Total	
SUPORTE AO CAMPO																	
Ajuda visual																	
Monografia																	
Mat. educacional enfermagem e farmacêuticos																	
Advisory board																	
Agência propaganda																	
Outros																	
Amostras																	
EVENTOS PROMOCIONAIS																	
Eventos Locais																	
Meetings																	
Simpósios																	
Stands																	
Viagens																	
Outros																	
Eventos Nacionais																	
Meetings																	
Simpósios																	
Stands																	
Viagens																	
Outros																	
Eventos Internacionais																	
Viagens																	
Outros																	
EVENTOS FOCADOS NO TREINAMENTO																	
PESQUISA CLÍNICA																	
SUBTOTAL																	
PROGRAMAS FORMADORES DE OPINIÃO																	
PROGRAMAS INSTITUCIONAIS																	
SUBTOTAL – COMUNICAÇÃO																	
TOTAL																	

Implementação e Controle das Estratégias

Implementar uma estratégia de marketing envolve colocá-la em prática de acordo com uma programação predefinida. Mesmo as mais cuidadosas estratégias desenvolvidas frequentemente não conseguem respeitar rigorosamente um cronograma. Em alguns casos a empresa deve estar preparada para ajustar a estratégia central devido a mudanças no ambiente competitivo. O controle dos resultados da estratégia pode ser feito de várias maneiras:

- **Saídas a campo com o representante coletando informações dos médicos contatados:** Todo profissional de marketing deve ser avaliado pelas vezes em que ele sai com o representante. É comum o gerente de produtos ou marketing argumentar que não encontra tempo hábil para tal atividade. Os representantes respeitam muito mais uma pessoa de marketing quando ela se coloca à disposição do campo para ajudá-lo em suas necessidades. Da mesma maneira, as estratégias possuem maior adesão quando existe esta interação pessoal.

- **Pesquisas realizadas por empresas especializadas:** Algumas vezes as pesquisas realizadas pelos representantes possuem alguns vieses que prejudicam a análise. Neste caso, são contratadas empresas especializadas em pesquisa de mercado para levantamento de dados qualitativos ou quantitativos. A indústria farmacêutica geralmente trabalha com pesquisas QUALITATIVAS, pois sua intenção não é ter um censo, mas um sinalizador para elaborar, implementar ou ajustar as suas estratégias.

- **Pesquisas realizadas pelos médicos parceiros participantes do *advisory board*:** Estes médicos podem fazer uma validação mais apurada dos processos e atividades da empresa.

- **Pesquisas de opinião após cada evento médico da empresa:** Após cada evento médico é importante que seja realizada um pesquisa para saber como foi a participação da empresa, o retorno de suas atividades e o que mais poderia ser feito.

  Mais uma vez... TODA ATIVIDADE DE MARKETING PRECISA TER UMA FORMA DE MENSURAÇÃO PARA SABER SE A ESTRATÉGIA ESTÁ CORRETA.

- **Opinião de compradores de hospitais e clínicas:** Como o preço representa cada vez mais uma preocupação de hospitais e de algumas clínicas que compram o medicamento, é importante verificar a PERCEPÇÃO DOS COMPRADORES sobre os serviços, o preço e os diferenciais de sua empresa frente aos concorrentes. Eles podem representar a diferença para a entrada e permanência de seu produto na instituição.

- **Opinião de farmacêuticos e enfermeiros sobre a ação e utilização de sua droga:** Os farmacêuticos estão consolidando sua participação no mercado farmacêutico, atuando fortemente na padronização e manipulação de grande parte dos medicamentos.

  Os enfermeiros, por sua vez, são os profissionais que mais entram em contato com o paciente, conhecendo as suas reclamações e os efeitos colaterais da maioria dos medicamentos. É comum, na escolha de determinado produto dentro dos hospitais, os médicos estarem solicitando a avaliação dos enfermeiros no processo.

  O trabalho voltado para estes dois profissionais aumenta as chances de padronização/entrada do seu produto em uma instituição; e mesmo após a sua introdução nunca devemos nos esquecer deles, pois caso exista qualquer problema com o seu medicamento eles podem, de acordo com o seu relacionamento com a empresa, ligar para você e relatar o problema pedindo uma solução ou, simplesmente, retirar o produto de uso.

- **Reunião com operadoras de saúde:** As operadoras de saúde dominam o mercado médico, portanto é muito importante que os laboratórios tenham uma parceria muito próxima com estas empresas. Elas podem passar as tendências na utilização de medicamentos por patologias, custos envolvidos, problemas enfrentados pelo convênio com os laboratórios... enfim, os laboratórios estão começando a ficar atentos à influência das operadoras de saúde e alocando profissionais para a realização de um trabalho focado nestas empresas.

- **Relatórios de vendas da própria empresa:** Estes relatórios devem sempre ser comparados com outras auditorias que possuem dados da concorrência, tanto em receituário como em dinheiro.

CAPÍTULO V
ESTRATÉGIAS DE MARKETING PARA FARMÁCIAS E DROGARIAS

O setor de varejo, onde encontramos as farmácias e drogarias, representa um importante segmento para a atuação do profissional de marketing devido a uma série de mudanças significativas:

- Progressiva comoditização no varejo.
- Em vários ramos, a infidelidade é a "regra".
- As lojas são visitadas de forma rotativa, dependendo de estímulos momentâneos, de experiências de compra recentes ou da conveniência do momento.
- Buscar aumento do *share of wallet*.
- O varejista precisa, mais do que nunca, diferenciar-se em um mundo de similaridade e de consumidores cada vez mais racionais.
- Mudar de *share of mind* para *share of client*.
- Diminuição drástica dos estoques.
- Guerra acentuada por preços cada vez menores, forçando os administradores a uma gerência altamente voltada a resultados rápidos.
- Participação crescente das distribuidoras com vantagens competitivas.

Todos estes fatores trazem à tona a necessidade de um foco ainda maior nas estratégias de marketing, já que investimentos do passado têm dado lugar à otimização de custos.

Com a melhora da situação econômica do país, o setor de varejo vem percebendo que é muito difícil conquistar a exclusividade de compra de um cliente, principalmente daquele que possui acesso ilimitado a informação, mas que é altamente viável aumentar o tempo de fidelidade deste cliente através de novos produtos e serviços.

A pergunta inicial para um planejamento eficaz é muito simples: "Qual o hábito de compra deste meu cliente quando vai comprar o meu produto?".

Para podermos voltar nossa discussão para o setor de farmácias, é importante conhecermos as suas tendências:
- Franquias, associativismo.
- Oferecimento de novos serviços para aumentar a fidelização.
- Vendas *online*.
- *Delivery*.
- Treinamento intenso dos funcionários.
- Atenção farmacêutica.
- SAC ativo e passivo.
- Preocupação cada vez maior com o ambiente da farmácia, local de atendimento.
- Cuidado maior com a margem da empresa.
- Encarar o paciente como cliente, mas com bom-senso.
- Informação ganha força estratégica fundamental.
- Importância crescente de balconistas e farmacêuticos para a indústria farmacêutica.
- As farmácias começam a entrar no conceito de qualidade de vida e com isso acabam disponibilizando os mais variados tipos de produto, de chás a CDs de músicas para relaxamento.

Uma pesquisa realizada em algumas das grandes redes de farmácia e farmácias independentes de São Paulo revelou dados muito interessantes que merecem um comentário crítico de seus resultados:

> **As classes A e B representam +/– 60% do universo dos consumidores. As classes A e B juntas representam 63% do universo de consumidores das redes.**

Mesmo com a entrada dos genéricos, o acesso aos medicamentos está concentrado nas mãos das classes mais favorecidas. Para este público a introdução de serviços de fidelização vale a pena, pois ele está sempre comparando e se informando sobre as melhores ofertas disponíveis.

> **Nas farmácias independentes existe um equilíbrio entre as classes AB e CD com 50% para cada.**

Como as farmácias independentes se concentram principalmente nas periferias, existe um equilíbrio entre as classes.

> **Nas redes, 69% do total de consumidores têm nível universitário, enquanto que nas independentes não ultrapassa 45%.**

A transparência e o acesso às informações representam fator crítico de suceso para este público.

> **Como no supermercado, as mulheres são as grandes responsáveis pela compra dentro de uma loja, com mais de 60% de participação.**

Nos últimos anos, o número de mulheres no mercado de trabalho aumentou devido à necessidade de complementar a renda familiar e também à busca por satisfação profissional. Com este crescimento algumas características das estratégias também mudaram:

- Mensagem focada para o lado sentimental.
- Qualidade indiscutível.
- Foco em produtos para crianças.
- Estética dos produtos.
- Informação detalhada na embalagem dos produtos.

> **Setenta e dois por cento dos compradores das redes têm como origem a residência ou o trabalho. Nas independentes, residência e trabalho têm uma importância de 80%.**

A compra por conveniência está muito relacionada à localização e possui importância fundamental na hora da compra. Por outro lado, isto significa que a diferenciação das farmácias na mente do consumidor ainda é baixa.

> **Cinquenta por cento dos clientes de redes percorrem menos de 1 km para comprar. Nas independentes, 76% do público percorrem menos de 1 km de distância. Setenta e oito por cento dos clientes de rede vão às lojas a pé ou de carro. Nas independentes 72% dos consumidores vão à loja a pé.**

A área de abrangência de uma farmácia é pequena, ou seja, é necessário direcionar seus esforços na manutenção dos seus clientes. Outra análise interessante destes dados é o direcionamento dos investimentos. Não é necessário comunicar sua farmácia fora desta área de abrangência.

> **Noventa e três por cento dos consumidores compram pelo menos uma vez no mês. Vinte e três por cento dos clientes de rede compram no mínimo uma vez por semana.**

Este fato se deve principalmente aos tratamentos crônicos dos pacientes acima de 40 anos. Este dado é muito interessante quando trabalhamos com um BANCO DE DADOS adequado que nos permite diferenciar nosso atendimento e serviços prestados.

> **Nas independentes o grande diferencial é o atendimento em geral.**

Metade dos clientes pede alguma informação aos balconistas ou farmacêuticos. O atendimento e, atualmente, o conceito de ATENÇÃO FARMACÊUTICA representam importantes ferramentas de diferenciação e fidelização dos clientes. A distribuição dos produtos internamente na farmácia pode ser a diferença entre uma compra maior ou menor.

> **O tempo médio gasto no caixa para 95% dos consumidores de rede é de até 4 minutos. Nas independentes, 5% dos consumidores ficam menos de um minuto e outros 5% ficam mais de 5 minutos. Existe nas redes, em algumas categorias, um percentual de 20% de compra por impulso.**

Compras por impulso são realizadas, na maioria das vezes, com produtos localizados próximos ao caixa. Uma diferenciação no atendimento também aumenta o tempo na loja.

> **Setenta por cento das compras realizadas nas farmácias são pagos com cheque ou dinheiro. O pagamento com cheque pré-datado é uma prática adotada tanto pelas redes como pelas farmácias independentes.**

A forma de pagamento é mais importante do que o preço final de um medicamento, principalmente nos tratamentos onde o cliente utiliza mais de um medicamento.

> **O uso de um cartão de desconto/fidelidade atinge quase 50% dos clientes de rede.**

A prática do cartão fidelidade vem sendo muito utilizada pelas farmácias como forma de conhecer melhor os clientes e aumentar a entrega de serviços adequados. A forma de trabalhar com este cartão será discutida com maiores detalhes em parágrafos seguintes.

Para iniciarmos o planejamento estratégico da farmácia é necessário entendermos o universo estratégico deste segmento e desenvolvermos o *check list* de prioridades a serem analisadas:

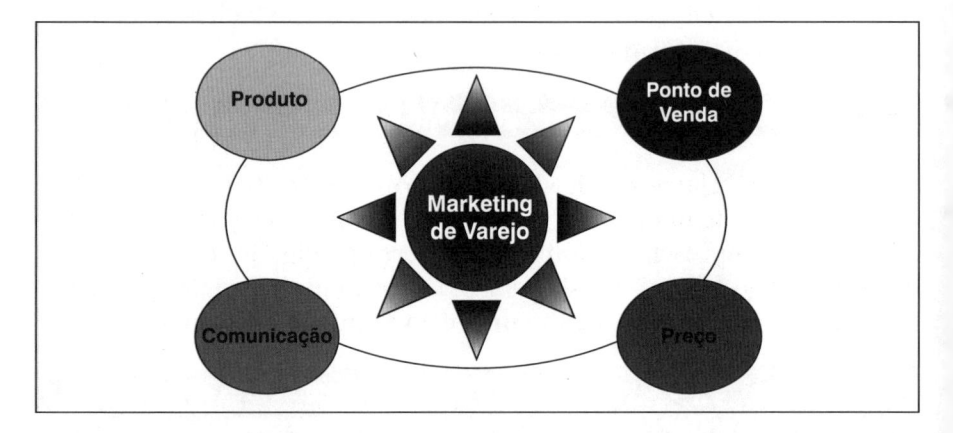

[Diagrama: Marketing de Varejo no centro, com Produto, Ponto de Venda, Comunicação e Preço ao redor]

Produto – Check List
- Meu estoque de perfumaria é amplo e variado?
- Trabalho com linhas de produtos difíceis de se achar nas redondezas?
- Tenho seções especiais para diabetes, perfumes importados, *skin care*, etc.?
- Invisto constantemente em treinamento da minha equipe em Farmacologia?
- Invisto constantemente em treinamento da minha equipe em Perfumaria?
- Realizo reuniões no mínimo semanais com minha equipe para planejamento do trabalho?
- Minha equipe trabalha uniformizada (em ótimo estado de uso)?
- Adoto formas de estímulo da equipe através de comissões para venda de produtos?
- Ofereço serviços únicos em minha loja, tais como teste de diabetes, atendimento pós-venda?
- Meu serviço de entregas é eficiente, uniformizado, bem treinado e com um bom visual?

Preço – Check List
- Trabalho com ofertas mensais (promoções)?
- Trabalho com uma diferença máxima de 10% do preço à vista para o preço a prazo?
- Trabalho com pelo menos dois dos principais cartões de crédito da minha praça?
- Trabalho com pelo menos dois dos principais sistemas de cheques eletrônicos da minha praça?
- Trabalho e comunico a utilização do cheque-pré?
- Trabalho com algum sistema de crédito pessoal para os clientes que não possuem cheque?
- Utilizo etiquetas de gôndolas em todos os produtos de autosserviço de minha loja?
- Gerencio o volume de cheques pré e o volume de cheques de inadimplentes?
- Invisto em propaganda (rádio, jornal, etc.), sempre divulgando ofertas e condições especiais?

Comunicação – Check List
- Distribuo algum tipo de comunicação nas redondezas da minha loja?
- Sempre mantenho faixas e *banners* de campanhas da rede limpos e bem esticados?
- Sempre utilizo materiais de decoração de loja (de campanhas) nos locais indicados?
- Se um cliente ligar para a operadora telefônica, irá conseguir encontrar meu nome-fantasia?
- Se perguntar a dez pessoas na minha área de abrangência sobre onde fica minha loja, elas saberão responder?
- Participo de eventos (como patrocinador) em minha comunidade?

Ponto de Venda – Check List
- O visual externo de minha loja está no padrão e destaca-a das outras lojas da rua?
- O visual interno da minha loja está no padrão e destaca-a das concorrentes?
- O *Back Light* (luminoso) da minha loja está no padrão e em ótimo estado de conservação?
- Existe som-ambiente na loja durante o período de trabalho?
- As gôndolas e prateleiras estão sempre limpas e sem pó?
- As gôndolas e prateleiras estão sempre bem abastecidas, mesmo após finais de semana?
- A sala de aplicação está sempre higienizada e bem organizada?
- O cliente sempre encontra vagas para estacionar com facilidade?
- O pagamento no caixa é sempre rápido e eficaz (raramente existem filas)?
- Exponho as mercadorias através de uma setorização mínima (ex.: fraldas + chupetas)?

Neste livro estaremos abordando dois temas de extrema importância para o sucesso no aumento do tempo de fidelização da farmácia:
- **Atendimento.**
- **Estratégias de Marketing/Merchandising.**

ATENDIMENTO

O atendimento adequado não somente dos clientes mas também de fornecedores, funcionários, parceiros, etc. deve ser o início de uma estratégia a longo prazo.

O conceito de "atendimento" deve estar presente em TODOS OS FUNCIONÁRIOS DA FARMÁCIA pois o ATENDIMENTO é a entrega com excelência de produtos e serviços para o cliente, de forma que lhe satisfaça plenamente seus desejos e/ou necessidades.

Quantas vezes deixamos de comprar em uma farmácia, mesmo com preços mais em conta, devido a um problema na abordagem dos funcionários. E a máxima de vendas até hoje permanece: "Conquistar um novo cliente é pelo menos cinco vezes mais caro que mantê-lo" e "75% dos clientes que voltam à farmácia é devido ao ATENDIMENTO".

O atendimento deve ser visualizado como um conceito muito amplo, que começa a partir do *Planejamento da Comunicação*, da *Localização da Empresa*, do *Layout* e *Distribuição dos Produtos* e, principalmente, do *Contato Pessoal*.

Planejamento da Comunicação

Existem duas partes: um emissor e um receptor. Um ou ambos enviam uma mensagem através de uma mídia.

Para que a comunicação seja eficiente, os emissores precisam conhecer as necessidades e desejos dos receptores. Os emissores devem ter habilidade de codificar a mensagem que reflita como a audiência-alvo tende a decodificá-la.

Eles devem desenvolver canais de *feedback* para que possam saber a resposta da audiência para a mensagem.

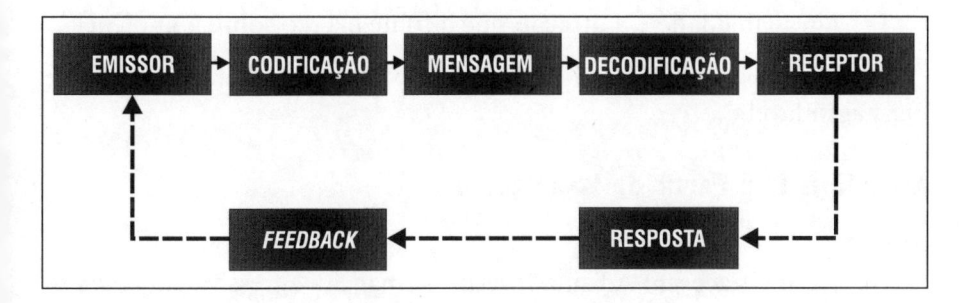

```
┌─────────────────────────────────────────────────────────────────────┐
│  [EMISSOR] → [CODIFICAÇÃO] → [MENSAGEM] → [DECODIFICAÇÃO] → [RECEPTOR] │
│      ↑                                                          │    │
│      |                                                          |    │
│      └────────[FEEDBACK] ←──────────── [RESPOSTA] ←─────────────┘    │
└─────────────────────────────────────────────────────────────────────┘
```

Uma pesquisa de marketing será exigida em cada estágio para: identificar audiências potenciais, segmentá-las, determinar suas necessidades de informação, desenvolver mensagens apropriadas e mensurar a resposta da audiência.

O comunicador deve tomar duas ações altamente importantes:

Desenvolvimento da mensagem

Uma mensagem ideal deve atrair a ATENÇÃO, captar o INTERESSE, despertar o DESEJO e obter a AÇÃO (processo conhecido como modelo AIDA). Na prática, poucos modelos levam o potencial cliente a atravessar todas as fases. A empresa deve, portanto, usar mensagens e tipos diferentes de comunicação em vários estágios do processo de comunicação.

Uma mensagem tem *conteúdo* e *formato*. A preparação do conteúdo exige conhecimento da audiência-alvo e o que a motivará a responder. Assim, o comunicador necessita selecionar um formato que atraia a atenção, desperte interesse e apresente a mensagem claramente.

Seleção dos atributos da fonte

O efeito de uma comunicação sobre uma audiência será influenciado pela forma como esta percebe o comunicador. As mensagens transmitidas por fontes altamente confiáveis serão mais persuasivas. Três fatores representam a credibilidade da fonte: **experiência**, **confiabilidade** e **agradabilidade**.

- Experiência é o grau pelo qual o comunicador é percebido como possuidor da autoridade necessária para o que está sendo divulgado.
- Confiabilidade representa a honestidade e a objetividade da fonte.

- Agradabilidade é a atração que a fonte exerce sobre a audiência.

Qualidades como sinceridade, humor e naturalidade tornam a fonte mais agradável.

Atendimento a Partir da Localização

Locais:

- **De fácil acesso:** Adianta investir de maneira agressiva em *banners*, faixas, etc., se sua empresa não possui estacionamento? Se está localizada em uma rua de difícil acesso? Se está longe de avenidas e/ou ruas de maior lembrança regional da população?
- **Seguros:** Mesmo que sua empresa esteja localizada em local de fácil acesso, em algum momento você pode ter interesse em abrir à noite, já que muitos clientes deixam para comprar neste período, quando voltam do trabalho. Um local reconhecido como violento certamente vai diminuir significativamente sua demanda de clientes.
- **Bem iluminados:** Existem locais com muitas árvores, "apertados" entre edifícios, onde a visualização da empresa é mais difícil. Na maioria das cidades enfrentamos poluição visual dos mais variados tipos, todos querem ser vistos e lembrados. Empresas na área de saúde precisam ser bem iluminadas para passar a imagem de limpeza, segurança, transparência e, evidentemente, facilitar a visualização. Tenha a fachada da sua empresa/loja sempre bem iluminada e limpa.
- **Bem sinalizados:** Nenhum cliente gosta de usar um "mapa" para chegar até uma empresa. Locais bem sinalizados quanto a estacionamento, indicação de direção da rua, etc. facilitam o acesso do cliente.
- **Próximos de circulação de ônibus, trem, metrô:** Não recomendo que você tenha sua empresa "bem em frente" ao ponto de ônibus, pois neste caso a visibilidade dela cai consideravelmente. Uma localização na mesma calçada do ponto de ônibus ou metrô aumenta a chance dos clientes entrarem em sua empresa.
- **Com alta circulação de pessoas pertencentes ao público-alvo da empresa:** Um estudo é muito importante antes de escolher o pon-

to para que conheça seu público-alvo. *Qual é a faixa etária, o poder socioeconômico e o sexo? Onde estas pessoas trabalham? Onde estudam? Existem restaurantes perto da sua empresa? Existem locais considerados "âncora"* (atraem grande número de pessoas)? *Qual é a mão de direção da rua/avenida? Coincide com o lado da localização da empresa* (no caso de mão dupla)? *Supermercados... qual a distância da sua empresa?*

Tanto a localização quanto as estratégias dependem das respostas a estas perguntas.

- **Com baixa concentração de concorrentes:** Quando a empresa se localiza próximo a uma região de alta concentração de concorrentes fica mais difícil a diferenciação percebida do atendimento e serviços. Neste caso, o gestor deve focar seus investimentos na diferenciação do atendimento pessoal (inclusive com acompanhamento) e nos serviços prestados.

  ✓ O conhecimento das necessidades/desejos dos clientes e a segmentação das atividades focadas nos clientes-alvo representam ponto crítico de sucesso na manutenção e no crescimento das margens e perspectivas de aumento na demanda.

- **No caso de farmácias, próximas de clínicas médicas, hospitais, centros de saúde (até mesmo postos de saúde, pois muitas vezes o paciente não encontra neles o medicamento que precisa):** Como funciona o hábito dos profissionais de saúde? Eles indicam as farmácias da região? Os clientes que passam pelas clínicas moram na região ou em outro lugar? Como os postos de saúde próximos a sua farmácia estão abastecidos?

Atendimento a Partir do *Layout*

Existe uma forte tendência de as farmácias projetarem seu *layout* baseadas no autoatendimento. Isto significa que gôndolas bem organizadas e focadas em categorias, limpeza de pisos e paredes, cores discretas e sonorização adequada também influenciam no momento da compra pelo cliente.

Precisamos conhecer as seguintes características:

Clientes:
- Quanto tempo eles ficam em nossa empresa?
- Como eles se movimentam? Quais os locais de maior fluxo?
- Qual o sexo predominante?
- Quais os hábitos de compra?
- Quais produtos possuem maior demanda na sua região?
- Quais produtos atraem os clientes (âncora)? Quais produtos relacionados eu poderia colocar "próximos" a estes produtos de maior potencial para que eu consiga alavancar suas vendas?

Concorrentes:
- Como é o *layout* dos concorrentes?
- Qual a percepção dos concorrentes pelos clientes?
- O que os concorrentes estão promovendo como diferencial dentro de suas farmácias?

Atendimento a Partir do Contato Direto com o Cliente

No marketing ético, o atendimento adequado ao paciente e ao médico é baseado principalmente na informação técnico-científica precisa e rápida que permite melhorar a visibilidade junto ao mercado consumidor/prescritor.

O treinamento para estes profissionais deve ser contínuo e focado nas necessidades/perguntas mais frequentes. Geralmente estes profissionais possuem formação específica na área de saúde (farmacêuticos principalmente, biólogos, enfermeiros, médicos), pois possuem maior facilidade de transformar conceitos complexos em informação que possibilite entendimento.

Para um bom atendimento alguns detalhes são importantes:
- É preciso ter um conhecimento profundo de você mesmo para saber entender suas limitações, principalmente em relação aos fatores desencadeantes de estresse.
- É preciso ter a VONTADE de tentar entender não somente as necessidades mas OS MOTIVOS QUE LEVAM O CLIENTE A SE DIRIGIREM A VOCÊ de determinada forma.

> **Para NÃO PERDERMOS o cliente, devemos tratá-lo como alguém de quem gostamos.**

Cuidados na Comunicação

Primeiro Cuidado: Forma de Falar

Quando nos comunicamos, o nosso interlocutor nos percebe da seguinte maneira:

- 7% atenção nas palavras.
- 33% atenção no tom de voz.
- 60% atenção na postura do corpo.

A maneira pela qual nos posicionamos perante nossas atividades mostra o comprometimento com a empresa e com o cliente.

Quantas vezes entramos em uma farmácia e percebemos que os atendentes praticamente "ignoram" nossa presença. Outras vezes, a postura desleixada, encostada no balcão nos passa uma percepção de "fala logo o que você quer...".

As 5 Dimensões de Qualidade do Atendimento ao Cliente

Confiabilidade:

Confiança = fidelidade. Partindo desta premissa, alguns pontos devem ser considerados:

a) Caso você pretenda comprar uma empresa de um dono anterior analise muito bem qual a visibilidade dela e a imagem que possui na cabeça dos clientes locais antes de realizar o negócio.

b) A comunicação da empresa deve ser transparente para evitar desconfianças. Lembre-se sempre: a comunicação da farmácia começa em sua localização, imagem e disposição dos produtos. A partir deste ponto, a parte relacional começa a surtir efeito.

c) SEMPRE cumprir com alguma promessa. Estabeleceu um prazo: CUMPRA. Prometeu um serviço: ENTREGUE. Não vai conseguir: INFORME COM ANTECEDÊNCIA. Estas atitudes aumentam a confiança do cliente.

d) Nunca chegue atrasado, independente do tipo de compromisso. Já ouvi várias vezes "Chegar atrasado é charmoso". Para alguém que não está lhe esperando pode até ser, mas do contrário...

e) Treinamento dos profissionais. Quando percebemos que os profissionais que nos atendem possuem conhecimento, postura e atualização, sentimos nossas necessidades "protegidas" e, consequentemente, não vemos a necessidade de procurarmos outra empresa. Pelo menos a cada três meses deve ser realizado algum curso ou reunião de atualização com o seu pessoal para orientação e ajustes finos do perfil dos concorrentes, dos clientes e da empresa e as estratégias para o próximo período.

Convicção

Nenhum cliente espera que a pessoa que o está atendendo seja "doutor" no assunto discutido, mas que ela consiga rapidamente solucionar o seu problema. Desta forma, podemos tomar as seguintes providências:

a) Conhecimento: Conhecer profundamente os produtos nos quais trabalha: efeitos colaterais, eficácia, interações, benefícios, etc.; no caso de uma farmácia é importante saber detalhadamente sobre as principais doenças: diabetes, artrite, osteoporose e os principais tratamentos vigentes, suas vantagens e desvantagens.

b) Saber onde encontrar a informação: Como mencionado anteriormente, precisamos ser ágeis e precisos. Possuir literaturas/*softwares* que lhe tragam a informação necessária alivia a tensão e a ansiedade do "eu preciso saber tudo" e a transforma em "eu sei onde obter as informações que eu preciso". Esta postura é mais profissional e permite que o profissional do ramo farmacêutico obtenha melhores resultados.

c) Conhecer os processos da empresa: Quando o cliente lhe faz alguma solicitação que não pode ser atendida de imediato é necessário que você conheça os processos internos para estabelecer corretamente quanto tempo vai demorar para atendê-lo. A visão ampla de todos os processos internos minimiza este problema e faz com que o responsável consiga tomar ações estratégicas não somente para o atendimento, mas também para outras áreas, como a financeira, estoque, etc.

Aspectos Tangíveis

Em aspectos tangíveis, podemos entender como PRIORIDADES NO ATENDIMENTO:

a) Pacientes idosos: Estes pacientes merecem sempre um atendimento especial, mas é importante saber quanto tempo deve ser dedicado a eles, em horário de grande movimento pois eles gostam de conversar. Por outro lado, informações precisas sobre o medicamento e atenção diferenciada fazem com que os idosos sejam realmente fiéis.

b) Pacientes de meia-idade que se utilizam de medicamentos de uso crônico: Os idosos geralmente são usuários crônicos, mas outros clientes como, por exemplo, hipertensos e diabéticos, muitas vezes estão na meia-idade e possuem o seguinte perfil:

- Pouco tempo: Estão no auge de sua atividade profissional e dispõem de pouco tempo. As informações devem ser objetivas e com algum folheto residual para que exista a lembrança quando estiverem em casa.

- Valorizam a qualidade de vida: Como possuem pouco tempo para a diversão, os medicamentos utilizados não devem ter efeitos colaterais que diminuam sua capacidade produtiva.

- Melhor alternativa custo-benefício: Estão investindo muito em suas carreiras, no estudo dos filhos, etc. Geralmente valorizam o preço, e devido a esta característica devem ser bem orientados tanto pelo médico como pelo farmacêutico.

c) Adolescentes: Com a quantidade ilimitada de informação e com a disparidade social existente no país, o púbico adolescente é um mercado em crescimento e possui as seguintes características:

- Muita informação e pouca maturidade/cultura: Necessitam de orientações detalhadas, principalmente sobre doenças sexualmente transmissíveis, métodos de contracepção e tratamento de pele. Deve-se ouvir este público e deixar ele se expressar, colocar suas dúvidas. Esta faixa de idade precisa se afirmar e isto é realizado através da sua liberdade de expressão.

- Mudança rápida de desejos/necessidades: A forma de atendimento modifica esta característica e minimiza este tipo de conduta, fidelizando este cliente a sua empresa/produtos.

Estes são alguns dos perfis diferenciados do mercado farmacêutico, mas podemos citar outros, como grávidas, mulheres, crianças, etc., o importante para os profissionais de marketing que pretendem trabalhar de maneira diferenciada com aspectos tangíveis é ter uma boa BASE DE DADOS de seus clientes para poder identificar o perfil predominante de seus clientes e poder gerar serviços de acordo com o potencial de cada um deles.

Uniforme e Crachá

O uniforme e o crachá para atendentes que entram em contato direto com os clientes são críticos para demonstrar organização, reforçar o nome da marca e facilitar o contato já que, ficando o nome da pessoa visível, é facilitado o relacionamento pessoal.

Algumas farmácias fazem uso de *botons* com nomes de empresas farmacêuticas. Esta atividade é para aumentar o consumo ou visibilidade dos produtos desta ou daquela empresa, mas acredito que este artifício é discutível quando possuímos uma população desinformada sobre os medicamentos, direitos e tratamentos e facilmente acessível a influências externas negativas.

Empatia e Receptividade

Empatia é diferente de simpatia. EMPATIA é "COLOCAR-SE NO LUGAR DO OUTRO", ou seja, entender que a forma pela qual o cliente se comunica com você é estabelecida por um estado emocional muitas vezes alterado e que a mensagem é influenciada pela cultura do cliente. Quando conseguimos entender exatamente o que o cliente quer nos dizer, passamos a adotar uma postura mais profissional, menos preconceituosa e, consequentemente, oferecemos um melhor atendimento.

Para conseguirmos isto devemos estar sempre disponíveis para atender qualquer tipo de pessoa e analisarmos constantemente nossas limitações e mecanismos de controle diante de situações adversas. Mais de 75% das pessoas que voltam em uma empresa para comprar um produto relatam que voltaram devido ao ATENDIMENTO. O equilíbrio das pessoas envolvidas e o treinamento constante para desenvolvimento de suas potencialidades são fatores críticos para o sucesso.

Como melhorar estas cinco perspectivas:

a) Treinamento técnico focado de acordo com os potenciais dos atendentes e as necessidades atuais e futuras dos clientes.

b) Padronização do atendimento permite evitar problemas relacionados às características pessoais dos atendentes.

c) Reuniões periódicas com os funcionários envolvidos para ouvi-los, reanalisar suas estratégias e estabelecer novas formas de atendimento.

d) Facilitar os processos internos para evitar atrasos, otimizar investimentos e facilitar a comunicação interna.

e) Tornar-se sempre um líder acessível para diminuir as distâncias entre as pessoas, gerar motivação e exemplo de conduta que crie uma dinâmica positiva para sua empresa.

f) Motivar sempre seus funcionários, seja através de perspectivas de crescimento e desenvolvimento pessoal ou mesmo financeiro.

Atitudes que devem ser evitadas:

a) Conversas entre funcionários quando o cliente estiver na empresa.

b) Relacionamento pessoal demais muitas vezes é mal interpretado e pode gerar insegurança.

c) Quando o cliente chegar, não continue falando ao telefone, seja objetivo e desligue rapidamente.

d) Deduzir informações do tipo "eu sei o que o senhor quer" ou "não precisa mais dizer, o que o senhor procura é...". ESPERE O CLIENTE TERMINAR DE FALAR. Vendedor não é aquele que fala mas o que SABE ESCUTAR...

e) Quando estiver atendendo, efetivamente ATENDA!!! Não faça outra coisa, como falar ao telefone, dar atenção a outra pessoa, etc. Atendimento é RELACIONAMENTO, e como tal a atenção é essencial.

f) Ficar completamente mudo enquanto o cliente fala faz com que ele não tenha ideia se você está entendendo ou não. Demonstre entendimento sempre através de frases simples como "entendo" ou "deixa ver se eu estou entendendo...(e comente)". Balançar a cabeça de forma positiva também ajuda.

g) Pessimismo na conversa. O paciente do mercado farmacêutico geralmente está entrando em contato devido a algum problema de saúde ou do efeito do medicamento. Nunca utilize frases como "nossa!", "é uma pena", "sinto muito", "realmente o problema é sério". O cliente precisa de RESPOSTAS, ATENÇÃO, SOLUÇÕES e não de alguém que o coloque para baixo.

> **FALAR É IMPORTANTE MAS... OUVIR É A PALAVRA CORRETA EM ATENDIMENTO.**

Estratégias de Marketing/Merchandising

Vamos "olhar" para a farmácia sob dois aspectos: interno e externo.

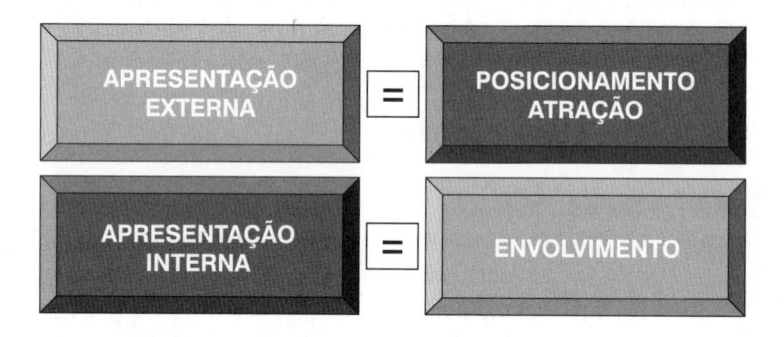

APRESENTAÇÃO EXTERNA = POSICIONAMENTO ATRAÇÃO

APRESENTAÇÃO INTERNA = ENVOLVIMENTO

Estratégias Focadas no Aspecto Externo da Farmácia

a) Posição da farmácia

Visibilidade da farmácia

A facilidade do cliente em visualizar a sua farmácia vai permitir que exista a fixação da marca em sua mente e facilitar escolhas futuras.

Conveniência para o cliente

Conveniência com "aconchego": estacionamento na própria farmácia ou convênio com estacionamento próximo e segurança aos clientes (onde a preocupação deve se iniciar com o local da farmácia).

b) Estrutura da farmácia

Facilidade promocional

A fachada da farmácia deve transmitir o posicionamento dela, sua maneira de se relacionar com o público.

Tipos de Fachada

- Frente reta: fachada paralela à rua ou à calçada. Tem a vantagem de aproveitar melhor o espaço interno, mas não possui diferencial frente aos outros estabelecimentos.
- Frente formando um ângulo para fora. Tem maior visibilidade e chama mais a atenção, mas pode dificultar o acesso dos clientes na rua ou shopping.
- Frente formando um ângulo para dentro. Possibilita um ambiente mais "intimista" mas diminui o espaço interno da farmácia.

Estratégias Focadas no Aspecto Interno da Farmácia

1) Elementos que estimulam os sentidos dos consumidores

Cores

As cores representam importante papel no momento em que o cliente entra em contato com a farmácia.

Cores quentes geralmente não são utilizadas nas farmácias por passarem a percepção de impessoalidade, de atendimento rápido e objetivo. Cores mais suaves e frias trazem uma sensação de tranquilidade, pertinente à importância na compra de um medicamento.

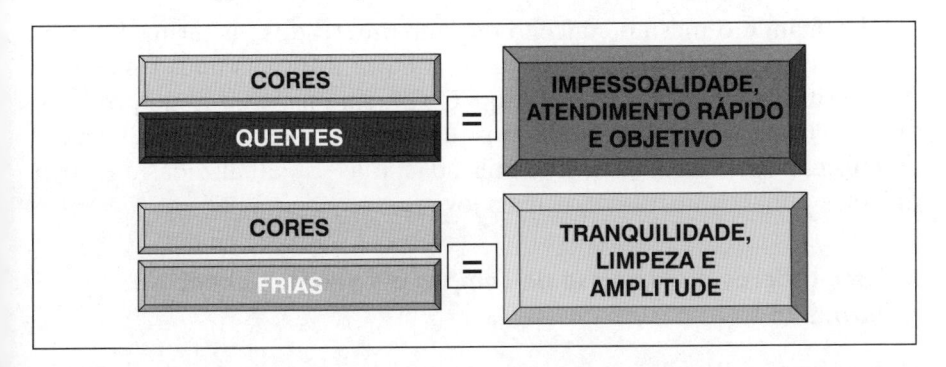

CORES QUENTES	=	IMPESSOALIDADE, ATENDIMENTO RÁPIDO E OBJETIVO
CORES FRIAS	=	TRANQUILIDADE, LIMPEZA E AMPLITUDE

Já nas farmácias de manipulação com espaço pequeno, as cores marrom, pérola e vinho são bem-vindas, considerando a imagem "pessoal" própria da farmácia de manipulação. Em ambientes maiores, o branco, o rosa e o amarelo são cores mais indicadas.

Iluminação

A luminosidade de uma farmácia afeta seu desempenho nas vendas. Lojas pouco iluminadas vendem menos por passar a sensação de insegurança e dificuldade de visualização dos produtos.

Farmácias mais claras fazem o cliente ficar mais tempo e aumentam a possibilidade de compra por impulso.

É importante lembrar que iluminação adequada não está relacionada somente com a quantidade de luz mas também com a superfície refletora dos objetos da farmácia, que devem estar em harmonia.

Perfumes/Odores

As farmácias devem começar a perder o cheiro de "remédio" característico, pois o cliente não deve ter a impressão de que elas são locais negativos relacionados a doença.

Cheiros de desinfetante devem ser evitados pois podem remeter a pessoa à sensação de hospital, associando-o à farmácia.

Algumas farmácias, principalmente as de manipulação, colocam incensos para proporcionar bons aromas, mas é importante lembrar que nem todos gostam deste tipo de artifício.

Sons

Utilizando o mesmo conceito dos supermercados, as farmácias percebem que a música afeta o hábito de compra. Músicas mais lentas tornam o ritmo de compra mais tranquilo e ajudam na decisão do produto; também trazem maior bem-estar aos funcionários. Versões instrumentais de músicas famosas estão sendo utilizadas, pois são atualizadas e atraem diversos públicos, inclusive os mais jovens.

2) *Facilitadores do processo de compra e da comunicação da farmácia*

Comunicação visual

A comunicação visual é utilizada não somente para orientar os clientes no processo de compra mas para tornar a apresentação da farmácia agradável e conquistar um maior *ticket* médio.

Na maioria das farmácias existe a área de autoatendimento e a tendência é que esta área seja responsável por até 80% do espaço da loja. A utilização de letras grandes para a determinação das categorias de produtos se torna essencial para o sucesso nas vendas. A comunicação visual nas farmácias deve ser objetiva para facilitar a leitura e coleta da informação.

Precificação

Todos os produtos que estão do lado de fora do balcão devem possuir o preço bem legível. É comum a pessoa ir embora de sua farmácia porque não soube o preço do produto desejado.

Nas promoções, os preços devem estar em destaque e em local visível, de preferência na altura dos olhos.

Para as promoções, os preços devem estar em tamanho 30 a 40% maior para que exista o destaque necessário.

Funcionários

O ambiente da farmácia representa um caso à parte quando consideramos o vestuário e a característica do atendimento.

A padronização do vestuário através de uniformes passa a sensação ao cliente de ORGANIZAÇÃO E HIGIENE, além de reforçar a marca da loja, algo cada vez mais necessário dentro da realidade da farmácia, focada na guerra de preços.

E o farmacêutico, como deve se vestir? Em todas as minhas apresentações para o público de farmácia eu faço exatamente esta pergunta e o consenso é que o farmacêutico precisa estar vestido DE MANEIRA DIFERENCIADA, geralmente de BRANCO, para que a farmácia consiga transmitir ao cliente o serviço de ATENÇÃO FARMACÊUTICA, tão discutida atualmente, além de uma maior orientação ao paciente e maior fidelização deste tanto à farmácia como ao médico.

Geralmente empresas que trabalham com autosserviço dificilmente conseguem transmitir prestígio e *status*, mas na farmácia é diferente. Como o cliente está sob um processo de escolha de produtos focados em sua qualidade de vida, a farmácia deve possibilitar um ambiente agradável, já que o TEMPO DE PERMANÊNCIA na farmácia representa um importante fator para se aumentar o *TICKET* MÉDIO por cliente.

Características que proporcionam uma percepção de comodidade e conforto para o cliente

Pisos

Para as farmácias, os pisos devem ser impecavelmente limpos e brilhantes. Uma estratégia muito utilizada pelos supermercados e que agora começa a ser aplicada nas farmácias é a introdução de pisos muito brancos e brilhantes. Como a maioria do público que entra na farmácia é do sexo feminino (60%) e na maioria das vezes as clientes estão usando sapato de salto, a percepção de brilho aumenta a insegurança por uma possível queda. Com isso elas acabam andando mais devagar, AUMENTANDO O TEMPO NA FARMÁCIA e, consequentemente, AUMENTANDO A COMPRA.

Largura dos corredores × Adequação das gôndolas

Os corredores devem permitir o trânsito adequado dos clientes, possibilitando que num mesmo corredor possam ficar dois clientes com facilidade, com espaço para que se abaixem para olhar os produtos da parte de baixo sem prejudicar a passagem do outro.

A forma de organização das gôndolas na farmácia vai determinar o fluxo de clientes e os locais de maior concentração dentro da loja. Uma análise estratégica dos produtos de maior rentabilidade e/ou giro deve ser levada em conta quando for tomada a decisão do local de visibilidade destes produtos.

Temperatura

Como a farmácia é um local onde muitos clientes entram com algum tipo de problema de saúde, devemos tomar muito cuidado com temperaturas extremas, para o frio ou calor. A manutenção de uma temperatura agradável é imperativo para a permanência e fidelidade dos clientes.

Layout **da farmácia**

Quando estabelecemos o *layout* de uma farmácia, estamos objetivando aumentar a produtividade do espaço, que é traduzida não somente por um aumento nas vendas mas, principalmente, por um aumento da rentabilidade.

É importante destacar a importância de uma padronização no local onde os produtos estão expostos, pois uma mudança constante pode provocar uma sensação de que o produto está em falta, visto o tempo muito reduzido de permanência do cliente dentro da loja e a objetividade que cerca a compra de produtos fora do balcão.

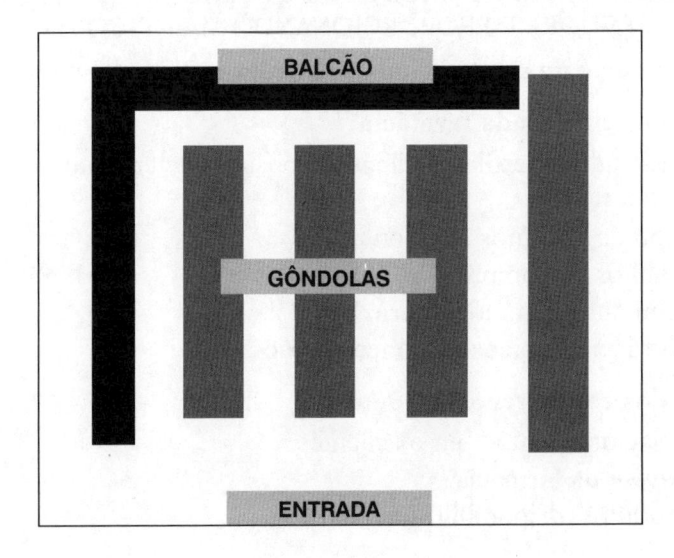

Nas farmácias o *layout* mais utilizado é a GRADE (figura da página anterior). Neste *layout*, o equipamento de exposição está disposto de FORMA RETANGULAR, em linhas paralelas, formando um ângulo reto com a fachada e o fundo da loja.

O equipamento de exposição geralmente possui tamanho homogêneo em toda a loja e dá ênfase aos corredores principais. Para minimizar este problema precisamos trabalhar o GERENCIAMENTO POR CATEGORIAS, assunto que trataremos com maiores detalhes logo adiante.

Quais as vantagens e desvantagens deste tipo de *layout*?

Vantagens	Desvantagens
• Menor custo • Uso eficiente do espaço • Facilita compra rotineira • Simplifica a segurança • Facilita o autosserviço • Maior eficiência operacional	• Visual pouco atrativo • Inibe a passagem por todos os locais da loja • Limita a criatividade

Espaço para a área de vendas de uma farmácia

Considerando a tendência de uma maior área para o autosserviço, os proprietários de farmácia possuem uma dúvida importante: "VOU AUMENTAR O NÚMERO DE PRODUTOS OU AUMENTAR O ESPAÇO NOS MEUS CORREDORES, PROPORCIONANDO MAIOR CONFORTO?"

A resposta para esta pergunta é complexa e deve contemplar:

a) Perfil dos clientes da farmácia

Conhecendo o perfil dos clientes é possível determinar com uma segurança maior:

- Tipo de produtos que compra.
- Hábitos de compra.
- Limitantes para a compra.
- Horários de picos de concentração.

b) Perfil dos concorrentes

- Relacionamento com os clientes.
- *Layout* da farmácia.
- Produtos disponibilizados.

c) Local da farmácia

- Proximidade de empresas, escolas e outras instituições.
- Fluxo de passagem das pessoas.

Acreditava-se que as vendas da farmácia eram determinadas pela maior exposição de *displays* e propaganda. Este artifício tem sua importância, mas a equação

VENDAS/M² = NÚMERO DE CONSUMIDORES × TEMPO QUE PERMANECEM NA LOJA

possibilita um resultado mais sólido a longo prazo.

Índice de produtividade nas vendas (P)

Consiste em um índice que é formado pela PARTICIPAÇÃO DE UMA LINHA DE PRODUTOS/CATEGORIAS NAS VENDAS DA FARMÁCIA dividida pelo PERCENTUAL DE ESPAÇO OCUPADO. Desta forma conseguimos determinar as vendas por metro quadrado.

$$P = \frac{\% \text{ de Participação}}{M^2}$$

Quando o produto possui baixo desempenho por metro quadrado podemos tomar duas medidas:

- Diminuição do espaço para o produto.
- Dependendo do potencial de vendas deste produto, podemos estabelecer estratégias diferenciadas para alavancar suas vendas.

Localização dos produtos/categorias

Os produtos de uma farmácia devem estar localizados de acordo com:

a) **Giro:** Produtos de maior giro devem ser postos em locais de alta visibilidade para que possam contribuir com as vendas planejadas.

b) **Sazonalidade:** Dependendo do período do ano, principalmente no inverno e no verão, produtos como analgésicos, antitérmicos, produtos dermatológicos e antigripais devem ser organizados de forma mais visível devido ao aumento de sua demanda.

c) **Categorias:** Este tópico merece uma atenção especial.

Gerenciamento por Categorias

Consiste em alocar em um mesmo departamento/local um determinado grupo de produtos que esteja de acordo com o perfil de compra e as necessidades dos clientes, visando agregar mais valor por metro quadrado e, consequentemente, aumentar as vendas.

O grande diferencial estratégico do gerenciamento por categorias é a administração de cada categoria como UNIDADE DE NEGÓCIOS, onde serão individualizados:

- Análise das vendas e sua rentabilidade por metro quadrado.
- Alocação de investimentos.
- Decisões estratégicas diferenciadas.

Para o correto gerenciamento por categorias, duas perguntas devem ser respondidas:

1) Por que os consumidores compram esta categoria?
– O que mais importa? Segundo e terceiro lugares.

2) Qual o perfil do público que entra na loja?
– Faixa etária.
– Sexo.

- Faixa social.
- Frequência de visita.
- *Ticket* médio.
- Perguntas mais frequentes.
- Escolha de uma farmácia.

Objetivos do Gerenciamento por Categorias

- Aumentar tráfego: loja ou corredor.
- Aumentar transação.
- Proteger território.
- Gerar lucro.
- Gerar caixa.
- Criar sensação de urgência ou oportunidade.
- Reforçar a imagem: o posicionamento da farmácia (por preços baixos, por descontos, por serviços, etc.) é reforçado.

Processo para o Gerenciamento por Categoria

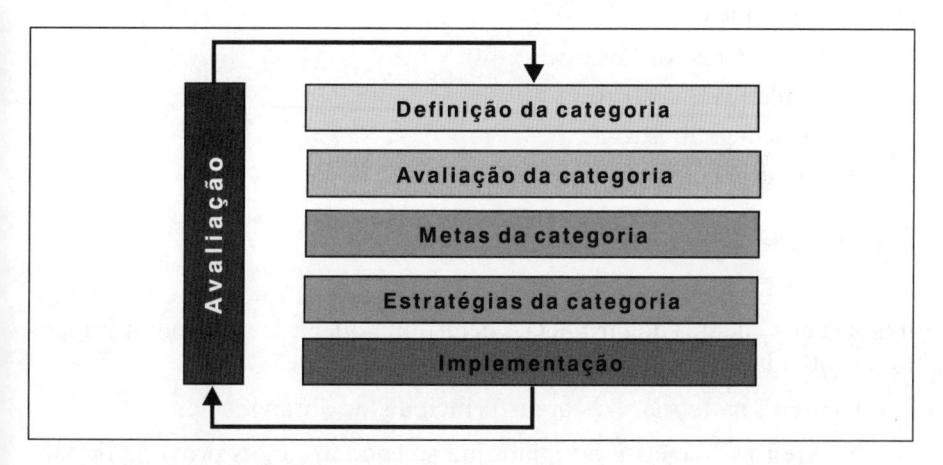

```
Avaliação
 ├─ Definição da categoria
 ├─ Avaliação da categoria
 ├─ Metas da categoria
 ├─ Estratégias da categoria
 └─ Implementação
```

a) Definição da categoria

- Qual grupo de produtos fornece a solução de compra que meus clientes desejam? (Exemplo: Produtos de bebê, como fraldas, talcos, chupetas, óleos etc.)
- Esta informação é mensurável? (pesquisas e/ou dados internos).

- É possível gerenciar esta categoria? (Por um gerente ou farmacêutico.)

b) Avaliação da categoria

Utilizando o mesmo exemplo anterior: produtos de bebê podem ser divididos (por exemplo) em:
- Produtos para dormir.
- Produtos para higiene.

c) Metas da categoria
- Vendas.
- Produtividade por metro quadrado.

d) Estratégias da categoria
- Localização.
- Estratégias promocionais.
- Treinamento específico dos funcionários.

e) Implementação
- Pessoas responsáveis.
- Mudança da estrutura.
- Mudança do *layout*.
- Parceria com fornecedores.

Área de Abrangência da Farmácia

Esta área determina a localização geográfica onde se concentra a maioria dos clientes da farmácia e determina qual a área de maior impacto das atividades de marketing.

Existem, na teoria, três áreas principais de abrangência:
- **Área primária:** É a região que se encontra mais próxima da farmácia, concentrando de 60 a 70% dos clientes.
- **Área secundária:** Área onde se encontram de 15 a 25% dos clientes; ela está localizada ao redor da área primária.
- **Área terciária:** Área onde se encontram os últimos 10% dos clientes.

Alguns fatores importantes afetam de maneira significativa estas áreas de abrangência:

Concentração da população

Quanto maior o número de pessoas que circulam dentro da área de abrangência, maior será o tráfego, aumentando a lentidão no local e restringindo o acesso de carro à farmácia. Nestas áreas é comum que os clientes se desloquem a pé ou mesmo de ônibus.

Concorrência

Quando os concorrentes estão localizados nas proximidades mas não "ao lado" da farmácia, pode haver uma migração de clientes para esta farmácia, dependendo do lado em que o fluxo de pessoas está seguindo. Quando os concorrentes estão muito próximos, os clientes percebem as farmácias como pertencendo a uma mesma rede, ficando mais fáceis a comparação e a diferenciação de acordo com os critérios de escolha da loja.

Tamanho da farmácia

Lojas maiores sempre vão proporcionar uma maior percepção de qualidade, conforto e variedade de produtos, conseguindo, portanto, maior área de abrangência.

Linha de produtos

Farmácias mais especializadas têm menor área de abrangência do que lojas que possuem uma variedade grande de produtos.

Como podemos determinar a Área de Abrangência de uma farmácia?

O início desta análise está na implementação de um adequado BANCO DE DADOS, onde além do perfil do paciente, saberemos de onde este cliente está vindo. Desta forma, fica mais fácil, no futuro, estarmos direcionando uma estratégia de marketing para uma região ou um público específico.

A entrevista com os clientes deve ser realizada durante o atendimento. Esta deve ser feita de maneira rápida e objetiva, onde o entrevistador É O RESPONSÁVEL POR ANOTAR AS RESPOSTAS, para não incomodar o cliente. Esta é uma oportunidade de se levantar quais as necessidades de serviços e produtos, além de obter o grau de satisfação dos clientes.

Acesso dos clientes × Posicionamento da farmácia

Quando a farmácia vai iniciar suas atividades é importante determinar o seu POSICIONAMENTO PRINCIPAL, que é a maneira pela qual a empresa quer ser reconhecida no mercado. Geralmente o posicionamento da farmácia está relacionado a menor preço, melhor atendimento, maior variedade de produtos e melhores serviços.

O posicionamento vai determinar o perfil da maioria do público que vai acessar a farmácia. Uma questão deve sempre ser levada em conta: o PREÇO BAIXO isoladamente NÃO FIDELIZA O CLIENTE; ou seja, outro componente deve ser levado em conta no processo de crescimento sustentável a longo prazo.

Uma mudança no posicionamento durante a operação da farmácia pode levar a uma confusão na cabeça dos clientes atuais, podendo acarretar perdas significativas no número de pessoas que compram medicamentos. Estas mudanças somente devem ser realizadas quando:

- O local tiver um perfil de público diferente do posicionamento inicial.
- Houver queda significativa nas vendas.
- Houver solicitação dos clientes.

Estacionamento

A dificuldade em estacionar representa um dos principais fatores de rejeição a uma farmácia. Quantas vezes deixamos de entrar em uma farmácia por dificuldade de estacionamento e acabamos entrando na concorrente? Muitas vezes esta realidade está presente não somente nos grandes centros, mas na maioria das cidades com potencial mercado farmacêutico.

Mesmo que a farmácia não tenha espaço, é importante verificar a possibilidade de estar realizando um convênio com um estacionamento próximo, pois um local próprio para o cliente deixar seu carro significa não somente comodidade, mas também segurança.

Estratégias de *Merchandising*

Um mercado em rápido crescimento é o mercado feminino. As mulheres já representam mais de 60% das vendas de uma farmácia e possuem características que modificam o perfil de gerenciamento de uma farmácia:

- São mais criteriosas.
- Possuem poder aquisitivo comparado ao dos homens.
- Geralmente são responsáveis pelos filhos, ou seja, produtos infantis são comprados por elas.
- Ficam mais tempo dentro da farmácia, aumentando o volume e o valor da compra.
- Produtos cosméticos, de higiene e de limpeza, categorias importantes para a lucratividade da farmácia, têm maior demanda no público feminino.
- Fazem mais perguntas e dão maior valor ao atendimento personalizado.

Considerando estas premissas, o *layout* voltado para a qualidade de vida, uma maior variedade de produtos e um atendimento mais personalizado são ferramentas importantes a serem levadas em consideração para as mulheres.

Outras dicas importantes

1) Gôndola

Altura: Deve estar entre 1,60 e 1,80m, o que representa a média da maioria do público masculino e feminino.

Disposição dos produtos: Os produtos que devem ter suas vendas alavancadas devem estar no centro ou na ponta da gôndola, próximo à saída. No centro da gôndola devem ser alocados os produtos com maior margem e nas pontas as promoções, principalmente as "2 em 1", que surtem muito efeito quando queremos trabalhar com a experimentação de determinado produto que está vendendo pouco ou com potencial de venda a médio prazo.

A área de maior visibilidade no centro da gôndola está localizada aproximadamente 30 graus para a direita e para a esquerda a partir do centro (campo de visão humano), e em uma altura entre 1,60 e 1,80m, como mostramos abaixo:

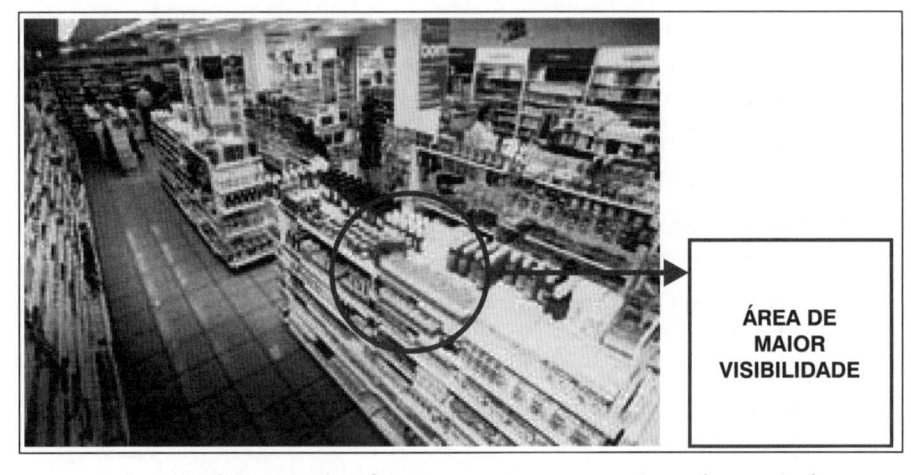

ÁREA DE MAIOR VISIBILIDADE

Como grande parte das farmácias não possui área disponível para o recuo, deve-se tomar o cuidado de colocar os produtos a pelo menos 2,5m da entrada, pois o cliente ao entrar na farmácia ainda não possui sua atenção focada no *layout* e na disposição dos produtos nas gôndolas. A partir desta distância, ele vai se ambientando e tornando-se mais acessível às estratégias de comunicação visual.

Produtos considerados "âncoras": Alguns produtos da farmácia são considerados como essenciais para o sucesso nas vendas, pois têm altas margens e/ou uma grande demanda. Quando estabelecemos o GERENCIAMENTO POR CATEGORIAS e pretendemos alavancar um produto da mesma categoria, colocamos este produto bem próximo ao âncora e verificamos que suas vendas tendem a ser maiores.

Dependendo da parceria com os fornecedores, esta estratégia pode ser utilizada nas partes mais baixas das gôndolas, principalmente se forem produtos infantis, mas é importante lembrar que, quanto menos o cliente precisar abaixar para entrar em contato com o produto, maior a chance de venda do mesmo.

2) Promoções

AS PROMOÇÕES GERALMENTE OCORREM QUANDO:

- O produto está "encalhado" ou em experimentação.
- O produto está próximo da data do vencimento.
- O produto está no seu período de vendas sazonais.
- Está próximo o dia de pagamento dos funcionários.
- Houve uma ótima negociação com o fornecedor.
- Queremos aumentar a venda de dois ou mais produtos simultaneamente.
- Pretendemos mudar a marca e precisamos "escoar" o excedente antigo.

Cuidado: Para realizar uma promoção eficiente é necessário primeiramente o conhecimento do HÁBITO DE COMPRA DO CLIENTE.

Dicas para a promoção:

- Nunca coloque R$ 9,99. Este tipo de estratégia não funciona mais e passa a impressão de que o cliente está sendo enganado. Coloque preços abaixo de 90 centavos, como R$ 9,87, por exemplo.
- Nunca coloque "Participe e ganhe um brinde" sem especificar qual será o prêmio; isso pode frustrar de maneira irreversível o cliente.
- Renovar pelo menos uma vez por mês os *displays* promocionais.
- Colocar no *check out* os produtos com alto giro e com compra por impulso.
- Todo produto em promoção deve ter um estoque adequado para não gerar insatisfação nos clientes.

Outras dicas importantes:

- Colocar muitos produtos na frente da farmácia passa a percepção de desorganização e dificuldade de locomoção, afastando os clientes.
- Nunca coloque produtos de alto giro no fundo da farmácia.
- Produtos comprados de forma não planejada e por impulso devem receber maior espaço de exposição.
- Produtos mais rentáveis e de compra não planejada devem ser colocados na altura dos olhos.
- Produtos de compra planejada devem ser colocados próximos de produtos de compra não planejada.
- Estimular a compra de produtos de maior qualidade, colocando-os ao lado de produtos mais baratos.
- Sempre que possível, discutir com os fornecedores as melhores estratégias para os seus clientes.
- A balança deve estar em um local de fácil acesso, muito visível, mas não logo na frente da farmácia, pois o objetivo da balança é gerar compra por impulso em produtos ligados à vida saudável e aumentar o trânsito do cliente pela farmácia.

Uso do "Cartão Fidelidade"

A utilização do cartão fidelidade representa uma grande arma na busca de maiores informações do cliente para futuras estratégias focadas.

Através da utilização do cartão conseguimos disponibilizar para os clientes uma série de serviços, principalmente o desconto em outros produtos da farmácia, algo significativo considerando que boa parte deles faz tratamento crônico.

Algumas premissas para o sucesso deste cartão devem ser analisadas:

- O cartão tem que ter a MARCA DA FARMÁCIA.

- Não deve haver segmentação em "Ouro", "Prata", "Master", pois discrimina o cliente, diminuindo a aceitação do produto.
- O programa de premiação deve contemplar as necessidades do cliente, estando sempre adequado à legislação.
- Outros serviços podem ser agregados, como cartão de crédito ou débito.
- Todas as informações levantadas devem ser catalogadas em um banco de dados organizado.

Na prática, percebe-se que a implementação do cartão fidelidade AUMENTA O *TICKET* MÉDIO E A FREQUÊNCIA DOS CLIENTES NA FARMÁCIA.

Ações de Responsabilidade Social

Como a farmácia é um centro de excelência em saúde, ações focadas na RESPONSABILIDADE SOCIAL aumentam e melhoram muito a imagem da farmácia no mercado e geram uma REDE DE RELACIONAMENTOS muito ampla dentro da sociedade de atuação.

Ações simples, como arrecadação de livros para a biblioteca local, coleta de agasalhos, coleta de alimentos para instituições carentes, coleta de brinquedos, etc., são algumas das atividades que trazem muitos resultados positivos para a empresa, mas uma dica é importante:

UM DOS PONTOS DE COLETA DOS PRODUTOS
DEVE SER A SUA FARMÁCIA!

Desta forma, o público tem contato com os seus produtos, serviços e funcionários, e o melhor... de uma maneira diferente do habitual, facilitando relacionamentos futuros.

Realização de Palestras

Independente do tipo de farmácia, uma das maneiras mais contundentes de solidificar a posição da farmácia no mercado é através da realização de palestras informativas aos pacientes. Para a realização destas palestras são necessárias algumas decisões estratégicas:

Tema

Selecionar temas que representem um problema social da sua região, tais como hipertensão, diabetes, doenças reumáticas, osteoporose etc.

Dica:

Para **farmácias novas** é melhor discorrer sobre diferentes temas de palestras (hipertensão geral, diabetes geral, etc.) pois existe a necessidade de uma maior visibilidade para públicos diferentes.

Para **farmácias maduras** é melhor segmentar os temas das palestras. Por exemplo:

Diabetes:
- Exercícios físicos.
- Saúde sexual.
- Hábitos alimentares etc.

Independente do tema, é importante que sejam realizados CICLOS DE PALESTRAS E NÃO SOMENTE PALESTRAS ISOLADAS, para o cliente perceber o compromisso da farmácia e, principalmente, para que exista o retorno à loja.

Conteúdo

Convidar sempre um médico ou outro profissional da saúde para ministrar a palestra; mas, independente do profissional, O DONO DA FARMÁCIA OU ALGUM REPRESENTANTE SEMPRE deve estar alocando uma parte do evento para coparticipar ou mesmo para uma APRESENTAÇÃO INSTITUCIONAL DA FARMÁCIA. Esta apresentação institucional deve ter no máximo cinco *slides* e necessariamente conter:
- Objetivos.
- Estrutura.
- Diferenciais.
- Contato.

Local

O local deve ter alta concentração de pessoas, como escolas, associações, sociedades, Lyons e Rotary, e disponibilizar gratuitamente ou com pouco investimento o espaço.

Não deve ser realizada palestra para mais de 50 pessoas, pois a interação com os palestrantes fica prejudicada e a qualidade de absorção do conteúdo também.

Material Residual

Em todas as palestras deve ser entregue na saída um folheto informativo sobre os assuntos tratados nelas (hipertensão ou hábitos alimentares na hipertensão, por exemplo). Desta forma a farmácia consegue:

- Um efeito residual da palestra, reforçando a marca da farmácia e promovendo uma posterior lembrança dos assuntos principais.
- Divulgação através do próprio público sobre a palestra.
- Auxílio da atenção farmacêutica como material de apoio.

Todos estes folhetos devem ser trabalhados internamente na farmácia e colocados em local de fácil visualização.

A expressão "trabalhados internamente" significa que os atendentes devem estar entregando os folhetos pessoalmente para os clientes e não somente os disponibilizando em uma porta. Geralmente quando os folhetos são deixados neste tipo de mostruário existe pouco ou nenhum interesse pelo material.

Havendo possibilidade, solicitar que o conteúdo do folheto seja realizado por um médico de confiança. Esta ação visa aumentar o relacionamento com um número maior de médicos.

> **TODO MATERIAL PROMOCIONAL É INVESTIMENTO E DEVE SER TRABALHADO DE MANEIRA EFETIVA POR TODOS!**

Dica:

No final de um ciclo de palestras você poderá unir todos os folhetos informativos e montar um MANUAL DE SAÚDE com o conteúdo oferecido anteriormente. Desta forma existe mais uma alternativa de serviço com baixo custo.

Campanhas de Saúde

A palavra utilizada quando nos referimos a campanhas de saúde é PARCERIA. Utilizando a parceria da farmácia com o poder público, com laboratórios de análises clínicas, com academias, clínicas de massagem, enfim, com empresas ligadas à área de saúde, conseguimos formatar campanhas muito interessantes como, por exemplo:

- "Dia do Diabetes", com coleta de sangue e orientação adequada sobre a doença, como tomar os medicamentos e dicas de saúde.
- "Dia do Hipertenso", com caminhadas, aferição da pressão e dicas de saúde.
- "Semana da Osteoporose", com exercícios para os idosos, cuidados a serem tomados em casa etc.

Através da parceria conseguimos OTIMIZAR OS INVESTIMENTOS e MAXIMIZAR OS RESULTADOS já que cada parceiro trabalha sinergicamente para o sucesso da campanha.

Tanto as campanhas como as palestras têm como público principal o paciente idoso ou acima de 40 anos, onde a incidência e a prevalência de doenças são maiores.

Profissionais como psicólogos, nutricionistas, professores de educação física, médicos, enfermeiros e farmacêuticos devem fazer parte da equipe multiprofissional responsável pelas campanhas e palestras.

ESTES PROFISSIONAIS TAMBÉM PODEM SE TORNAR CLIENTES E, ALÉM DISSO, INDICAR SUA FARMÁCIA PARA OUTROS AMIGOS E PARENTES.

Tendências para o Setor

- **Farmácia com integração de dados e possibilidade de reposição automática de produtos**

    Infelizmente muitas farmácias ainda não possuem integração de dados. Isto faz com que as mesmas tenham muita dificuldade em gerenciar seus estoques e distribuir estrategicamente seus produtos por loja.

- *Layout* **voltado para o autosserviço**

    A população, principalmente a brasileira, gosta de "tocar" no produto e assumir o poder de decisão sobre os produtos que deseja levar para casa. O sistema de autosserviço permite aumentar a lucratividade da farmácia à medida que o gestor conhece os hábitos de compra do cliente e facilita a visibilidade dos produtos mais procurados.

- **Gestão financeira eficiente**

  Com a intensa concorrência, é inevitável que, em algum momento, a farmácia seja obrigada a mexer nos seus descontos. A gestão financeira eficiente, focada na redução de custos, na otimização de investimentos e na correta parceria e negociação com os parceiros, vai ser o grande diferencial para a manutenção e o crescimento das farmácias do futuro.

- **Estar associada a uma marca forte (redes, franquias, associativismo)**

  Como discutido anteriormente, a força do varejo farmacêutico está no seu poder de compra, associado, na maioria das vezes, ao volume negociado. Além disso, estar associado a uma marca forte facilita a penetração no mercado, possibilita maiores ferramentas de diferenciação e reduz o tempo para o crescimento sustentável da empresa.

- **Não ser dependente de produtos similares**

  Com a necessidade de testes mais rigorosos com os similares, as empresas que fabricam este tipo de produto estão mudando completamente seu foco estratégico. Algumas vão manter suas marcas mais fortes, outras vão migrar para os genéricos e outras vão entrar no mercado de MIPs. De qualquer forma, é certo que no futuro nem todas estas empresas terão força para se manterem no mercado e as farmácias devem estar atentas a esta movimentação.

CAPÍTULO VI

PESQUISA CLÍNICA, FARMACOVIGILÂNCIA E FARMACOECONOMIA COMO ALIADOS ESTRATÉGICOS

Pesquisa Clínica

É importante definirmos primeiramente o que é pesquisa clínica e todas as suas etapas para podermos analisar a sua importância estratégica para o marketing.

Definição

Pesquisa clínica, **ensaio clínico** ou **estudo clínico** são as várias maneiras utilizadas para designar um processo de investigação científica envolvendo seres humanos. Neste caso, os pesquisadores clínicos poderão obter novo conhecimento científico sobre os medicamentos, procedimentos ou métodos de abordagem de problemas que afetam a saúde da população.

Para que a pesquisa clínica tenha êxito, ela deve estar inserida num rígido cumprimento das regras contidas em um documento chamado **protocolo de pesquisa**.

Esse documento deve conter a descrição completa da pesquisa, com exposição clara de seus objetivos. Como alcançar tais objetivos, a quais procedimentos o sujeito da pesquisa será submetido e como os dados obtidos serão analisados são outras informações que devem fazer parte desse documento.

Outra informação importante é o perfil desse sujeito da pesquisa (ele deverá ser portador de alguma doença? Que estágio dessa doença será estudado? Qual faixa etária?; etc.). Também devem constar do protocolo as qualificações dos centros de pesquisa envolvidos no estudo, assim como as qualificações dos investigadores responsáveis em cada centro.

Todas essas informações contidas no protocolo de pesquisa são apresentadas tecnicamente na forma de um "desenho de estudo", sobre o qual falaremos adiante.

Importante agora é salientar que toda pesquisa envolvendo seres humanos deve ser desenhada dentro de determinadas regras internacionais que garantem a correta realização da pesquisa dentro dos padrões científicos, éticos e de respeito ao sujeito da pesquisa, exigidos pela comunidade leiga e científica.

As regras internacionais que regem a pesquisa clínica estão explicadas em um documento denominado "Boas Práticas Clínicas".

No Brasil, existe uma Resolução Nacional, de número 196/96, publicada pelo Conselho Nacional de Saúde, que está vinculado ao Ministério da Saúde, regulamentando toda e qualquer pesquisa que envolva o ser humano.

Além de respeitar as regras nacionais, os pesquisadores brasileiros devem respeitar também as regras internacionais de Boas Práticas Clínicas. Como resultado, eles estão sendo reconhecidos como pesquisadores sérios e competentes diante da comunidade científica mundial.

O crescimento dos estudos clínicos no Brasil

É notório o crescimento da pesquisa clínica no país, principalmente após a:

- **Lei de Patentes:** Com a sensação de segurança gerada pela Lei de Patentes, as empresas focaram seus investimentos na pesquisa de novos medicamentos para poderem gerar maior receita e se capitalizarem. Nesta fase houve uma interessante movimentação das empresas nacionais, que começaram a fazer parceria com empresas do mundo todo na busca por medicamentos inovadores.
- **Variação dos Medicamentos/Genéricos:** Desprotegidas algumas de suas principais marcas, as multinacionais reforçaram a tendência gerada pela Lei de Patentes e centraram fogo nos seus centros de pesquisa. Nesta fase, começaram a se desenvolver estudos clínicos nas universidades de referência e nos diversos centros médicos por todo o Brasil.

  Houve um crescimento tanto no número de centros como no número de novos medicamentos testados. Este cenário deu início à criação das empresas denominadas **CRO's (Clinical Research Organization)** – empresas que têm a competência de terceirizar o estudo clínico, minimizando os custos, aumentando a agilidade, tabulando e coanalisando os dados.

A solidez destas empresas está baseada na conquista da visão de que a indústria/empresa não perde o controle do processo e a qualidade dos dados quando utiliza estes serviços. É a chamada questão do "dar valor às áreas estratégicas e terceirizar as operacionais". Ainda existe muito trabalho a ser realizado para se chegar a esta fase.

Fases da Pesquisa Clínica

Quando a pesquisa clínica envolve o estudo de um medicamento, vacina ou procedimento diagnóstico, ela deverá estar classificada em uma das quatro fases de investigação existentes.

Devemos antes lembrar que, para se estudar clinicamente um medicamento, ele já deverá ter sido aprovado em testes pré-clínicos, ou seja, aspectos de segurança são avaliados em animais de experimentação antes da aplicação dessa droga em seres humanos.

Quando essa medicação está pronta para ser testada no ser humano, as fases de investigação clínica iniciam-se e seguem uma após a outra, até que o maior volume possível de informações sobre o remédio seja obtido.

Considerando os aspectos mais importantes e seus principais objetivos, cada fase de uma pesquisa clínica está resumida a seguir:

FASE 1: Refere-se ao uso do medicamento pela primeira vez em um ser humano, geralmente um indivíduo saudável e que não tem a doença para a qual o medicamento está sendo estudado.

Nesta fase serão avaliadas diferentes vias de administração e diferentes doses, realizando-se testes iniciais de segurança e de interação com outras drogas ou álcool. De 20 a 100 indivíduos participam dessa fase.

FASE 2: De 100 a 300 indivíduos que têm a doença ou condição para a qual o procedimento está sendo estudado participam desta fase, que tem como objetivo obter mais dados de segurança e começar a avaliar a eficácia do novo medicamento ou procedimento.

Os testes da Fase 2, geralmente, representam a mais rigorosa demonstração da eficácia e dos possíveis benefícios de um medicamento. Diferentes dosagens e indicações do novo medicamento também são avaliadas nesta fase, cujos estudos são denominados "estudo-piloto".

FASE 3: Depois de concluído o estudo-piloto, grandes estudos multicêntricos de desenho semelhante ao piloto acompanham de 300 até 3 mil indivíduos com a doença em questão, por um período maior de tempo, geralmente sendo comparados a outros tratamentos existentes para o mesmo problema.

Se ainda não existirem tratamentos para esse problema, o uso da nova medicação será comparado com o uso de "nada", e para isso geralmente se usam cápsulas de "placebo". Durante esta fase se espera obter maiores informações sobre segurança, eficácia e interação de drogas.

Ao participar de uma pesquisa em Fase 3, o voluntário poderá receber o novo tratamento ou o tratamento habitual (ou placebo).

Recebendo o tratamento habitual, o paciente será tratado com o que os especialistas avaliam como o melhor tratamento da atualidade. Se o paciente receber o novo tratamento, será tratado com uma alternativa de tratamento que os especialistas julgam ter vantagens significativas sobre o habitual.

O objetivo desta fase de estudo é comparar ambos os tratamentos e estabelecer a superioridade de um sobre o outro. Os testes da Fase 3 muitas vezes fornecem todas as informações necessárias para a elaboração do rótulo e da bula do medicamento.

A análise dos dados obtidos na Fase 3 pode levar ao registro e à aprovação para uso comercial do novo medicamento ou procedimento pelas autoridades sanitárias.

FASE 4: Após um medicamento ou procedimento diagnóstico ou terapêutico ser aprovado e levado ao mercado, testes de acompanhamento de seu uso são elaborados e implementados em milhares de pessoas, possibilitando o conhecimento de detalhes adicionais sobre a segurança e a eficácia do produto. Essa é a Fase 4, também chamada de "estudo pós-marketing".

Indivíduos de vários grupos raciais e etários são estudados. Uma parte importante dos estudos da Fase 4 é detectar e definir efeitos colaterais previamente desconhecidos ou inadequadamente qualificados, assim como os fatores de risco relacionados.

FASE 5 – Farmacovigilância: A farmacovigilância tem sido considerada por alguns especialistas como um dos procedimentos mais importantes dentro do cenário farmacêutico, pois os médicos já consideram que a eficácia do produto não representa mais diferencial. Alguns estudiosos consideram a farmacovigilância como a Fase 5 de um estudo clínico. Este fato é reforçado quando percebemos que as novas drogas têm seu foco também nos menores efeitos colaterais.

Uma vez eu vi a promoção de um evento de farmacovigilância com a seguinte frase: "AÇÃO NA REAÇÃO". Acredito que esta ferramenta que monitora os efeitos colaterais e fornece suporte aos médicos e pacientes vai representar uma das principais ferramentas de marketing do futuro.

Desenhos do Estudo

As informações contidas no protocolo de pesquisa clínica são apresentadas tecnicamente na forma de um "desenho de estudo", que poderá ser: **"aberto"**, onde todos os indivíduos envolvidos têm conhecimento exato sobre o procedimento ao qual estão sendo submetidos; ou **"fechado"** ou **"cego"**, onde o voluntário e seu médico assistente não saberão em qual grupo de tratamento estão incluídos.

Locais Onde são Realizadas as Pesquisas Clínicas

De acordo com as normas internacionais de Boas Práticas Clínicas, para a adequada condução de uma pesquisa clínica devem existir uma equipe de profissionais bem treinados e um local onde tais pesquisas se realizarão.

Esse espaço físico e sua organização devem ser suficientes para que todas as exigências do protocolo sejam cumpridas, desde o que se refere à assistência ao sujeito da pesquisa, até a guarda da medicação de estudo e todos os documentos envolvidos.

Em geral, encontramos todas essas condições citadas nas chamadas "unidades" ou "centros de pesquisa", organizados em instituições universitárias ou em espaços privados. Em qualquer que seja o local, sempre deverá haver um "pesquisador responsável", que responde por todos os procedimentos da pesquisa clínica.

Critérios de Participação

Qualquer cidadão, teoricamente, pode vir a ser um "sujeito de pesquisa". Condição essencial é que esse cidadão seja adequadamente esclarecido sobre todos os aspectos da pesquisa: os procedimentos a que será submetido e os possíveis riscos que poderá correr, devendo também conhecer os seus direitos e deveres como participante do estudo e estar de acordo com tudo isso. Para isso, assinará um consentimento de participação, antes que qualquer procedimento relacionado à pesquisa seja realizado.

Como comentamos anteriormente, cada protocolo de pesquisa clínica tem o seu objetivo específico e, portanto, vai envolver indivíduos que tenham determinadas características.

Por exemplo, para participar de um estudo Fase 3 com uma nova droga para tratamento do HIV, o cidadão, necessariamente, terá de ser portador do HIV e, certamente, terá que apresentar algumas características clínicas e/ou laboratoriais que permitam sua inclusão naquele estudo específico. Portanto, todo protocolo apresenta **"critérios de inclusão"** e **"critérios de exclusão"** bem definidos, que deverão ser rigorosamente respeitados.

Segundo as leis brasileiras, o cidadão é plenamente responsável pelos seus atos e decisões a partir dos 21 anos de idade. Antes disso, toda decisão deverá ser tomada conjuntamente com uma pessoa maior de idade legalmente responsável pelo menor.

Dessa forma, um indivíduo menor de idade não poderá, sozinho, decidir pela sua participação em uma pesquisa clínica. Da mesma forma, é também necessária a autorização de alguém legalmente responsável para a inclusão em uma pesquisa clínica de um indivíduo física ou mentalmente incapaz.

Em resumo, para participar de uma pesquisa clínica, o voluntário ou seu responsável legal deverá ser orientado e, se estiver plenamente de acordo, assinar um documento denominado "Termo de Consentimento Livre e Esclarecido", antes de ser submetido a qualquer procedimento relacionado ao estudo.

Riscos Envolvidos na Pesquisa Clínica

É claro que, em se tratando de um processo de investigação, estaremos constantemente lidando com o novo e, portanto, com os riscos a ele inerentes.

Ao participar de uma pesquisa clínica, o indivíduo terá direitos assegurados pelo próprio protocolo, mas também estará assumindo deveres e riscos, alguns deles desconhecidos. Aqueles que são previsíveis serão sempre esclarecidos ao voluntário, antes de ele decidir pela participação.

Todas as informações e os riscos que passarem a ser conhecidos durante o estudo serão comunicados ao sujeito da pesquisa, que poderá retirar seu consentimento de participação a qualquer momento.

O pesquisador também poderá optar por retirar o sujeito do estudo, se considerar que os riscos são maiores do que os benefícios.

Além disso, as regras internacionais de Boas Práticas Clínicas garantem ao sujeito da pesquisa a segurança possível e ética durante sua participação no estudo.

No Brasil, uma pesquisa clínica só poderá ser conduzida se houver aprovação prévia por parte do Comitê de Ética em Pesquisa (CEP) da instituição, que deverá ser reconhecido oficialmente pela CONEP (Comissão Nacional de Ética em Pesquisa, ligada ao Ministério da Saúde), sempre respeitando as resoluções e normas regulamentadoras de pesquisas envolvendo seres humanos. Nada dentro de um estudo ocorre sem o conhecimento das autoridades competentes.

Regulamentação

No Brasil, os aspectos éticos envolvidos em atividades de pesquisa que envolvam seres humanos estão regulados pelas Diretrizes e Normas de Pesquisa em Seres Humanos, através da Resolução 196/96 do Conselho Nacional de Saúde, estabelecida em outubro de 1996.

Estas diretrizes foram detalhadas para pesquisas envolvendo novos fármacos, medicamentos, vacinas e testes diagnósticos através de uma outra resolução, a 251/97, de agosto de 1997. Novas resoluções estão sendo elaboradas para tratar de outras áreas temáticas especiais.

O objetivo maior da avaliação ética de projetos de pesquisa é garantir o respeito à pessoa. Nesta garantia incluem-se todas as pessoas que possam vir a ter alguma relação com a pesquisa, seja o sujeito da pesquisa, o pesquisador, o trabalhador das áreas onde a mesma se desenvolve e, em última análise, a sociedade como um todo.

A avaliação ética de um projeto de pesquisa na área da saúde baseia-se, pelo menos, em quatro pontos fundamentais:

- Na qualificação da equipe de pesquisadores e do próprio projeto.
- Na avaliação da relação risco-benefício.
- No consentimento informado.
- Na avaliação prévia por um Comitê de Ética.

A qualificação da equipe de pesquisadores deve avaliar a competência dos seus membros para planejar, executar e divulgar adequadamente um projeto de pesquisa. A adequação metodológica do projeto de pesquisa é fundamental. Um projeto inadequado acarreta riscos e custos sem que seus resultados possam ser realmente utilizados, devido a deficiências no método.

Devem ser esgotadas todas as possibilidades de obter dados por outros meios, utilizando simulações, animais, culturas de células, antes de utilizar seres humanos. Os pesquisadores devem dar garantias de que os dados serão utilizados apenas para fins científicos, preservando a privacidade e a confidencialidade. A identificação e o uso de imagens somente poderão ser feitos com uma autorização expressa do indivíduo pesquisado.

Caso o risco real exceda ao previsto, o projeto deve ser interrompido e revisto. Os projetos podem ser caracterizados tanto pelo risco quanto pelo benefício.

Habitualmente, a avaliação dos riscos envolvidos no projeto é relacionada apenas aos indivíduos pesquisados, não sendo realizada no projeto qualquer consideração com relação aos pesquisadores e trabalhadores envolvidos.

A obtenção de consentimento informado de todos os indivíduos pesquisados é um dever moral do pesquisador. O consentimento informado é um meio de garantir a voluntariedade dos participantes, isto é, uma busca de preservar a autonomia de todos os sujeitos.

Desta forma, o consentimento informado deve ser livre e voluntário, pressupondo-se que o indivíduo esteja plenamente capaz para exercer a sua vontade. A existência de uma relação de dependência pode invalidar o consentimento, neste grupo estando os alunos, os militares, os funcionários de hospitais, membros de congregações religiosas e os presidiários. Nestes casos deve haver um cuidado especial para evitar a possibilidade de coerção. O processo de consentimento informado deve fornecer informações completas, incluindo os riscos e desconfortos, os benefícios e os procedimentos que serão executados.

A sua redação deve ser adequada ao nível de compreensão dos indivíduos. É sempre registrado em um documento por escrito, denominado de Termo de Consentimento Livre e Esclarecido, de acordo com a Resolução 196/96, que deve ter sua redação aprovada pelo Comitê de Ética em Pesquisa.

O fundamental é manter a característica do consentimento informado ser um processo, e não apenas um evento, uma assinatura de um documento.

O último ponto fundamental é a avaliação prévia por um Comitê de Ética em Pesquisa independente. Deste comitê devem participar pesquisadores de reconhecida competência, além de representantes da comunidade. Deve ser garantida a participação de homens e mulheres.

O comitê deve avaliar os aspectos éticos do projeto de pesquisa, assim como a integridade e a qualificação da equipe de pesquisadores.

Atualmente estão proliferando nos Estados Unidos os Comitês de Ética em Pesquisa, denominados de *Institutional Review Board* – IRB, não vinculados a instituições de pesquisa, mas que são empresas que prestam serviços de avaliação de projetos. Esta proposta pode comprometer a isenção da avaliação e ferir o ponto fundamental da independência do processo de avaliação. Esta preocupação é significativa também para o Brasil, à medida que os projetos de pesquisa oriundos dos Estados Unidos devem trazer consigo uma aprovação por um IRB.

Importância Estratégica da Pesquisa Clínica

A pesquisa clínica possui importante papel no futuro das empresas farmacêuticas no desenvolvimento de um adequado *"pipeline* competitivo".

Através de sua competência, novas drogas são descobertas e novas indicações dos produtos já estabelecidos são estudadas, aumentando o seu valor agregado e, consequentemente, a rentabilidade dos produtos.

A classe médica é muito sensível ao lançamento de novos produtos, principalmente nas especialidades onde a tecnologia e a minimização dos efeitos colaterais representam diferencial na conquista dos clientes. Não raro encontramos parcerias de empresas com médicos formadores de opinião, tendo como um dos principais motivos de conquista deste cliente a confiança em estar participando de uma empresa voltada à pesquisa.

O compromisso com a pesquisa clínica é um dos principais argumentos utilizados pelas multinacionais, quando questionadas a respeito de seus preços e de seus diferenciais frente aos similares e genéricos.

Realmente, o desenvolvimento de um produto da Fase 1 até o seu lançamento envolve milhões de dólares e a manutenção dos estudos clínicos nos mais diversos países envolve outros milhões.

Os profissionais de marketing que possuem como retaguarda o desenvolvimento de estudos clínicos através de seu departamento médico devem trabalhar fortemente com a sua força de vendas os estudos clínicos mais atualizados e de maior repercussão positiva no cenário médico internacional, mostrando seus diferenciais frente à concorrência.

A introdução de formadores de opinião e de especialistas de alto potencial prescritivo em estudos clínicos envolvendo o medicamento da empresa representa a possibilidade dos médicos em estarem experimentando o medicamento e gerando crescimento sustentável do produto.

A utilização do medicamento e o *status* de pesquisador que a empresa proporciona ao médico estão entre os principais fatores para a utilização e propagação do seu produto entre os profissionais. Estes pesquisadores geralmente são muito acionados como palestrantes em congressos e eventos, e sua opinião positiva a respeito de seu medicamento é muito importante para o sucesso de suas vendas.

O departamento médico geralmente conta com a participação de diversos profissionais denominados "monitores", que são responsáveis pelo acompanhamento do andamento dos estudos clínicos em diversos centros de pesquisa. Devido ao contato próximo e constante com o pesquisador e sua equipe, eles se tornam fonte de informações muito interessantes a respeito do perfil profissional e pessoal dos clientes, além do conhecimento detalhado de suas necessidades, trazendo para o marketing diversas opções de atividades diferenciadas a serem colocadas no mercado.

Além destas abordagens, a pesquisa clínica pode indiretamente criar abordagens complementares de muita utilidade na promoção da empresa e dos produtos:

- A excelência em qualidade dos seus produtos: a percepção do mercado em relação a empresas inovadoras está sempre associada a uma qualidade indiscutível.

- A resposta terapêutica dos produtos: quem desenvolve novos compostos está partindo do aprimoramento de uma conduta terapêutica que vem obtendo bons resultados, não de um insucesso mercadológico.

- A imagem institucional não somente do departamento de pesquisa clínica mas de todos os departamentos da empresa: a imagem de uma empresa financeiramente e estruturalmente sólida, preocupada com os problemas de saúde da população e que investe nestes projetos sociais.

De modo geral, gradativamente, as empresas vêm introduzindo em sua cultura a importância de um departamento de pesquisa e desenvolvimento, pois com o ciclo de produtos cada vez mais curto e o aumento constante da concorrência, somente aqueles que estiverem pensando no futuro terão chance de obter uma sobrevivência estável.

FARMACOVIGILÂNCIA

Histórico

Nos últimos anos do Século XIX e no início do século XX, apareceram na Inglaterra, na Suíça e nos Estados Unidos as primeiras legislações e órgãos específicos de controle de medicamentos, com ênfase na proteção do consumidor contra as fraudes.

Neste período, ocorreram importantes inquéritos sobre suspeitas de reações adversas, tais como os referentes às mortes súbitas durante anestesia por clorofórmio e à icterícia após o uso de arsenicais no tratamento da sífilis.

Assim, a *American Medical Association* criou o *Council on Pharmacy and Chemistry*, e finalmente surgiu o *American Food, Drug and Inseticide Administration*, que mais tarde originou a agência norte-americana de regulamentação, o *Food and Drug Administration/FDA*.

Em meados da década de 60, considerava-se reação adversa ou efeito indesejável como sendo a piora do estado clínico ou biológico de um indivíduo, o que o médico atribuía à tomada de um medicamento em doses habitualmente utilizadas e que demandava uma terapêutica, a diminuição da dose ou ainda a suspensão do tratamento para não gerar um risco incomum no caso de tratamento posterior com o mesmo medicamento (Dangoumau *et al.*, 1978).

Posteriormente, a OMS definiu reação adversa como sendo aquela que é nociva, involuntária e que ocorre nas doses normalmente usadas em seres humanos (Who, 1972).

A maioria delas é leve e não requer o uso de antídotos; um número menor é de gravidade moderada, podendo causar ou prolongar a internação hospitalar ou demandar o uso de antídotos; num número ainda menor, a reação é grave, pois ameaça a vida ou leva à morte.

Há várias expressões usadas para caracterizar os eventos adversos. As palavras acidentes e intoxicações sugerem inadequações na produção, na circulação ou no uso de produtos farmacêuticos.

Nestes casos, é costume atribuí-los a medicamentos fraudados, contaminados, adulterados ou falsificados.

Tais expressões são empregadas na própria legislação brasileira, sugerindo intencionalidade dos produtores, dos distribuidores, dos provedores de atenção à saúde ou dos usuários, tais como ingestão de doses anormais com finalidade não-terapêutica; prescrição ou dispensação quando há restrições de uso ou contraindicações; adulteração na fabricação, na comercialização ou no transporte dos produtos por motivações comerciais.

Definições

Farmacovigilância é o conjunto de métodos e técnicas que têm por objetivo a identificação e a avaliação dos efeitos do uso, agudo ou crônico, do tratamento farmacológico no conjunto da população ou em subgrupos de pacientes expostos a tratamentos específicos (Tognoni & Laporte, 1989).

Além disso, a farmacovigilância pode ser um importante instrumento para a promoção de uma mudança cultural que fomente uma percepção mais cuidadosa dos profissionais de saúde e da população em geral com relação ao uso de medicamentos.

Os principais objetivos da farmacovigilância são:

- Desenvolvimento e comercialização de produtos com a melhor relação risco-benefício possível.
- Identificação de novas reações adversas.
- Prevenção de reações adversas e dos custos, sociais e econômicos, a elas associados.
- Identificação de fatores predisponentes às reações adversas, como interações medicamentosas ou doenças intercorrentes.
- Detecção e avaliação de ineficácia ou novas indicações não observadas anteriormente.
- Desenvolvimento de ações preventivas e de educação continuada.
- Inclusão e/ou alteração na bula dos medicamentos quanto aos itens reações adversas, interações medicamentosas e precauções.
- Retirada de produtos do mercado (casos extremos).

Farmacovigilância no Brasil

Quando um medicamento entra no mercado, já foram feitas pesquisas para que os profissionais da área de saúde pudessem se certificar da segurança na administração deste. Porém, com a comercialização e utilização em grande escala, podem ser observados efeitos adversos que devem ser relatados para que se possa reavaliar o uso e os riscos da administração do produto em questão.

Por isso, existem no Brasil os centros de farmacovigilância, que se responsabilizam pela coleta e organização destes dados. Todos estes centros fazem parte do Sistema Nacional de Farmacovigilância e, entre eles, o Centro de Farmacovigilância do Hospital das Clínicas da Faculdade de Medicina da USP, o CEATOX.

Os dados obtidos são encaminhados para o PIF/OMS, onde são adicionados aos dados de 47 outros países.

As funções da OMS em relação à farmacovigilância são:

- Publicações periódicas (intercâmbio constante de informações estabelecido com os países-membros).
- Emissão de sinais (possibilidade de reação nova, inesperada ou séria) e fortalecimento de sinais (refutar ou confirmar).
- Inclusão ou alteração de informações nas bulas dos medicamentos (reações adversas, interações medicamentosas etc.).
- Detecção e avaliação de ineficácia ou novas indicações de fármacos não observadas anteriormente.
- Retirada de produtos do mercado (casos extremos).
- Fonte de dados para planejamento de ensaios clínicos ou de estudos epidemiológicos específicos (ferramentas da FV).
- Padronização da terminologia técnica a ser adotada pelos países-membros.
- Desenvolvimento de ações preventivas e de educação continuada.

Como este sistema se baseia na *Notificação Voluntária*, é pedido aos médicos que entrem em contato com o centro, informando sobre efeitos colaterais provocados por medicamentos que foram por eles observados.

Algumas ações podem ser feitas para estimular as notificações espontâneas:

- Facilitar os relatos (0800, formulário amarelo, porte-pago, *site* Internet).
- Acusar o recebimento das notificações espontâneas.
- Garantir confidencialidade dos dados recebidos.
- Encorajar os relatos de profissionais da área de saúde (médicos e não-médicos).
- Oferecer *feedback* das notificações espontâneas recebidas aos relatores (quando disponíveis).

Farmacovigilância como Diferencial Competitivo das Empresas

A farmacovigilância vem exercendo uma influência muito grande nas ações de marketing, pois ela oferece diversos benefícios para a imagem da empresa:

a) Mostra a preocupação da empresa com a saúde do paciente

Uma empresa que possui um departamento de farmacovigilância ativo demonstra à sociedade que ela está empenhada não somente em proporcionar a solução para o tratamento das patologias, mas que também está preocupada com a qualidade de vida do paciente, através do acompanhamento e da administração dos efeitos colaterais. Esta visibilidade positiva perante a população é muito importante nos dias de hoje, visto a influência do paciente no receituário médico.

b) Mostra a preocupação da empresa com a imagem da classe médica

Quando um médico decide a respeito de um tipo de tratamento, ele também tem a consciência de que o paciente pode apresentar alguns efeitos colaterais que podem fazê-lo descontinuar o tratamento. Mesmo estes efeitos sendo previsíveis, muitas vezes a classe médica se sente descoberta a respeito de maiores informações de como poderá contornar estes problemas. A farmacovigilância é uma grande parceira no momento da prescrição, onde os médicos têm mais segurança em utilizar medicamentos de empresas empenhadas em resolver estes problemas.

c) Antecipa condutas de segurança

Quando começam a existir alguns relatos constantes de alguns efeitos adversos pouco comuns, automaticamente existe uma movimentação em relatá-los em bula, indicando procedimentos que visam minimizar futuros problemas decorrentes pelo uso da droga.

d) Demonstra transparência e seriedade

As empresas de genéricos e similares encontram na farmacovigilância um dos pilares relacionados à credibilidade que precisam para poder vender os seus produtos.

A promoção da qualidade não é mais um argumento forte de persuasão, pois com a alta crescente da concorrência quem não tem qualidade está fora do mercado. A farmacovigilância vem mostrar que a empresa não tem receio de expor os problemas decorrentes da utilização de seus medicamentos, mas que está ao lado do médico na busca de sua solução, conferindo uma imagem de credibilidade e segurança para a classe médica.

Esta credibilidade pode ser sentida também nos órgãos do Governo, através da parceria na coleta de informações, facilitando os levantamentos estatísticos e futuras análises dos dados.

Até mesmo algumas farmácias de manipulação estão disponibilizando para seus clientes, com sucesso, um serviço de farmacovigilância.

Para as farmácias de manipulação é muito importante acompanhar os efeitos colaterais de seus produtos, pois este setor ainda possui um alto preconceito em relação a sua qualidade.

FARMACOECONOMIA

A farmacoeconomia é a aplicação da economia no estudo dos medicamentos, visando a otimização do uso de recursos financeiros sem que ocorra prejuízo na qualidade do tratamento.

A farmacoeconomia, como entendemos atualmente, surgiu em 1978, quando McGhan, Rowland e Bootman, professores de farmácia da Universidade de Minnesota, introduziram os conceitos de custo-benefício e de custo-efetividade e os utilizaram em estudos sobre a individualização de dosagens de aminoglicosídeos em pacientes severamente queimados. No entanto, o conceito de "farmacoeconomia" foi utilizado pela primeira vez apenas em 1986, por Townsed.

Como descreveremos a seguir, as indústrias farmacêuticas começaram a trabalhar efetivamente a farmacoeconomia para verificar se os produtos de lançamento ou de linha possuíam potencial a longo prazo dentro do conceito de ação/custo/qualidade de vida.

Os planos de saúde usam a farmacoeconomia para estudar as opções de tratamento que permitem aumentar a sobrevida e reduzir custos globais.

Alguns autores atuais entendem a farmacoeconomia em dois contextos: um de visão mais abrangente, que procura enxergar as relações macroeconômicas da utilização de medicamentos sobre as finanças de uma organização; outro de visão mais restrita, que tende a analisar comparativamente as opções terapêuticas entre si para uma mesma indicação.

A farmacoeconomia não pode ser confundida com a elaboração de cálculos de consumo, físico e/ou financeiro, de medicamentos. Os estudos só se tornam farmacoeconômicos quando se pode demonstrar, de maneira matemática e inequívoca, o tipo e a magnitude do impacto causado nos resultados.

Entre os fatores que justificam os estudos farmacoeconômicos citamos:

- O aumento dos custos com o sistema de saúde.
- O envelhecimento da população, público que muitas vezes utiliza mais de um medicamento, onde a interação e os efeitos colaterais têm importância crítica. O custo total do tratamento e a minimização dos efeitos colaterais são fatores primários de atenção.
- Dificuldade de justificar o lançamento de produtos mais caros, uma característica presente principalmente nas multinacionais.

Através da avaliação farmacoeconômica encontramos respostas para as seguintes perguntas:

- Qual a melhor opção terapêutica para uma determinada doença sob o binômio qualidade-custo?
- De que forma a qualidade de vida do paciente será afetada por uma opção terapêutica?
- Qual será o custo de prolongar a vida de um paciente através de um determinado tratamento? Tal custo é justificável sob aspectos clínicos e de qualidade de vida quando estes parâmetros são comparados a outras alternativas terapêuticas?
- Quais medicamentos compõem as melhores alternativas para a elaboração de um formulário de uma região, instituição ou programa de saúde?
- Para uma indústria farmacêutica, um novo medicamento em fase de pesquisa será viável em relação à qualidade-custo para justificar a continuidade de seu desenvolvimento?

Interpretação de Custo de Tratamento

Muitos autores fazem referência aos chamados custos intangíveis, representados por dor, sofrimento, incapacidade e perda da qualidade de vida. O sentido dado à palavra *custo*, neste caso, tem a ver com os problemas psicológicos que estes fatores representam.

Os elementos que compõem o custo devem conter a média dos acontecimentos e, para isso, cada evento deve ser quantificado em termos de seu custo por ocorrência (por exemplo, uma solicitação de um exame, uma diária de internação, duas consultas médicas, etc.), usando-se como valor o preço real ou então um preço referencial (tabelas de reembolso ou de cobrança utilizadas por organizações, como a tabela do Sistema Único de Saúde brasileiro, ou tabelas específicas de certas companhias de planos de saúde).

Para o cálculo de custos, a frequência com que tais eventos ocorrem é muito importante. Se ocorrer em 100% dos casos, significa que o valor deve ser integralmente aplicado nos custos de tratamento. Em caso contrário, o valor deve ser ponderado pela frequência de utilização daquele recurso.

Consequências

O segundo elemento da análise farmacoeconômica, tão importante quanto o custo, são as consequências ou os resultados do tratamento (em inglês, *outcomes*). As consequências podem ser mensuradas através de resultados clínicos (por exemplo, porcentagens de curas obtidas, complicações evitadas, número de vidas salvas, melhorias em parâmetros vitais e outros), econômicos (lucros ou prejuízos) ou humanísticos (mudanças na qualidade de vida dos pacientes). De acordo com o tipo de consequência analisada, as análises farmacoeconômicas receberam diferentes denominações.

Principais Análises Farmacoeconômicas

As principais análises farmacoeconômicas são:

1) Minimização de custo

É utilizada quando as consequências (clínicas ou de utilidade) são consideradas equivalentes, havendo então apenas a necessidade de avaliar cuidadosamente os custos de cada opção dentro da metodologia proposta. É a forma mais simples de análise, pois considera somente os custos, uma vez que os resultados são iguais. Exemplo: análise dos custos de administração de um mesmo medicamento para diferentes vias de administração.

O maior cuidado a se tomar em uma análise de minimização é não fazer comparações entre produtos com perfis de eficácia e segurança que apresentem diferenças éticas inaceitáveis.

2) Custo-benefício

Faz a relação entre os custos associados ao tratamento e os benefícios gerados por ele. Todos os custos (investimentos) e benefícios (consequências) das alternativas são mensurados em termos monetários.

Uma avaliação de custo-benefício parte do levantamento de custos de uma opção, da forma preconizada anteriormente. Em seguida, devem ser levantados os benefícios econômicos obtidos pela opção, como a quantidade de recursos financeiros que podem ser reduzidos pela adoção da alternativa.

Exemplo: Custo-benefício de uma campanha de vacinação para gripe, considerando até mesmo dias de trabalho não perdidos por causa da doença ou a relação entre o custo de dois tratamentos e a diminuição dos custos de internação hospitalar.

3) Custo-efetividade

Preocupa-se com a relação entre os custos de um tratamento e seus benefícios clínicos (efetividade) ao paciente. Os resultados são expressos em unidades não-monetárias, em termos de melhoria de vida ou ganho de qualidade de vida, vidas salvas, dias livres de sintomatologia, tempo de enfermagem etc.

Os resultados clínicos são levantados através de ensaios clínicos (de preferência controlados, randomizados e duplo-cegos), estudos de coorte ou estudos observacionais; podem provir de publicações científicas ou, simplesmente, de reuniões com comitês de especialistas (embora esta forma seja altamente passível de desvios e imprecisões). O importante é que os dados sejam confiáveis, qualitativa e quantitativamente, e, se possível, que tenham recebido tratamento estatístico para que se possa ter certeza das diferenças entre dois tratamentos diferentes.

Deve-se efetuar uma distinção entre eficácia e efetividade. A eficácia representa a resposta a um tratamento obtida em condições ideais, geralmente vistas em ensaios clínicos, onde as variáveis são controladas para se obter a máxima fidedignidade dos resultados. A efetividade compreende a obtenção de resultados em condições de rotina, onde múltiplas interferências podem modificar a resposta esperada de um tratamento (interações medicamentosas, adesão do paciente ao tratamento, comorbidades e muitos outros fatores).

Por este motivo, os estudos farmacoeconômicos realizados com dados de eficácia podem apresentar diferenças, quando as influências externas afetam os resultados clínicos.

Exemplo: Relação entre diferentes anti-hipertensivos e os respectivos graus de efetividade em diminuir a pressão arterial × efeitos colaterais dos produtos ou os custos de diferentes tratamentos quimioterápicos para o câncer.

4) Custo-utilidade

É mensurado através de pesquisas com a população sobre suas preferências e a qualidade de vida associada ao uso de medicamentos.

A qualidade de vida é um conceito muito mais amplo e envolve não apenas a saúde, mas também a percepção global do paciente de um determinado número de dimensões-chave, com ênfase:

a) nas características físicas, biológicas, anatômicas e hereditárias;

b) no estado funcional e na capacidade de desempenhar as atividades do cotidiano;

c) no estado mental, incluindo a autopercepção da saúde e do estado de ânimo;

d) no potencial de vida individual, que inclui a longevidade e o prognóstico dos eventuais estados mórbidos;

e) nos fatores ambientais, que incluem a situação socioeconômica, a educação, os hábitos de higiene, a alimentação e o meio ambiente, entre outros.

A avaliação da qualidade de vida associada à saúde é feita através de questionários cuidadosamente elaborados para captar o grau de satisfação de um indivíduo com o seu estado atual.

Farmacoeconomia como Auxiliar nas Decisões de Marketing

A farmacoeconomia é uma grande aliada das empresas farmacêuticas, pois através de seus estudos conseguimos trabalhar mais efetivamente com os:

- **Médicos:** Facilita na promoção médica, pois comprova que o produto pode até ser mais caro mas possui vantagens significativas em relação à qualidade de vida do paciente e/ou ao custo total de tratamento.

    O representante deixa de lado a característica de somente estabelecer conceito de melhor produto para usar o perfil de "conceito de melhor tratamento global". Como o componente preço/custo está posicionado como uma das principais características de aceitação/escolha de um produto, o representante adquire vantagem competitiva diferencial.

- **Convênios:** Os convênios estão adotando políticas e procedimentos visando minimizar e otimizar investimentos. Estudos farmacoeconômicos facilitam as negociações sobre reembolsos ou glosas de medicamentos (para evitar).

    Reuniões periódicas com os gestores dos planos de saúde acabam gerando estreitamento do relacionamento e conscientização da introdução do melhor tratamento.

- **Hospitais:** A maior parte dos hospitais do país se encontra com problemas financeiros. Como 25 a 35% dos custos dos hospitais estão centrados nos medicamentos, eles precisam estar otimizando seus investimentos, racionalizando a utilização dos medicamentos e criando sistemas de monitoramento do tratamento ao paciente. Estudos farmacoeconômicos estabelecem novos modelos de raciocínio para a compra e estruturação dos processos internos de um hospital como: a adequação de seu número de funcionários, a otimização na dispensação dos produtos e a organização da farmácia hospitalar e valorização do farmacêutico.

É importante ressaltar que a farmacoeconomia no hospital deve estar alinhada com o SIM (Sistema de Informação de Medicamentos) para podermos acompanhar o desempenho dos produtos para possíveis reanálises dos estudos farmacoeconômicos.

União de Forças

A pesquisa clínica aliada à farmacovigilância (monitoramento dos efeitos colaterais) e a farmacoeconomia (análise do custo do tratamento) formam uma "parceria" muito útil para diversas decisões estratégicas, pois remetem às principais tendências no receituário/uso do medicamento:
- A eficácia não é mais diferencial, mas característica intrínseca de um medicamento. A minimização ou ausência dos efeitos colaterais é o foco. O trabalho do representante de vendas deve ser direcionado para este aspecto.
- A necessidade de uma maior transparência das empresas que atuam no mercado farmacêutico é conquistada no momento que existe uma comunicação ampla de um sistema de suporte a qualquer tipo de ocorrência com os seus produtos. O profissional de marketing deve estar acompanhando a "performance" de seu(s) produto(s) para rapidamente determinar as soluções corretas aos dados coletados.
    > Vale lembrar que os questionários de farmacovigilância devem possuir uma estratégia de incentivo para o seu preenchimento, algo que geralmente os profissionais de saúde não gostam de fazer, por terem medo de se expor, por acharem que estes dados podem revelar algum tipo de "incompetência" profissional.
- O conceito simples de "preço" não representa uma ferramenta estratégica sustentável, seja para os laboratórios, seja para as farmácias. O "CUSTO" do medicamento se relaciona a "TODOS" os valores envolvidos no tratamento, sejam eles provocados diretamente (efeitos colaterais, tempo de tratamento, etc.), ou indiretamente (tempo de internação, dias de trabalho perdidos, custo dos profissionais envolvidos) pelo medicamento.
- Considerando o atual estado financeiro da maioria dos hospitais brasileiros, a farmacoeconomia "racionaliza" a compra/padronização de medicamentos, reduzindo os custos para os hospitais
- Os convênios, uma realidade de mercado, precisam utilizar a farmacoeconomia para a minimização de seus custos, já que os custos

das tecnologias crescentes de diagnóstico e intervenções não param de crescer.

- Necessidade de maiores margens nos produtos de lançamento, principalmente após a entrada dos genéricos. Esta percepção adicional de "valor" é conquistada pelos produtos inovadores derivados de estudos clínicos.

Gestão de Vendas

CAPÍTULO VII

Força de Vendas: Organização, Desenvolvimento e Direcionamento

A força de vendas representa o sucesso de qualquer planejamento estratégico. Para que isto aconteça é necessária uma atenção especial às pessoas que estarão frente a frente com os nossos clientes.

Como o perfil do médico está se tornando cada vez mais complexo devido à riqueza de fontes de informação, a força de vendas também tem necessidade de uma mudança na sua capacitação para que ela possa aumentar a sua credibilidade no mercado e diferenciar a comunicação dos seus produtos.

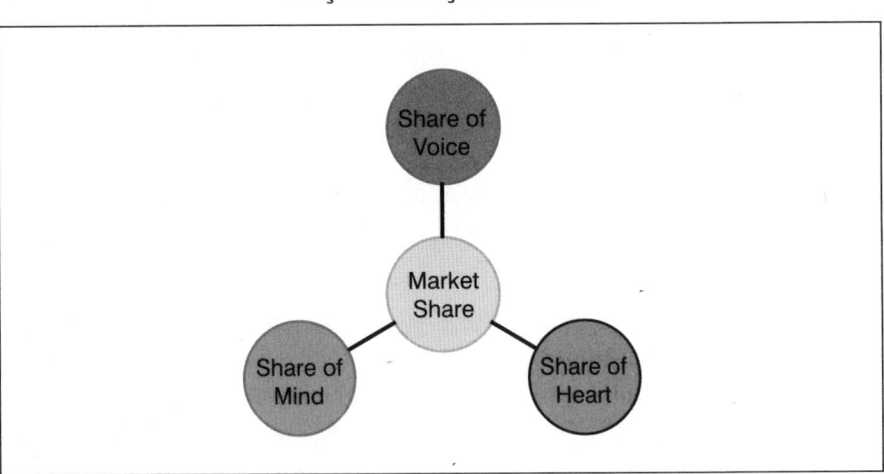

Função da Força de Vendas

```
        Share of
         Voice
            |
        Market
        Share
       /      \
  Share of   Share of
   Mind       Heart
```

- **Share of Voice:** Gerar divulgação do seu produto/empresa, fazer com que os clientes falem bem e pulverizem esta imagem no mercado.

- **Share of Mind:** Fazer o produto/empresa ser um dos primeiros produtos a serem lembrados pelos clientes. Aqueles que são mais lembrados geralmente são os escolhidos na hora da compra/receituário.
- **Share of Heart:** Fazer com que o produto/empresa possua uma ligação afetiva com o cliente. Dificilmente o cliente deixará de ser fiel a um produto que representa algo importante em sua vida.

Todos estes conceitos, quando bem trabalhados, fazem com que sua empresa/produto aumente sua participação de mercado (Market Share) e conquiste um crescimento sustentável. Lembrando sempre que este crescimento, no mercado farmacêutico, possui seus alicerces na informação técnico-científica e no relacionamento com os clientes.

Formação de uma Equipe de Vendas/Representantes

Inicialmente, precisamos saber quais os critérios utilizados para a montagem de uma equipe de vendas na área farmacêutica.

a) Estudo epidemiológico por região

As doenças que mais ocorrem na região onde se pretende ter um representante servem como base para a decisão se o(s) produto(s) em questão irá(ão) apresentar potencial de venda. As estratégias focadas nas indicações-alvo do(s) produto(s) devem ser levadas em conta nesta fase.

b) Estudo farmacoepidemiológico por região

A pergunta para este item é: "Quais os medicamentos mais prescritos para as patologias-chave de meu(s) produto(s)?" Este estudo deve levar em conta não somente os tratamentos atuais mas o histórico de tratamento. Desta forma é mais fácil verificar o hábito prescritivo dos médicos da região.

c) Número de médicos por região

Com a otimização dos investimentos cada vez mais em alta é importante saber não somente quantos médicos, mas o potencial deles por região. Lembre-se de que o potencial do médico é determinado por:
- Formação e especialização fora do país.
- Número de pacientes.

- Condição social dos pacientes.
- Tempo de experiência.
- Representatividade do médico em seu meio.
- Participação do médico nas principais sociedades relacionadas à sua especialidade.
- Hábitos prescritivos dentro das patologias de interesse para a empresa.
- Parcerias com outros laboratórios ou farmácias.

Com estes dados fica mais fácil estabelecer:

- Quais cidades/regiões o representante vai abranger.
- A distância que será percorrida.
- O número de médicos que deverão ser visitados por dia.

d) Número de médicos visitados por dia

FREQUÊNCIA DA VISITA

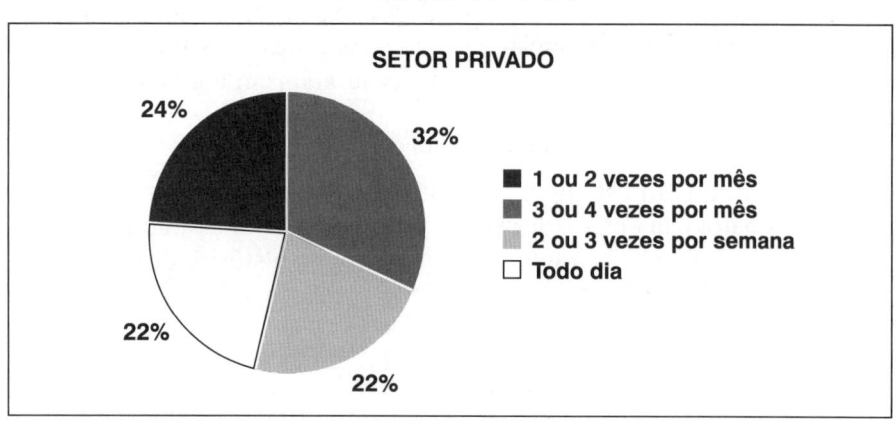

SETOR PRIVADO

- 24% — 1 ou 2 vezes por mês
- 32% — 3 ou 4 vezes por mês
- 22% — 2 ou 3 vezes por semana
- 22% — Todo dia

Fonte: TCS1/103. A indústria farmacêutica e a prescrição médica. UFF, 2003

O número de médicos visitados por dia vai depender principalmente:

- Das características do produto e da sua necessidade de estabelecer maior ou menor conceito.

- Da sinergia entre o binômio tamanho de território e facilidade de encontrar concentração de médicos potenciais (clínicas, hospitais, postos de saúde etc.).
- Do número de produtos que precisarão ser propagados para o mesmo médico.

e) Cidades potenciais

Capitais de estado e cidades representativas de uma região (Campinas, Ribeirão Preto, Uberlândia, etc.) sempre serão alvo das empresas, pois possuem crescimento sustentável na área de saúde e atrativo para um aumento da concentração de médicos importantes.

f) Distância entre as cidades

Distâncias entre cidades acima de 100km devem ser analisadas, pois começam a representar risco para o representante/vendedor, além de dificultar o trânsito e, consequentemente, a performance.

Em locais com poucas cidades potenciais esta prática é mais comum. A questão é: O custo *versus* o retorno de alocar uma pessoa para regiões com pouca estrutura vale a pena? É necessário realizar uma análise de perspectiva futura para este setor.

CURVA DE RESPOSTA DA FORÇA DE VENDAS

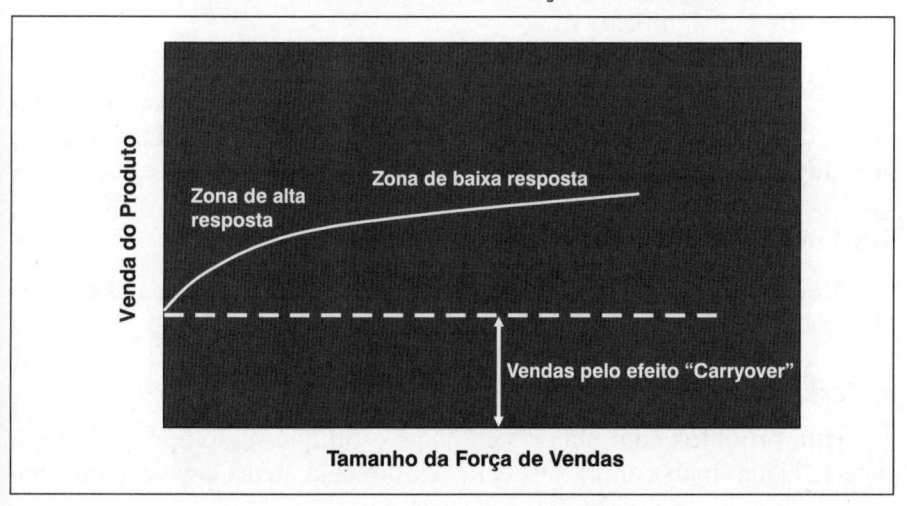

EFEITO "CARRYOVER"

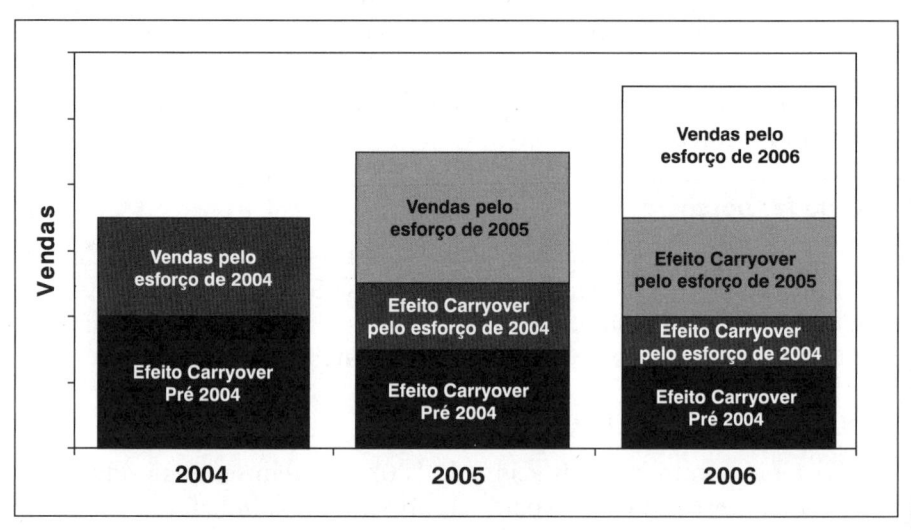

		Vendas pelo esforço de 2006
	Vendas pelo esforço de 2005	
Vendas pelo esforço de 2004		Efeito Carryover pelo esforço de 2005
	Efeito Carryover pelo esforço de 2004	Efeito Carryover pelo esforço de 2004
Efeito Carryover Pré 2004	Efeito Carryover Pré 2004	Efeito Carryover Pré 2004
2004	2005	2006

Todo esforço de vendas, tanto no lançamento como no trabalho diário da força de vendas, possui um efeito residual que resulta em demanda. Esta demanda permanece mais forte logo no ano seguinte de trabalho e a esta são adicionados os esforços/investimentos/estratégias do corrente ano.

Como percebemos no ano de 2005, o Efeito Carryover pré 2004 é menor do que em 2004, mas o impacto deste efeito, resultado dos esforços de 2004, é significativo.

O principal resultado será sempre o esforço realizado no ano de trabalho e o Efeito Carryover sempre será importante para mensurar a fidelidade do cliente a determinada empresa e/ou produto e a facilidade de introdução de novos medicamentos.

Decisão do Perfil do Representante/Vendedor

A decisão do perfil do representante/vendedor está atrelada às seguintes características:

a) Perfil do produto

Para produtos com maior tecnologia e/ou que serão apresentados a especialidades mais complexas, como cardiologia, neurologia e oncologia, é interessante que o representante possua uma formação na área biológica, como farmácia, biologia etc.

Já para produtos como os genéricos, onde a negociação, o relacionamento e a flexibilidade são predominantes, outras formações podem ser utilizadas. Uma decisão importante para se trabalhar com genéricos é: "Preciso de um representante/vendedor ou somente de um PROMOTOR DE VENDAS?"

Com o aumento da importância do ponto de venda (farmácias) para as empresas farmacêuticas, o conhecimento de merchandising e de técnicas de atendimento e negociação está em alta no mercado, e o pessoal de vendas deve ser continuamente treinado para suprir estas novas necessidades.

b) Idade e experiência

Podemos simplificar da seguinte forma:

- **Mais experiência** = resultados mais rápidos, maior relacionamento e conhecimento do mercado, mas alguns vícios são difíceis de administrar em alguns casos.

    As empresas nacionais, principalmente de similares, contrataram muitos profissionais com experiência para poder ganhar mercado rapidamente e gerar receita.

- **Menos experiência** = necessidade de maior treinamento, principalmente na forma de se relacionar com os clientes, mas é "moldado" de acordo com os objetivos da empresa. As multinacionais trabalham quase que exclusivamente com os chamados "neófitos".

c) Sexo

O mercado de vendas era predominantemente masculino. Percebendo que a maioria dos médicos ainda é formada por homens e descobrindo que a mulher possui maior poder de influência neste público, melhor conversação e personalização do atendimento, as empresas vêm contratando mais mulheres para assumir a função de representante de vendas.

O treinamento neste caso deve ser focado também na postura e comportamento para que não existam problemas futuros.

Competências do Representante/Vendedor

1) Conhecimento do produto e da empresa

Conhecer o produto e a empresa é o primeiro requisito para o sucesso de um profissional, principalmente no setor farmacêutico.

Quando o representante estiver na frente do médico ele vai precisar saber todas as informações referentes ao produto para que transmita credibilidade nas informações e, conhecendo detalhadamente sua empresa, se sinta mais seguro nos momentos de adversidade; além disso conhecimento serve como um dos fatores motivacionais e de orgulho profissional.

As informações básicas que o representante precisa saber em relação ao produto são:

- Indicações do produto.
- Efeitos colaterais.
- Posologias mais utilizadas.
- Interações medicamentosas (algumas vezes).
- Preço.
- Diferenciais do seu produto frente à concorrência.

E em relação à empresa:

- Relato de efeitos adversos.
- Solicitação de patrocínio.
- Procedimentos na falta do produto.
- Solicitação de trabalhos clínicos.
- Solicitação de informações sobre o produto ou mercado.
- Gerenciamento de crédito dos clientes.
- Flexibilidade da política comercial.

O departamento de treinamento e o de marketing devem trabalhar em conjunto para poder suprir a força de vendas com todas as informações referentes à parte técnica do produto, estratégias que serão utilizadas e as informações da empresa que poderão afetar o trabalho do campo.

Todos os outros departamentos envolvidos com o trabalho do representante devem ajudar no envio de informações, como, por exemplo:

- Crédito dos clientes.
- Posicionamento do estoque.
- Locais onde estão sendo desenvolvidos os estudos clínicos.
- Eventos que ocorrerão em cada setor.
- Mudanças na política interna da companhia etc.

Deve ser estabelecido um canal contínuo de informações para que a força de vendas se sinta segura para esclarecer as dúvidas que frequentemente aparecem no trabalho diário no campo, sejam do próprio representante ou dos clientes.

Com a introdução da informática na força de vendas, percebemos que muitos representantes utilizam no seu trabalho diário o computador ou mesmo um palmtop. Este tipo de ferramenta de trabalho permite que o treinamento tenha mais uma arma no aperfeiçoamento profissional, o *e-learning*.

E-learning é o termo emergido para a Internet baseado na distribuição de educação e informação através da tecnologia. Acompanhando a nova realidade da informação, o seu objetivo é o de responder com uma atitude inovadora à crescente e acelerada exigência social por reciclagem e formação profissional.

Os componentes fundamentais de *e-learning* são conteúdo, tecnologia e serviços.

A utilização da Internet proporciona uma série de vantagens para a formação, incluindo economia de tempo, diminuição de custos operacionais e acesso mais rápido a informações e grupos de discussão, entre outras.

Ao eliminar as barreiras da distância e da dificuldade de acesso aos melhores especialistas, o *e-learning* confere a cada indivíduo ou organização o privilégio único de gerir de forma personalizada os seus tempos de formação.

As reuniões de ciclo e as inúmeras apostilas que geralmente eram utilizadas pelo treinamento agora começam a ser direcionadas para o treinamento à distância, gerando economias substanciais às empresas.

O ensino à distância pode ser feito de duas formas: síncrono e assíncrono. A primeira delas imita uma sala de aula tradicional, ou seja, as aulas acontecem em tempo real e conectam estudantes e instrutores através de *streaming* de áudio e vídeo ou uma sala de *chat*. Já o modo assíncrono permite que estudantes acessem cursos "empacotados" na hora que desejarem, trabalhando da forma que lhe convier e se comunicando com o professor e outros estudantes através de *e-mail*.

Vantagens do *e-learning:*

a) Cultiva o seu capital intelectual sem necessidade de deslocamento ou ausências prolongadas do local de trabalho.

b) Benefício de um sistema de formação que lhe é entregue como e quando requisitado de acordo com as suas necessidades.

c) Acesso ao conhecimento vital para a evolução da sua carreira em qualquer lugar e a qualquer hora.

d) Proporciona a implantação de uma metodologia de trabalho que auxilia as equipes de recursos humanos na capacitação continuada de colaboradores, valorizando o capital intelectual.

e) Facilita a implantação de programas de capacitação continuada que abrangem toda a cadeia produtiva da empresa, disseminando a missão, objetivos e cultura da corporação.

f) Permite flexibilizar o formato tradicional dos treinamentos presenciais, quanto à carga horária, obrigatoriedade da presença física e horário para a aprendizagem, tornando-os semipresenciais ou totalmente à distância.

g) Facilita a criação de modelos mistos de capacitação, mesclando em cursos semipresenciais o melhor das estratégias presenciais, com as vantagens da colaboração virtual, como a continuidade das interações iniciadas ao vivo.

h) Garante competitividade através da gestão do conhecimento, cujo ciclo de vida é cada vez mais curto.

i) Permite a troca ágil de informações, compartilhamento de conteúdos relevantes e contextualizados e espaços de discussão temática entre pares, através da Internet e redes locais.

Para que uma estratégia de *e-learning* funcione em uma organização, será necessário alto comprometimento por parte de toda a empresa.

Implementar o *e-learning* não significa colocar uma lista de cursos disponível na rede. Significa integrar uma nova ferramenta de aprendizado às já existentes na empresa, impondo uma série de transformações culturais, investimento e forte disposição para entender e lidar bem com uma experiência muito nova.

Isso tudo é tão sério que algumas empresas encaram o *e-learning* como uma parte de um portal interno para os funcionários chamados atualmente de "portais B2E" (*business to employee*) ou da chamada "Universidade Corporativa" (que agrega bem mais do que cursos, mas toda uma preocupação de formação e criação de cultura e valores corporativos).

Encaixada nesse papel, a estratégia de *e-learning* de uma empresa funciona totalmente integrada aos seus objetivos globais, sendo indispensável a participação de várias áreas da empresa na definição, promoção e execução da política de *e-learning* das organizações.

2) Conhecimento do setor

a) Médico

É importante que o representante consiga entender quais são as reais necessidades dos médicos e saber priorizar quais delas são decisórias na hora de receitar ou comprar um medicamento.

Quando ele recebe uma estratégia e/ou um material para ser trabalhado no campo, geralmente existe uma mensagem-chave a ser transmitida para os clientes, onde constam os diferenciais do seu produto frente à concorrência.

Existem algumas perguntas importantes que o representante deve responder para aumentar a sua chance de sucesso com os seus produtos:

- **"Para este médico específico, qual a sua real necessidade? É a eficácia, a tolerabilidade, a posologia ou o preço do meu produto?"**

Logicamente que o médico gostaria de ter todas estas características no seu produto de prescrição, mas sempre existe um fator ou outro que ele leva mais em conta de acordo com a doença ou o perfil do paciente.

Muitas vezes verificamos que dependendo dos pacientes e/ou da instituição na qual o médico trabalha, o preço não representa uma limitação. Outras vezes, ele está mais preocupado com a qualidade de vida do paciente e o fator tolerabilidade tem papel de destaque.

- **"Qual é o perfil de conduta deste médico? Geralmente para as indicações dos produtos que eu trabalho, quais são os tratamentos utilizados por ele?"**

Todo médico tem uma conduta específica que está relacionada com a faculdade em que ele se formou e também com os cursos e experiências que ele obteve.

No primeiro contato com um médico, não devemos tentar "forçar" a mudança de conduta deste profissional, mas entendê-lo e, gradativamente, realizar um trabalho para estabelecer uma nova alternativa de tratamento utilizando o seu produto.

- **"Este médico é sensível a que tipo de informação?"**

    Exemplos:

    ➢ Material promocional (ajuda visual, revistas, separatas etc.)?
    ➢ Participação em congressos nacionais/internacionais?
    ➢ Visita de um especialista em sua instituição?

b) Concorrência

Ninguém está sozinho no mercado. Todo produto somente tem diferenciais quando relacionados a algum concorrente. Considerando isso, algumas perguntas precisam ser respondidas para que possamos estabelecer atividades diferentes das encontradas no mercado:

- **"Quais são os meus principais concorrentes? Quais são as mensagens/ações que eles estão passando?"**

- **"Como é a venda destes concorrentes nas farmácias, hospitais e distribuidores?"**

Com estas informações da concorrência, o representante poderá visualizar:

- um mercado potencial;
- o perfil prescritivo daquele setor;
- as potencialidades dos produtos;
- as estratégias de ação para reverter estas condutas.

c) Procedimentos

A função do representante não se limita somente à visitação médica pois, na maioria das vezes, o produto pode ser utilizado nos hospitais, e neste caso a sua utilização/padronização depende não somente do médico, mas envolve uma série de pessoas importantes na instituição.

- **"Quais são os procedimentos para padronizar o meu produto nesta instituição?"**
- **"Quem são as pessoas que pertencem à comissão de padronização?"**
- **"O que esta comissão de padronização tem como critérios para inserir o produto no hospital?"**
- **"Quais os contatos que possuem força política dentro da instituição que poderão ajudá-lo?"**

Conversando com os profissionais do setor de enfermagem, farmácia e compras o representante poderá esclarecer algumas destas perguntas e começar a abordar esta instituição de uma forma mais direcionada.

3) Relacionamento

O conhecimento técnico de um profissional é, sem dúvida, o alicerce para a sua credibilidade, pois desta característica advém toda a confiança dos clientes nos seus produtos e na sua empresa, mas isso não é tudo.

O relacionamento que o representante conquista ao longo do tempo se torna peça-chave de diferenciação.

Com um mercado tão competitivo, onde as drogas não possuem diferenças significativas, não é raro um médico utilizar determinado tratamento simplesmente porque ele tem um melhor relacionamento com este ou aquele representante.

Em quase todas as técnicas de vendas existe o tão divulgado "quebra gelo", que é o começo da abordagem da visita. É importante que o representante consiga transmitir, além do conhecimento, o sentimento de que ele também se importa com o lado pessoal dos clientes para conseguir tornar aquela visita um "oásis" dentro do dia a dia tão atribulado do médico.

Percebemos que todo representante que possui um relacionamento mais próximo com os profissionais da saúde tem também, na maioria das vezes, um conhecimento técnico e do mercado muito melhor, pois existe uma troca de informações mais intensa relacionada aos procedimentos mais adotados e às tendências e realidades do mercado.

Esta preocupação com o contato pessoal deve se estender a todos os outros profissionais que, direta ou indiretamente, fazem parte do universo daquele médico.

Dependendo da especialidade e da instituição, farmacêuticos, enfermeiros, compradores e até mesmo recepcionistas podem ser parceiros muito interessantes no sucesso deste representante.

4) Administração do tempo

Todos temos muitas tarefas a cumprir durante o dia. Na área de vendas, os representantes são divididos por regiões de acordo com o potencial de cada uma e com o número de médicos, onde cada um deles recebe um setor específico para o seu trabalho.

Este setor pode ser maior ou menor, dependendo das especialidades visitadas, e este profissional deve ter uma programação elaborada de quais e quantos médicos ele deve estar conversando/visitando em cada dia, coincidindo os horários de atendimento com a distribuição geográfica de cada profissional.

Com isso, perde-se menos tempo e otimiza-se a visita, podendo dar maior atenção aos clientes que ele considera de maior potencial.

Com o grande número de atividades que desenvolvemos durante o dia, precisamos saber administrar o nosso tempo para que possamos otimizar a nossa performance e, ao mesmo tempo, ter qualidade de vida. Esta administração do tempo deve ser difundida para todos os funcionários da empresa como uma das formas de se chegar ao sucesso.

Para a força de vendas que geralmente não possui um contato direto e constante com a empresa, a administração do tempo deve ser repassada como uma ferramenta motivacional de conquista de maiores contatos, vendas e aprofundamento do seu relacionamento com os clientes.

A seguir, temos algumas maneiras de administrar melhor o tempo, que podem ser aplicadas não somente aos representantes, mas a todos os profissionais:

1. **Estabeleça os objetivos com clareza.** Anote as metas com destaque numa folha de papel e deixe-as sempre bem à vista.

2. **Faça uma lista diária e priorize as atividades.** Relacione diariamente, numa folha de papel ou em sua agenda, todas as atividades a serem cumpridas nesse dia e estabeleça prioridades.

3. **Saiba tomar decisões.** Tente identificar as causas do problema mediante as clássicas perguntas: O quê? Quando? Por quê? Onde? Quem? Como? Isolando o problema e as descobertas das causas, tome a decisão.

4. **Saiba dizer não.** Se alguém (como seu chefe, por exemplo) quiser lhe empurrar um serviço e você estiver sobrecarregado de trabalho, diga claramente que não tem condições de assumir mais um trabalho ou sugira outra pessoa.

5. **Seja breve ao telefone.** Ligações telefônicas atrapalham e atrasam o trabalho. Vá direto ao assunto, seja breve e objetivo. Concluído o diálogo, agradeça e encerre o contato.

6. **Evite o perfeccionismo.** A perfeição é desejável, mas raramente necessária. Quase sempre o perfeito custa tempo, dinheiro e esforços que não compensam. O perfeito deve ser buscado só quando for realmente imprescindível.

7. **Saiba como usar sua energia a favor.** Respeite seu "relógio biológico". Pesquisas científicas comprovam que nossa capacidade de raciocínio, criatividade e tônus muscular atinge seu auge entre 8 e 11 horas da manhã. Esse ritmo diminui quase pela metade no período da tarde e à noite não chega a 20%. Nada melhor, então, do que remar a favor da maré.

8. **Organize-se.** Existem tarefas que exigem dias, semanas ou meses de trabalho, e muitas vezes não temos condições de alocar períodos de tempo sem que haja interrupções. Para as tarefas trabalhosas e difíceis, divida-as em proporções menores e depois complete-as passo a passo.

9. **Saiba o que fazer com os papéis.** Jogue fora os que você não usa; transfira os papéis que não são do seu interesse ao chefe, colega, subordinado. Se o papel tiver alguma utilidade futura, arquive-o.

10. **Pratique a relação 80/20.** Aplique a Teoria de Pareto na administração: de tudo que você produz num dia de trabalho, 80% do tempo gasto significam 20% do seu trabalho; apenas 20% da produção de um dia exigem 80% de trabalho. Descubra quais os 20% do seu trabalho diário (isto é, o que é essencial em seu trabalho) que lhe dão 80% de retorno e produtividade. Descubra também quais as picuinhas, rotinas e atividades que tomam 80% de seu tempo e só lhe trazem um retorno de 20% de produtividade e descarte-as.

5) Negociação

A negociação é parte integrante do nosso cotidiano. Negociamos o tempo, produtos ou ideias.

Negociar é uma característica que desenvolvemos diariamente e é muito importante que a força de vendas tenha a consciência de que numa negociação nem sempre obtemos o nosso objetivo logo na primeira visita.

A arte está em saber conhecer o que o cliente está precisando e estabelecer metas, tendo sempre em mente que a flexibilidade e o bom-senso são virtudes muito presentes numa negociação. Neste caso, vale o ditado "Vencer várias batalhas para ganhar a guerra".

Para os representantes e profissionais de vendas que se deparam com esta necessidade diariamente, a negociação adequada dos seus produtos ou serviços é o diferencial na conquista de uma venda, padronização e/ou venda do conceito de um produto.

Possibilitar um curso ou orientações sobre negociação à força de vendas e a todos os funcionários que utilizam esta ferramenta no seu trabalho é uma das maneiras mais eficazes de motivação e de aperfeiçoamento de suas qualificações.

O primeiro passo no planejamento de cada negociação é determinar os objetivos. O que se quer obter? Só conseguindo responder a esta pergunta podemos determinar de forma eficiente os passos seguintes da negociação.

Geralmente, há vários objetivos em jogo. É importante organizá-los por ordem de prioridade e determinar para nós mesmos quais são negociáveis e quais não entram sequer em discussão.

Por exemplo: Quais são os contatos necessários para se estabelecer a venda? Qual a comissão de padronização? Os médicos trabalham em outros hospitais em que possamos também estar disponibilizando nossos produtos?

Podemos dividir os objetivos em várias categorias:

Objetivos ideais: Você poderia concretizá-los se o seu adversário estivesse de acordo com o que você pede.

Objetivos realistas: O adversário oferece resistência.

As negociações giram em torno do princípio da troca: é preciso dar para poder receber. A chave para qualquer negociação é que cada uma das partes deve tirar vantagens das concessões que faz.

Em princípio, negociar com êxito nunca deveria resultar num vencedor nem num perdedor. Ou ambas as partes obtêm um resultado satisfatório (*win/win*) ou é um caso de fiasco (*loose/loose*).

O último caso verifica-se quando nem as prioridades mínimas das partes são atingidas.

Tenha o cuidado de fazer claramente a distinção entre desejos e necessidades quando determina os seus objetivos. Pode desejar uma coisa (por exemplo um carro da empresa) mas não necessita dele necessariamente (porque quase nunca tem que sair da empresa durante o horário do trabalho). É somente quando de fato precisa verdadeiramente de alguma coisa que deve incluí-la nos seus desejos.

A preparação: Para negociar com êxito é preciso estar preparado. Quem é o seu interlocutor? O que espera que ele proponha? Até que ponto está disposto a fazer concessões?

Para poder responder a estas e outras perguntas é preciso tempo. Prepare-se para a reunião, estude cuidadosamente o "adversário", a sua situação no mercado, os seus negócios, e tente antecipar os seus objetivos. Se estudar a lição como deve, dificilmente será apanhado desprevenido.

Defina também claramente o que está disposto a ceder e a não ceder. Isso será meio caminho andado.

Estabeleça as concessões dentro da política comercial da empresa e do potencial do seu cliente. Este potencial está relacionado não somente ao volume de compra potencial dos seus produtos mas à influência deste cliente em outras instituições.

Por exemplo: Vender os seus produtos para hospitais de referência ou obter o receituário de médicos de renome possibilita que você possa chegar em outras instituições e clientes e comentar a sua venda/prescrição nestes locais. Isto mostrará a credibilidade dos seus produtos.

A outra parte: Numa negociação, é importante conhecer a outra parte. Às vezes até os antecedentes dos negociadores são importantes, sobretudo para pessoas que negociam no mais alto nível. É importante saber quem são as pessoas que estão à sua frente e o que é que elas já conseguiram realizar no passado no campo da negociação.

Faça a você mesmo as seguintes perguntas:

- Qual é a experiência dos negociadores?
- Tenho conhecimento de eventuais divergências de opinião entre eles?
- Os meus adversários têm suficiente conhecimento de causa?
- Os meus adversários têm poder e influência?
- Os meus adversários estão sob pressão para chegarem rapidamente a um resultado?

Outras perguntas específicas:

- O meu cliente é sensível ao fator preço?
- O que meus concorrentes vêm fazendo nesta instituição?
- Meu negociador/cliente é sensível a algum tipo de serviço?

Ponha-se no lugar do seu adversário. Assim, poderá antecipar os argumentos dele e terá também uma ideia de possíveis pontos fracos. Os pontos fortes do seu adversário formam um ponto de partida para verificar qual o rumo que ele quer dar à negociação.

Faça um resumo dos supostos objetivos do seu adversário e organize-os em função da sua importância. Não se esqueça de que são apenas suposições e que, provavelmente, terá que ajustar esses objetivos durante o processo.

Quando a outra parte é composta por várias pessoas, pode experimentar a tática "dividir para reinar". Pode, por exemplo, fazer isso cedendo num ponto em que desconfia que algumas pessoas vão estar de acordo e outras não.

Convencer a outra parte: Pode usar várias técnicas para convencer o seu adversário a fazer concessões ou a aceitar compromissos:

- Indique as vantagens que o adversário irá ter. Assim evita que a sua proposta seja vista como uma situação de *win/loose*. Realce que procura uma solução que seja aceitável para ambas as partes. Essa abordagem cria um ambiente aberto e construtivo que deixa espaço suficiente para as contrapropostas.

- Reaja positivamente e com entusiasmo às propostas construtivas da outra parte. Assim evita não só a crítica à sua contraproposta mas também que a outra parte se irrite.

- Envolva a outra parte na conversa: "O que é que você faria...?" ou "O que é que você acha...?" são perguntas que envolvem a outra parte no processo de decisão sem forçar e dão aos adversários a oportunidade de se salvarem de situações mais delicadas.

Táticas: Durante as negociações, usam-se repetidamente jogadas táticas e bons truques. Se usar também esses mesmos truques é importante aprender a detectá-los e saber qual a melhor reação.

Lembre-se de que os truques só funcionam porque dão a impressão de que o seu adversário tem mais poder, ao que você tem tendência a oferecer menos resistência.

Dicas práticas

Saiba o que deve (*do's*) e não deve (*dont's*) fazer numa negociação.

DO'S	DONT'S
Escute com atenção.	Não faça demasiadas concessões no início das negociações.
Nas sua propostas, deixe espaço suficiente para manobrar.	Não faça uma oferta inicial demasiadamente radical e deixe espaço para adaptações e concessões.
Se não conseguir mesmo viver com um compromisso proposto, não exite em recusá-lo.	Nunca diga "nunca". Leve o seu tempo para negociar e para pensar nas coisas.
Faça propostas com condições: "Se você fizer isto, eu faço aquilo".	Não responda imediatamente com "sim" ou "não" às perguntas.
Tente descobrir qual é a posição da outra parte: "O que você achava se...".	Não ridicularize a outra parte.
Seja flexível de forma a adaptar-se à situação e às reações do seu adversário. Lembre-se de que a flexibilidade não é sinal de insegurança ou fraqueza, mas de estar alerta e compreender a questão.	Não comece a falar se não tiver algo de relevante para dizer. As negociações já são demoradas por natureza, não as atrase ainda mais.
Se, durante as negociações, são ditas coisas *off the record*, mantenha-as *off the record*.	Não interrompa a outra parte. Deixe-a acabar primeiro antes de começar a falar.
Trabalhe com uma agenda para tornar a reunião mais eficiente.	Nunca faça reuniões com mais de 2 horas sem intervalo.

Motivação da Força de Vendas

O principal diferencial para a obtenção do sucesso é estarmos empenhados e motivados o tempo todo.

Esta não é uma tarefa fácil. A força de vendas é o setor que precisa estar sempre muito motivado para superar os objetivos propostos.

CICLO MOTIVACIONAL

```
        ┌──────────────┐         ┌──────────────┐
        │  Equilíbrio  │ ◄────── │  Satisfação  │ ◄──┐
        │   interno    │         │              │    │
        └──────┬───────┘         └──────────────┘    │
               │                                      │
               ▼                                      │
    ┌──────────┐      ┌──────────────┐      ┌────────┴─────┐
    │ Estímulo │ ───► │  Necessidade │ ───► │  Comporta-   │
    │ (causa)  │      │    Desejo    │      │    mento     │
    │          │      │    Tensão    │      │              │
    │          │      │  Desconforto │      │              │
    └──────────┘      └──────────────┘      └──────────────┘
```

Esta motivação pode ser feita de diversas maneiras:

1) Estabelecendo objetivos atingíveis

Muitas vezes são estabelecidos objetivos que estão de acordo com as estratégias de crescimento da empresa, mas irreais em relação ao potencial do mercado. Os profissionais de planejamento precisam conhecer o mercado no qual estão inseridos e saber adequar as cotas dos representantes ao pensamento da companhia.

2) Premiação por performance

A premiação por performance ainda é a ferramenta mais motivacional para a força de vendas. Esta premiação está muito relacionada ao sucesso em determinado setor e envolve não somente o reconhecimento de vendas, mas também de outros fatores, como relacionamento e estratégias adotadas.

O prêmio geralmente é dado em dinheiro mas podem-se fazer algumas variações, como viagens a congressos importantes, viagens com a família, adoção de um *status* de representante potencial para uma futura promoção etc.

3) Cursos de desenvolvimento

Atualmente, com a crescente corrida para a informação, a disponibilidade de cursos de atualização dentro da área de atuação demonstra interesse da empresa no desenvolvimento do profissional e acaba motivando-o a buscar novas alternativas e progressos dentro dela.

Além destes mecanismos motivacionais é muito importante que haja dentro da empresa um ambiente voltado à valorização do indivíduo, para que ele sinta que é peça importante para a conquista dos objetivos e não somente "mais um".

Os gerentes da área de marketing e vendas devem estar sempre muito envolvidos na busca de soluções tanto para o campo pessoal como profissional, pois estes profissionais não podem e não devem se sentir isolados. Deve haver sempre um ambiente de equipe.

TODAS AS PESSOAS SE MOTIVAM ATRAVÉS DE UMA PALAVRA MUITO SIMPLES: PERSPECTIVA! Perspectiva de se manter na empresa, de crescer, de poder assumir novas responsabilidades, novos conhecimentos e não somente "ganhar mais".

TEORIA DOS DOIS FATORES DE HERZBERG

Fatores Motivadores	Fatores Higiênicos
• Delegação de responsabilidade. • Promoção e oportunidades. • Uso de habilidades pessoais. • Estabelecimento de objetivos e avaliação relacionada a eles. • Simplificação do cargo (pelo próprio ocupante). • Ampliação ou enriquecimento do cargo.	• Condições de trabalho e conforto. • Políticas da organização e administração. • Relações com o supervisor. • Competência técnica do supervisor. • Salários. • Segurança no cargo. • Relações com colegas.

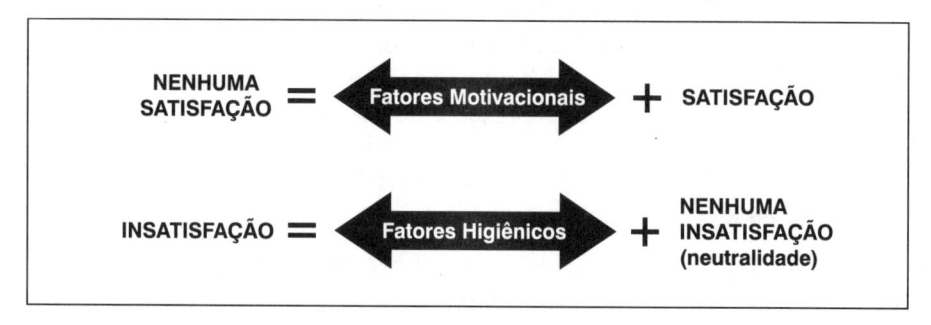

NENHUMA SATISFAÇÃO = Fatores Motivacionais + SATISFAÇÃO

INSATISFAÇÃO = Fatores Higiênicos + NENHUMA INSATISFAÇÃO (neutralidade)

Pense também em políticas de recursos humanos voltadas:
- À qualidade de vida.
- À integração da família.
- Ao desenvolvimento de uma comunicação interna efetiva.
- Ao incentivo à participação das pessoas nas decisões da empresa e a novas ideias.

O Relacionamento Faz a Diferença

No mercado farmacêutico, em particular, o relacionamento é o "divisor de águas" entre o sucesso e o fracasso na venda de um produto.

É importante estabelecer estratégias de relacionamento para que a empresa consiga estabelecer uma venda a longo prazo com os clientes, e com isso fixar a imagem institucional e do produto no mercado. Vamos abordar dois conceitos importantes: o Marketing de Relacionamento e o CRM (*Customer Relationship Management*).

O Marketing de Relacionamento é uma filosofia de administração empresarial baseada na aceitação da orientação para o cliente e para o lucro por parte de toda a empresa e no reconhecimento de que se deve buscar novas formas de comunicação para estabelecer um relacionamento profundo e duradouro com os clientes, *prospects*, fornecedores e todos os intermediários, como forma de obter uma vantagem competitiva sustentável.

As principais características do Marketing de Relacionamento relacionadas com o paradigma de *knowledge-based*, segundo McKenna, são:

a) A integração do cliente no processo de planejamento dos produtos ou serviços, para garantir que os mesmos sejam desenvolvidos não somente em função das necessidades e desejos do cliente, mas também de acordo com a estratégia do cliente. Isto é válido, principalmente, no mercado *business-to-business*.

b) O desenvolvimento de nichos de mercado, onde o conhecimento da empresa sobre canais de distribuição e identificação de segmentos leva a um ganho de mercado.

c) O desenvolvimento da infraestrutura de fornecedores, vendas, parceiros, Governo e clientes, em que o relacionamento irá ajudar a criar e sustentar a imagem da empresa e o seu desenvolvimento tecnológico.

Quanto aos aspectos de *experience-based*, o Marketing de Relacionamento enfatiza a interatividade, a conectividade e a criatividade, significando que:

a) A empresa irá despender esforços mercadológicos e tempo com os seus clientes, monitorando constantemente as mudanças que ocorrem no ambiente competitivo, através de um Sistema de Suporte a Decisões Mercadológicas, possuindo um afinado sistema de *Market Intelligence* integrado a toda a empresa.

b) Monitoramento constante da concorrência, dentro do conceito definido por Porter, onde uma análise da concorrência é usada como um importante ponto de partida para prever as condições futuras da indústria, em que os prováveis movimentos de cada concorrente e a capacidade de responder a mudanças podem determinar a perda ou o ganho de vantagem competitiva da empresa.

c) Desenvolvimento de um Sistema de Análise Mercadológica, que pelo *feedback* (principalmente pela mensurabilidade) retorna a informação sobre mercado, concorrência e comportamento dos clientes, fornecedores e outros intermediários para o Sistema de Suporte a Decisões Mercadológicas, aperfeiçoando o próprio sistema e permitindo uma tomada de decisão ágil e consistente, num processo contínuo de adaptação às condições mutantes do ambiente competitivo.

A experiência nos tem mostrado que o Marketing de Relacionamento é uma grande ferramenta de suporte à força de vendas.

Suporte à força de vendas

O Marketing de Relacionamento, como suporte à força de vendas, permite aumentar a produtividade do vendedor, realizando para ele todas as atividades de prospecção e apoio, como envio de informações para o cliente, por exemplo, liberando tempo para que o vendedor se dedique ao trabalho de negociação e fechamento da venda.

As funções específicas do Marketing de Relacionamento como suporte à força de vendas são as seguintes:

1. Fazer a prospecção de clientes potenciais, separando aqueles efetivamente interessantes da enorme massa de compradores aparentes. Em outras palavras, identificar os *prospects* entre os *suspects*.

2. Identificar todas as pessoas-chave na cadeia decisória de compra do produto ou serviço para atingi-las com informações que deem sequência ao processo de vendas.

3. Através da informatização e da estruturação de um *Database*, acionar campanhas de comunicação segmentada – através de comunicação dirigida (mala direta) ou telemarketing – visando romper barreiras iniciais, fornecer argumentos básicos, fazer uma pré-venda do conceito do produto/serviço e, acima de tudo, colocar o vendedor em uma posição favorável perante o *prospect* já predisposto a iniciar a negociação.

4. Gerenciar o trabalho de vendas, pois, ao qualificar o *prospect* através do Marketing de Relacionamento, a empresa entrega para seus vendedores apenas as oportunidades realmente interessantes, tornando o esforço de vendas mais eficiente e controlável, impedindo que boa parte dessa função de marketing fique na dependência do estilo pessoal e da sorte de cada vendedor. Isto é possível através da construção de algoritmos que percorrem o *Database*.

5. Apoiar todo o processo de venda, pois, com as informações contidas no *Database* sobre cada *prospect* – tais como decisores efetivos, comportamento de compra e perfil da empresa, entre outras – o vendedor pode ser mais eficiente em todo o seu trabalho, contando com excelente apoio do sistema de Marketing de Relacionamento para agilizar até o fechamento da venda.

6. Possibilitar uma perfeita mensuração de resultados. Pela capacidade de acompanhamento do sistema e controle objetivo da ação do vendedor, a empresa pode avaliar com precisão os resultados do trabalho de cada um e aferir a eficácia de sua força de vendas como um todo.

O Marketing de Relacionamento nos envia para uma conceituação mais complexa e abrangente do CRM, não enfatizando somente o marketing mas o gerenciamento (*management*) do relacionamento.

Conceitualmente, CRM pode ser entendido como gerenciamento e a otimização de todas as formas de relacionamento cliente/empresa.

O ponto de partida do conceito é a geração de uma base de conhecimentos personalizada e abrangente de cada cliente, que podemos comparar ao seu "DNA". Ali estão registradas suas necessidades, peculiaridades, características, indicadores, potencialidades etc.

Este conhecimento é formado a partir da integração das informações advindas das áreas de *front office* (vendas, marketing, atendimento), aliadas às funções das áreas verticais da empresa (cobrança, distribuição, logística), para a criação de um processo contínuo de identificação das pessoas-chave na empresa que detêm a maneira de transformar as informações explícitas em ações estratégicas, objetivando a lucratividade através da otimização de programas de qualidade, produtividade, rentabilidade e fidelidade.

A análise destas informações permite um grande número de aplicações que possibilitam a otimização do processo de atendimento, criação de *work flow*, monitoramento de prazos, montagem de histórico, gerenciamento de procedimentos, segmentação de público/perfil, projeções de aumento da rentabilidade de cada cliente, até a maximização das oportunidades de negócios, proporcionando o planejamento de ações futuras.

Todo este aparato estratégico/tecnológico objetiva, em última análise, o encantamento e a satisfação total do cliente, que, somados ao conhecimento profundo do seu perfil e de suas necessidades, criam as bases para sua retenção, fidelização e rentabilidade.

Desta forma, a essência do CRM é o conceito de *life time value* (valor vitalício do cliente). O objetivo do CRM é capturar o máximo valor vitalício no relacionamento com o cliente. E como se consegue? Construindo relações individualizadas, que assegurem satisfação e lealdade do cliente com relação à empresa.

CRM: Da Teoria à Prática

A utilidade prática das aplicações CRM reside principalmente na capacidade de reunir informações sobre cada cliente de forma integrada com os demais bancos de dados da empresa, envolvendo todas as áreas na missão de reter clientes e aumentar sua rentabilidade.

Num segundo momento, e de posse da análise destas informações, os aplicativos em CRM possibilitam avaliar processos e produtos, cabendo à empresa aprimorar, manter, extinguir ou modificá-los, de acordo com as novas necessidades do mercado.

Isto porque somente o contato constante e qualificado com cada cliente pode proporcionar um panorama abrangente e real do posicionamento da empresa junto ao seu *business*.

Assim, as aplicações de CRM permitem não apenas conhecer o cliente, mas a própria empresa, detectando pontos fracos e diferenciais competitivos que podem determinar o sucesso de uma corporação, ou até mesmo as razões de seus insucessos.

Através do CRM os laboratórios podem:
- Modificar as apresentações dos produtos para formas mais adequadas às necessidades dos clientes e pacientes.
- Otimizar o trabalho de campo.
- Possibilitar estratégias mais específicas e diferenciadas frente à concorrência.
- Programar e direcionar os estudos clínicos.
- Customizar a promoção.
- Gerenciar melhor os efeitos colaterais dos produtos.
- Fidelizar o receituário médico.

Produtividade da força de vendas

Muitas empresas possuem a área de Produtividade da Força de Vendas (PFV). Seus principais objetivos são:
- Aumentar a performance do representante por:
  - ➢ setor;
  - ➢ especialidade-alvo;
  - ➢ produtos-alvo;

Além disso, outros objetivos da PFV são:
- ➢ Aumentar o relacionamento com os clientes diretos e indiretos.
- ➢ Otimizar o trabalho da visita.

Análises necessárias para otimização do trabalho de campo

1º Passo: Identificar as cidades ou setores:
- Renda da população × preço do produto.
- Perfil médico:
  - número;
  - especialidades;
  - influência;
  - produtos prescritos:
    - ✓ produtos novos;
    - ✓ produtos antigos.

2º Passo: Identificar os clientes:
- Médicos com potencial de utilização do produto.
- Concentração de médicos potenciais.
- Hábito prescritivo da especialidade para utilização do produto.
- Prescrição de produtos concorrentes ao seu.
- Parceria dos médicos com a concorrência.
- Medidas de *COMPLIANCE*.

3º Passo: Verificar o ciclo de vida do produto:
- Em que fase do ciclo se encontra o produto.
- Em qual indicação o seu produto tem melhor e pior performance.
- O que se pretende com o produto (objetivos a curto, médio e longo prazos).

4º Passo: Verificar o perfil prescritivo:
- Médicos altamente prescritores.
- Médicos medianamente prescritores.
- Médicos com baixa prescrição.
- Médicos que não prescrevem:
  - porque conhecem pouco;

- ➤ porque já utilizaram e não gostaram;
- ➤ porque utilizaram pouco e a concorrência trabalhou melhor.

5º Passo: Verificar o potencial da empresa:
- Rapidez e qualidade nas soluções.
- Ações responsivas frente aos concorrentes.
- Abastecimento/Disponibilidade de produtos.
- Controle do canal.

6º Passo: Verificar a estrutura das forças de venda:
- Planejamento.
- Informações:
  - ➤ concorrência;
  - ➤ médico;
  - ➤ outras regiões.
- Conhecimento do mercado.
- Análise do setor.
- Material disponível para o trabalho de campo.

7º Passo: Estabelecer indicadores de performance:
- Receituário.
- *Market Share*.
- Volume de vendas.
- Lucro por médico.
- *Recall* das mensagens.
- *Share of Mind/Voice/Heart*.

8º Passo: Informações e treinamentos:
- Tecnologias/Software empregados.
- Implementação do *Market Plan*.
- Incentivos.
- Prioridades por ciclo/ano.
- Definição adequada da cota.

Integração entre Marketing e Vendas

É histórico o conflito entre marketing e vendas. Para minimizar esta percepção negativa algumas ações devem ser tomadas pelos profissionais de marketing:

- **Estar sempre no campo com o vendedor/representante**

    Sair a campo pelo menos três dias no mês com pessoas diferentes. A postura deve ser sempre de auxiliar o trabalho e não fiscalizar. Participe com novas ideias de abordagem, aumente o relacionamento do médico com o representante (lembre-se sempre de que o pessoal de marketing é conhecido com os "homens do dinheiro").

- **Material promocional de fácil transporte**

    Quantas vezes nos deparamos com materiais promocionais que não têm dimensões para entrar na pasta do representante? Parece brincadeira mas não é. Outras vezes os brindes que devem ser entregues fazem com que o representante precise andar com outra pasta, dado o tamanho do objeto. É importante que exista bom-senso e que se responda às seguintes perguntas: "Este material, este brinde, possuem o efeito residual que eu preciso? O investimento vai me proporcionar o retorno desejado?"

- **Comunicação consistente com a equipe**

    Comunicar-se diariamente com os componentes da equipe de vendas faz com que o profissional de marketing aumente sua credibilidade e, consequentemente, o comprometimento dos representantes com o(s) seu(s) produto(s). Colocar-se sempre de forma humilde, mas segura, é o segredo dos profissionais de marketing.

- **Envolver e dividir os méritos com a equipe**

    Com a crescente competitividade, os objetivos a serem atingidos se tornam mais e mais agressivos, gerando alta carga de estresse e ansiedade. Quando é obtido êxito, é essencial que os méritos sejam divididos com todos da equipe, valorizando as atitudes diferenciadas e motivando-os para novos desafios.

- **Aproximar os médicos dos representantes**

    Muitas vezes é mais fácil o relacionamento do médico com o pessoal interno pelo simples fato deste profissional sentir que ele possui maior poder de decisão. Desta forma, nunca podemos deixar de aproveitar as oportunidades de contato com os médicos para convidar os representantes a estarem participando conosco. Este "abre portas" faz do profissional de marketing um parceiro da área de vendas.

- **Adequar a cota ao setor**

    O conhecimento profundo do mercado, dos clientes, da concorrência e da empresa diminui a possibilidade de erros grotescos no momento de estabelecer a cota por setor. O sucesso do marketing sempre será as vendas que suas estratégias estarão gerando. Portanto, cuidado com cotas altamente desafiadoras. Conheço muitos casos onde o profissional de marketing estava sendo "politicamente correto" frente à diretoria/dono da empresa no estabelecimento da cota, mas acabou perdendo o emprego devido à falta de clareza e tangibilidade prática dos objetivos.

CAPÍTULO VIII
GESTÃO DE NEGÓCIOS × GESTÃO DE PESSOAS

Os profissionais que trabalham na área de marketing e, em especial, com marketing farmacêutico, precisam ter a consciência da importância do trabalho adequado envolvendo pessoas. Gerentes de produtos e de marketing têm uma situação especial dentro de uma empresa: possuem a necessidade do trabalho de quase todas as áreas da empresa com a desvantagem de não ser "chefe" da maioria das pessoas envolvidas. Esta característica mostra a importância de saber "negociar" e envolver todo o grupo em seu planejamento estratégico.

Outro ponto fundamental de sucesso de um plano de marketing é colocar na cabeça das pessoas e ideia de cliente. Quando todos entendem a importância do seu trabalho para a fidelização do cliente e estão motivados para isto, a imagem e a performance da empresa e do(s) seu(s) produto(s) melhoram significativamente.

O conhecimento de processo seletivo, o gerenciamento dos potenciais e a participação na formação de lideranças tornarão o profissional de marketing farmacêutico mais apto a desenvolver um melhor trabalho junto a seus clientes internos, com consequências positivas no seu mercado de atuação.

Gestão de Pessoas

A Gestão de Pessoas vem passando por um amplo processo de transformação à medida que os sistemas tradicionalmente utilizados como referenciais – centrados em cargos – vêm demonstrando fragilidades diante do ambiente turbulento e mutável pelo qual vêm passando as organizações.

No contexto em que mudanças ocorrem a todo momento, a organização precisa estar alinhada em torno de definições estratégicas claras, sustentadas por uma gestão com amplo envolvimento e participação. Uma organização que pretende ter de si mesma uma visão estratégica, precisa levar em conta que há um fluxo de conhecimentos que afeta a produção como um todo.

É preciso, portanto, estabelecer um compromisso com a força de trabalho, baseado em respeito mútuo e em uma comunicação aberta, ou seja, com o envolvimento dos clientes internos e externos.

O momento atual exige uma ampla transformação, uma nova "filosofia de gestão", o que implica uma grande mudança no paradigma anterior.

Torna-se fundamental ao gestor aprender a criar novas formas organizacionais em torno de equipes e processo.

As duas formas principais de modelos de sucesso atualmente são a GESTÃO POR COMPETÊNCIAS e o DESENVOLVIMENTO DE VERDADEIROS LÍDERES.

GESTÃO POR COMPETÊNCIAS

Seguindo as megatendências do mercado, atualmente tem destaque um modelo que vem se definindo como um dos mais adequados aos novos tempos: a GESTÃO POR COMPETÊNCIAS.

A Gestão por Competências aborda uma nova maneira de trabalho, possibilitando a formação do capital intelectual de uma instituição, descobrindo os talentos potenciais e otimizando os já existentes.

Antes de discorrermos sobre como deve ser feita a Gestão por Competências, precisamos primeiramente definir o que é competência.

Competência: Elemento-chave nos negócios

A definição de competência pode variar de acordo com os valores e referenciais de cada pessoa, mas é importante discutirmos sobre este assunto, pois vai esclarecer vários aspectos sobre Gestão de Pessoas, como carreira profissional × achatamento da estrutura organizacional, desempenho × desenvolvimento potencial, equidade salarial e dimensionamento de quadro.

Atualmente os autores procuram pensar a competência como sendo a entrega e as características da pessoa que podem ajudá-la a produzir com maior facilidade.

Outra linha importante é a de autores que procuram discutir a questão da competência associada à atuação da pessoa em áreas de conforto profissional, usando seus pontos fortes e tendo maiores possibilidades de realização e felicidade.

Dessa forma, vincula-se a ascensão do profissional ao seu amadurecimento pessoal, uma vez que se exigem capacidade mental, experiência, conhecimento e compreensão do mundo e resistência mental superiores, de forma a permitir a adição de valor ao trabalho de seus subordinados.

Quando ocorre uma boa relação entre o amadurecimento profissional e a ascensão a níveis mais complexos, há a tendência de um sentimento de bem-estar, fluência e efetividade na tomada de decisão, ao passo que um desbalanceamento destes fatores pode provocar, por um lado, sentimentos de ansiedade, medo e perplexidade, e, de outro, sensação de aborrecimento, frustração e ansiedade.

Buscamos criar as condições necessárias para que as pessoas possam atuar em atividades mais adequadas aos seus projetos profissionais e onde possam empregar e desenvolver seus pontos fortes.

PROCESSO SIMPLIFICADO DA GESTÃO POR COMPETÊNCIAS

Bases para Implantação de Um Modelo de Gestão por Competências

Ao estabelecer um modelo de Gestão por Competências, faz-se necessário adotar algumas atitudes básicas relacionadas às ações gerenciais:

1. Conscientização de que cada tipo de organização necessita de pessoas com perfis específicos e que cada posto de trabalho existente na empresa tem características próprias e deve ser ocupado por profissionais que apresentem um determinado perfil de competências.
2. Reconhecimento de que aqueles que ocupam funções de liderança são responsáveis pela oferta de oportunidades que permitam o desenvolvimento e a aquisição de novas competências.
3. Crença de que sempre haverá a demanda para o desenvolvimento de novas competências e o que hoje é exigido para a boa execução de um trabalho poderá agregar novas exigências amanhã.

Estas premissas devem ser difundidas até que façam parte da cultura geral e sejam internalizadas nas atitudes e no comportamento de todos.

As Três Fases da Implantação

A Gestão por Competências é um programa que se instala através de etapas que se sucedem de forma simultânea ou passo a passo. Para que tenha sucesso, o envolvimento e a adesão das pessoas-chave da administração e dos postos de trabalho são fundamentais.

A SENSIBILIZAÇÃO deste público na busca do comprometimento é a PRIMEIRA FASE do processo. Esta sensibilização poderá ser realizada através de intervenções variadas:

- Reuniões de apresentação e discussão do modelo para prováveis adaptações à cultura da empresa.
- Fóruns de discussão com o objetivo de detectar as falhas do modelo vigente.
- Participação em palestras e em cursos específicos que tratam do tema.

A partir do momento em que a alta administração e as pessoas-chave aderirem à ideia, passa-se à SEGUNDA FASE.

Duas ações são fundamentais neste momento:

- Verificar se as missões setoriais estão compatíveis com a missão da empresa.
- Checar as responsabilidades de cada unidade ou grupos de funções.

A TERCEIRA FASE consiste em listar as competências necessárias a cada grupo de funções, delinear os perfis e estabelecer mecanismos de verificação de performances individuais.

A partir daí, o corpo gerencial é treinado para acompanhar o desempenho de suas equipes, identificando os pontos de excelência e os pontos de insuficiência.

As Vantagens do Modelo de Gestão por Competências

A maioria das organizações investe de forma tímida no desenvolvimento de pessoas, por motivos que variam desde a inexistência de estratégias sistematizadas de verificação do desempenho até o desconhecimento da importância da formação de um capital intelectual como fator diferencial.

A Gestão por Competências, além de suprir estas lacunas, traz para as lideranças e para a gerência inúmeras vantagens:

- A possibilidade de definir perfis profissionais que favorecerão a produtividade.
- O desenvolvimento das equipes orientado pelas competências necessárias aos diversos postos de trabalho.
- A identificação dos pontos de insuficiência, permitindo intervenções de retorno garantido para a organização.
- O gerenciamento do desempenho com base em critérios mensuráveis e passíveis de observação direta.
- O aumento da produtividade e a maximização de resultados.
- A conscientização das equipes para dividirem a responsabilidade pelo seu autodesenvolvimento, tornando o processo ganha-ganha. Tanto a organização quanto os colaboradores têm suas expectativas atendidas.
- Quando a Gerência por Competências se instala, evita-se que gerentes e colaboradores percam seu tempo em programas de trei-

namento e desenvolvimento que nada têm a ver com as necessidades da organização e que não atendem às exigências dos postos de trabalho.

Comprometimento dos Profissionais de Marketing com a Gestão por Competências

Como os profissionais de marketing convivem diretamente com profissionais da força de vendas, registro, treinamento, etc., cabe a eles estar avaliando periodicamente o desempenho destes profissionais e sugerindo às respectivas chefias adequações de funções.

Desta forma, o profissional de marketing poderá estar trabalhando com profissionais que realmente estejam aptos para o cumprimento de determinadas tarefas, otimizando a resolução de problemas, garantindo o sucesso das estratégias.

DESENVOLVIMENTO DE LÍDERES

A arte de saber delegar é cada vez mais uma necessidade dentro de uma organização, e o perfil do líder mudou:

UM NOVO MODELO DE LIDERANÇA

Anteriormente	Futuro líder
Ser um chefe.	Ser um *coach* e facilitador.
Controlar as pessoas.	*Empowerment.*
Centralizar a autoridade.	Distribuir a liderança.
Estabelecer os objetivos.	Conciliar visão e estratégia.
Dirigir com regras e regulamentos.	Guiar com valores compartilhados.
Confrontar e combater.	Colaborar e unificar.
Mudar por necessidade e crise.	Ter um enfoque mais amplo.
Ter um enfoque "eu e meu departamento".	Ter um enfoque de "minha empresa".

PAPEL ESTRATÉGICO DO NOVO LÍDER

Mercado estável As empresas	Mercado em constante mudança As empresas
Abordagem de linha de montagem a respeito da estratégia.	Abordagem de contingência a respeito da estratégia.
Maximizam controle interno e ordem.	Maximizam velocidade, flexibilidade e inovação.
Protegem-se contra a variação auditoria e disciplina.	Protegem-se contra a obsolescência e ignorância.
Têm lutas de poder entre níveis e unidades.	Têm altos níveis de comunicação, colaboração e inovação entre níveis.

Papel do líder ANTIGO	Papel do líder MODERNO
Definir táticas e o orçamento.	Interpretar a realidade emergente.
Controlar o desempenho de indivíduos e atitudes.	Focalizar os recursos existentes de uma forma eficiente.
Tomar ação corretiva quando a conduta está fora do esperado.	Desenvolver e promover novas capacidades em resposta às mudanças.
Tomar decisões consistentes com a estratégia geral da empresa.	Facilitar criação, captação e disseminação de conhecimento.

ÁREA DAS MUDANÇAS

Há quatro áreas de ação que os líderes eficientes necessitam implementar para gerenciar um ambiente de mudanças:

a) **Interpretar:**

Interpretar as condições internas e externas da organização que têm implicações sobre o trabalho do seu grupo.

b) **Formar**:

Formar a visão e a estratégia para dar sentido ao trabalho do grupo.

c) **Mobilizar**

Mobilizar os indivíduos com diferentes ideias, habilidades e valores para efetuar o trabalho do grupo.

d) **Sentimento de propriedade**

Criar sentimento de propriedade para atingir resultados.

Na ausência de qualquer destes elementos, o profissional não será eficaz.

Exemplo: Um profissional que forma uma visão clara, mobiliza o grupo de trabalho e inspira o pessoal. Mesmo assim, pode sentir frustrações e até falhar se não interpretar corretamente as necessidades do cliente e as condições de mercado. Apesar disso, o modelo não é sequencial, e sim um modelo interdependente, no qual as quatro áreas de ação devem funcionar juntas.

Interpretar

A interpretação ocorre em quatro níveis:

- **Primeiro nível:** Os líderes observam o ambiente fora de sua organização e determinam os fatores e as condições mais importantes.
- **Segundo nível:** É relacionado à análise da organização. Os líderes se fixam na organização para ver a maneira como seu trabalho se enquadra na empresa em geral e para tomar decisões que darão apoio ao objetivo geral da empresa.
- **Terceiro nível:** Análise das equipes de trabalho. Que capacidades existem dentro da equipe? O que motiva os membros da equipe a fazerem um bom trabalho? De que maneira os membros do grupo trabalham juntos.
- **Quarto nível:** Compreender a motivação pessoal e a capacidade pessoal em relação à organização em geral. Os líderes analisam a si mesmos para determinar a maneira pela qual seus pontos fortes e fracos afetam as suas relações e seu trabalho.

Habilidade e condutas

a) Invista tempo para falar diretamente com seus clientes, sejam eles internos ou externos. Os médicos, farmacêuticos, enfermeiros compradores ficam muito satisfeitos quando o representante vai visitá-los com um representante interno da empresa. Isto confere atenção da empresa para com as necessidades dos profissionais e acaba facilitando negociações futuras.

b) Peça ideias e conselhos para pessoas de todos os níveis da empresa. Com isso as pessoas sentem-se importantes e estabelecem parcerias mais sólidas, facilitando a implementação de qualquer projeto.

c) Descubra quais as áreas estratégicas que afetam a sua equipe e estabeleça um fluxo de informação contínuo com todas as pessoas desta cadeia.

d) Organize discussões nas quais os membros da sua equipe possam dar opiniões sobre as estratégias planejadas. A experiência do campo deve ser sempre levada em conta para a implementação de qualquer plano estratégico, pois ele reflete a realidade do mercado.

e) Reserve tempo para falar individualmente com os membros do grupo para estabelecer como eles estão avaliando as habilidades do grupo em funcionar com eficiência. O setor está distribuído corretamente? O potencial de prescrição está balanceado por setor? Falta algum treinamento específico?

f) Controle os progressos e as realizações do grupo. Estão dentro dos prazos?

g) Observe as interações do grupo. Como os membros da equipe comunicam-se entre si? Procure sinais de conduta disfuncionais e peça ideias para melhorar a situação.

h) Invista tempo para conhecer cada membro do seu grupo. Conheça o que motiva os indivíduos no seu trabalho. Identifique as diferenças e semelhanças entre os membros do grupo.

i) Observe como o grupo funciona sob pressão. Seja claro a respeito dos limites da habilidade do grupo ao enfrentar uma situação adversa. Geralmente as pessoas estão sempre sendo pressionadas a obter resultados num tempo cada vez menor e isso gera ansiedade e desmotivação. Seja humano em admitir esta pressão a que estão submetidos, ajudando-os quando acontecerem algumas falhas.

j) Organize eventos informais fora do trabalho, no qual o grupo possa falar sobre interesses pessoais, usar habilidades diferentes e desenvolver relacionamentos entre seus integrantes.
k) Planeje momentos específicos para avaliar pessoalmente o seu desempenho no trabalho. Observe o que parece fácil e o que parece difícil.
l) Procure *feedback* dos outros sobre o que você faz bem e onde poderia melhorar.
m) Estabeleça sempre um canal aberto de comunicação com todos aqueles que trabalham com você e seja flexível e ponderado ao ouvir críticas ou novas ideias.

Formar

Líderes formam a visão e a estratégia para dar um significado ao trabalho do grupo.

A estratégia serve como um mapa ou planta para a ação. Os líderes precisam compreender a estratégia geral da organização e expressá-la de forma que tenha significado para o grupo.

Em meio a turbulência e a mudança, o líder precisa criar uma imagem positiva do futuro para o grupo de trabalho, a fim de proporcionar uma visão compartilhada que enfoque o trabalho do grupo e faça com que avance.

Habilidades e condutas

a) Reconheça que as pessoas têm diferentes estilos de pensar e aprender.
b) Explique por que alguma coisa deve ser feita. "Por que" é tão importante como "O que".
c) Crie oportunidades para que as pessoas possam contribuir para a visão da equipe de trabalho.
d) Esteja disposto a assumir riscos para esclarecer e apoiar o que é importante para você e para sua equipe de projetos.
e) Ajude às pessoas a ver o valor de seu trabalho além da tarefa imediata. Enfatize os aspectos de realização e os efeitos positivos do trabalho deles em outras pessoas.

f) Controle o grau e o volume de mudanças para estabelecer o nível de turbulência que o grupo está experimentando.
g) Aumente o nível de comunicação durante períodos de grandes mudanças.
h) Identifique abordagens alternativas quando as condições mudam ou quando as pessoas estão confusas e incapazes de seguir adiante. Procure formas inovadoras de recuperar a motivação.
i) Estimule as pessoas durante as partes difíceis do trabalho, discutindo os aspectos positivos dele e como nos sentiremos quando este tiver acabado.

Mobilizar

Os líderes mobilizam indivíduos com diferentes ideias, habilidades e valores para executar o trabalho do grupo.

Mobilização significa que as pessoas estão alinhadas, que elas estão dispostas e capacitadas a trabalhar em direção a um objetivo comum. O alinhamento existe porque o objetivo e os resultados esperados do trabalho são bem definidos.

Os líderes demonstram confiança na capacidade dos outros. Eles compreendem as diferenças existentes dentro do grupo e estão dispostos a tentar coisas novas e ouvir novas ideias.

O alto desempenho em um grupo de trabalho está relacionado com a eficiência com o qual os integrantes se entendem e com que eficácia eles trabalham para atingir um objetivo comum.

Os líderes demonstram que se preocupam com os membros do grupo e que confiam em sua capacidade, os estimulam a demonstrar preocupação e confiança entre si.

Habilidades e condutas

a) Identifique as habilidades especiais de cada indivíduo. Mencione como estas habilidades contribuirão para a realização da meta geral.
b) Seja preciso a respeito dos resultados esperados. Descreva o resultado esperado e depois confirme para ter certeza de que foi entendido.

c) Estruture reuniões para fazer surgir perguntas, preocupações e esclarecimentos. Esteja preparado com os dados necessários para responder.
d) Faça perguntas aos liderados que o ajudem a entender o que é importante para eles. Depois pense como esta informação se relaciona com as mudanças propostas.
e) Reserve alguns minutos todas as manhãs para conversar com as pessoas. Faça *networking*. Arranje um tempo para saber mais das pessoas por meio de conversas informais.
f) Pergunte às pessoas se precisam de ajuda. Sendo necessário, forneça-a.
g) Estabeleça como meta, para você e para os outros no seu grupo, conhecer pessoas em outras áreas da empresa.
h) Pense sobre o efeito de sua decisão no trabalho e na vida pessoal dos outros.
i) Ao selecionar pessoas para tarefas, escolha aquelas com diversos talentos, experiências e culturas. Ao começar, anuncie publicamente qual é a contribuição que trazem ao grupo.
j) Forneça espaço para que as pessoas realizem o seu trabalho. Uma vez que estejam comprometidas, não interfira. Negocie prazos, não os imponha.
k) Junte antecedentes para poder defender as decisões do grupo se elas forem contestadas por outros.
l) Conheça os limites das pessoas e não as sobrecarregue. Quando as pessoas não se sentem pressionadas, a criatividade flui mais naturalmente.
m) Estimule os outros para fazerem apresentações para a alta gerência. Esteja disponível para ajudá-los.
n) Encontre oportunidades formais e informais para fornecer *feedback* específico aos membros do grupo.
o) Difunda comentários dos clientes que descrevam o bem que o grupo está conseguindo em satisfazer as perspectivas deles.
p) Difunda no ambiente de trabalho as conquistas que seu grupo vem realizando e o quanto elas estão contribuindo para a sua empresa.

Sentimento de Propriedade

Os líderes precisam criar um sentimento de propriedade para alcançar os resultados.

Todo líder precisa saber dividir o poder e a responsabilidade de como o trabalho tem de ser feito e qual será o nível de qualidade. Os líderes promovem o desenvolvimento de talentos das pessoas e abrem suas mentes para novas direções.

Admiramos os líderes que trazem otimismo e entusiasmo ao trabalho através do apoio e da disposição em ajudar o grupo, fazendo as pessoas sentirem que foram elas as responsáveis pelo sucesso.

À medida que as empresas mudam estratégica e operacionalmente para permanecer lucrativas e competitivas, os líderes precisam lidar com uma lista sempre crescente de responsabilidades:

- Ampliando a área de controle.
- Elaborando uma estratégia para o grupo de trabalho.
- Adaptando os planos quando mudanças ocorrerem.
- Trabalhando com funcionários dispersos, remotos e globais.

Quanto mais o líder encaminha o seu pessoal para o SENTIMENTO DE PROPRIEDADE mais ele ganha em termos de capacidade, velocidade e retenção, pois os funcionários se sentem satisfeitos com o seu trabalho.

Habilidades e condutas

a) Esteja sempre disposto a escutar os outros. Estimule as pessoas com menos experiência a liderar discussões e a fazer apresentações.

b) Recomende pessoas para projetos e realizações especiais que lhes ajudem a desenvolver novas habilidades.

c) Forneça treinamento em novas habilidades para que as pessoas desenvolvam competências que as façam progredir em suas carreiras.

d) Dê crédito quando devido. Reconheça as pessoas em público, mas faça as críticas sempre em particular.

e) Reflita sobre o trabalho já feito. Recorde as pessoas das realizações passadas.

f) Informe à alta gerência sobre o bom trabalho realizado por sua equipe. Programe que a alta gerência participe das reuniões para que possa reconhecer o trabalho do grupo.
g) Integre as pessoas na equipe. Dê a elas um sentimento de "pertencer" e de igualdade. Diga "ela trabalha comigo" ao invés de "ela trabalha para mim".
h) Compartilhe informações que permitam aos outros entender as normas e valores da empresa.
i) Provoque novas ideias na equipe. Desenvolva o *brainstorming*.
j) Convide pessoas de outras áreas a ajudar o seu grupo a pensar de outra maneira.
k) Demonstre alto grau de energia. Modele a conduta. As pessoas verão que você realmente se importa.
l) Mantenha seu humor e sua habilidade de rir perante a adversidade.
m) Forneça incentivos à equipe que vão além de benefício e salários. Faça reuniões informais para comemorar as realizações da semana.

INTERPRETAR, FORMAR, MOBILIZAR E CRIAR SENTIMENTO DE PROPRIEDADE: Habilidades de um verdadeiro líder que expressam a importância na valorização do capital humano, possibilitando não somente o desenvolvimento de suas potencialidades mas também da superação dos seus limites.

Bibliografia

BARROS, J. A. C. A. Multiplicação de Especialidades no Mercado Farmacêutico: Instrumento a Serviço da Saúde. *Saúde em Debate*, (51): 59-63, junho, 1996.

BERMUDEZ, J. A. Z.; EPSZTEJN, R.; OLIVEIRA, M. A. e HASENCLEVER, L. *O Acordo Trips da OMC e a Proteção Patentária no Brasil: Mudanças Recentes e Implicações para a Produção Local e Acesso da População aos Medicamentos*. Rio de Janeiro: Escola Nacional de Saúde Pública, Fundação Oswaldo Cruz/Organização Mundial da Saúde, 2000.

CERTO, S. C.; PETER, J. P. *Administração Estratégica: Planejamento e Implementação da Estratégia*. São Paulo: Makron Books, 1993.

COBRA, M. *Plano Estratégico de Marketing*. São Paulo: Atlas, 1991.

_____. *Administração de Vendas*. São Paulo: Atlas, 1994.

DAVIES, D. M. *Textbook of Adverse Drug Reactions*. Oxford University Press, 1987.

FLOYD, S. W. e WOOLDRIDGE, B. "Dinosaurs or Dynamos? Recognizing Middle Management's Strategic Role". *Academy of Management Executives*, vol. 8, número 4, 1994.

HOOLEY, G. J.; SAUNDERS, J. *Posicionamento Competitivo: Como Estabelecer e Manter uma Estratégia de Marketing no Mercado*. São Paulo: Makron Books, 1996.

KOTLER, P. *Administração de Marketing*. São Paulo: Atlas, 1999.

_____. *Marketing para o Século XXI*. São Paulo: Futura, 1999.

MACHADO, M. H. *O Perfil do Médico no Brasil*. Fiocruz/CFM-MS/PNUD, 1996, (atualizado1999).

MATTAR, F. N. e SANTOS, D. G. *Gerência de Produtos: Como Tornar seu Produto um Sucesso*. São Paulo: Atlas, 1999.

MCLAGAN, P. e KREMBS, P. *On the Level: Performance Communication That Works.* Berret-Koehler, 1982, 1988, revisado 1995.

OHMAE, K. *The Next Global Stage: The Challenges and Opportunities in Our Borderless World.* Pearson Education, 2005.

PARRY, S. B. *The Quest for Competencies.*Training. Julho, 1996, pp. 48-54.

PORTER, M. E. *Competitive Strategy: Techniques for Analysing Industries and Competitors.* Free Press, 1998.

_____. *Competitive Advantage: Creating and Sustaining Superior Performance.* Free Press, 1998.

ROWBOTTOM, R. e BILLIS, D. *Organizational Design: The Work Levels Approach.* Gower Publishing Company, 1987.

ROZENFELD, S. Farmacovigilância: Elementos para a Discussão e Perspectivas. *Caderno Saúde Pública,* abril 1998, vol. 14, nº 2.

SCHEIN, E. H. *Organizational Culture and Leadership.* Jossey-Bass Publishers, 1990.

SEMENIK, R. J. e BAMOSSY, G. J. *Princípios de Marketing: Uma Perspectiva Global.* São Paulo: Makron Books, 1995.

SMITH, M. C. *Pharmaceutical Marketing: Strategy and Cases.* Pharmaceutical Products Press, 1991.

STONE, B. *Marketing Direto.* São Paulo: Nobel, 1992.

SITES

ANVISA: *www.anvisa.gov.br*, 14 de junho de 2005: 23h43min.

FIOCRUZ: *www.fiocruz.br*, 22 de setembro de 2005: 12h21min.

IBGE: *www.ibge.gov.br*, 20 de maio de 2005: 20h34min.

Ministério da Saúde: *www.saude.gov.br*, 12 de agosto de 2005: 18h11min.

Progenéricos: *www.progenericos.org.br*, 21 de junho de 2005: 16h41min.

Progenéricos: *www.progenericos.org.br*, 21 de junho de 2005: 20h12min.

Outros Títulos Sugeridos

MARKETING & FORMAÇÃO DE EXECUTIVOS

O novo executivo na cultura da aprendizagem

Em uma sociedade complexa, competitiva, exigente e em constante mudança como a de hoje, é preciso contar com pessoas que sejam capazes de avaliar as situações, mostrar os rumos e conduzir as demais com segurança e firmeza.

Nesse modelo de sociedade, há uma necessidade de constante formação dos executivos, possibilitando uma permanente aquisição de conhecimentos e estimulando a flexibilidade mental dos mesmos de forma que compreendam o mundo de hoje e suas constantes mudanças.

Neste livro, José María Gasalla mostra a importância do marketing da formação do executivo para melhor atender a essa complexa sociedade.

Para isso, o executivo deve romper com os velhos paradigmas e buscar as novas aprendizagens, discutir e analisar aspectos do marketing de sua formação.

Autor: José María Gasalla

Nº de Páginas: 316

Outros Títulos Sugeridos

EXPLICANDO MARKETING SIMPLESMENTE

Por que encontrar uma única definição para Marketing é tão importante hoje em dia? A maioria dos livros que tratam do tema parecem fazer desse objetivo a sua única razão de ser existir e, imersos em divagações, deixam a desejar.

Felizmente, esse não é o caso de *Explicando Marketing Simplesmente*, escrito por Marcos Felipe Magalhães, em experiente executivo com mais de 20 de carreira no ramo empresarial. Seu grande diferencial em relação às demais obras literárias sobre o assunto está na abordagem compreensiva do tema, nas visões críticas e a na pretensão de esclarecer o assunto para atingir vários públicos. Afinal, quem não é um "marketeiro" em potencial hoje em dia?

Ao longo de suas páginas são encontradas diversas perguntas e respostas para dúvidas comuns sobre prática da gestão e ação do marketing, um glossário com 600 verbetes sobre o tema e ainda uma descrição completa de 48 cargos nessa área de atuação, incluindo as competências e habilidades exigidas dos executivos. Tudo tratado com muito bom humor e leveza técnica.

Autor: Marcos Felipe Magalhães

Nº de páginas: 424

Outros Títulos Sugeridos

Administração na Propaganda

O planejamento e a gestão do conhecimento na administração aplicada à propaganda

Este livro apresenta na teoria o que seu autor, o professor Edson Roberto Scharf, viveu em seus últimos 12 anos de carreira. A obra trata, portanto, do mercado da propaganda com abrangência e, por isso, contribui para a formação de profissionais da área.

Administração na Propaganda foi escrito para estudantes e profissionais compreenderem a importância de conhecer a Administração na área de Propaganda, e não somente seus aspectos técnicos, como criação, planejamento ou produção. Motivados pela área criativa, muitos profissionais não percebem que, conforme vão crescendo na agência em que trabalham, pensar e assumir trabalhos administrativos torna-se rotina.

O livro reúne conceitos obtidos por meio de pesquisas e leituras sobre Administração, vivência no mercado publicitário e observação das tendências na área mercadológica, em uma abordagem ampla. Desde conceitos genéricos de administração a tópicos de negociação, de elementos importantes à abertura da agência ao relacionamento com o cliente, o livro busca dar uma visão abrangente a um tema que muitas vezes é ofuscado em cursos de graduação e pós-graduação, em detrimento de disciplinas de teor mais prático.

Autor: Edson Roberto Scharf

Nº de páginas: 208

Outros Títulos Sugeridos

LICENCIAMENTO, MARCA E SIGNIFICADO

Marketing de Reconhecimento

Este é um livro elaborado a partir de uma necessidade do mercado brasileiro: compreender melhor a indústria do licenciamento que tem um crescente potencial. Grandes nomes como Xuxa e Pelé souberam muito bem explorar este mercado (com suas marcas e criações) que pode muito bem se definir como uma nova vertente do marketing: o de reconhecimento.

Esta indústria depende do reconhecimento que o consumidor tem do significado da marca, o que vai muito além de seus atributos. Justamente por isso, ela deve representar algo para o mercado, sendo percebida de forma consistente e semelhante pelas pessoas. Sem isso, ela não precisa ser licenciada, pois não é capaz de gerar emoção e muito menos uma razão para a compra.

Assim, conhecer quais os padrões e os condicionantes para que o licenciamento seja bem sucedido, principalmente para o consumidor, é de fundamental importância para o marketing e seus profissionais. Esse livro se propõe a ajudar os atores do mercado de licenciamento a fazer exatamente isso.

Autor: Carlos Lima Silva

Nº de páginas: 128

QUALITYMARK EDITORA

Entre em sintonia com o mundo

QualityPhone:

0800-0263311

Ligação gratuita

Qualitymark Editora
Rua Teixeira Júnior, 441 – São Cristóvão
20921-405 – Rio de Janeiro – RJ
Tels.: (21) 3094-8400/3295-9800
Fax: (21) 3295-9824
www.qualitymark.com.br
e-mail: quality@qualitymark.com.br

Dados Técnicos:	
• Formato:	16 x 23 cm
• Mancha:	12 x 19 cm
• Fonte Título:	Humanst521XbdCnBT
• Fonte Texto:	LifeBT
• Corpo:	11
• Entrelinha:	13
• Total de Páginas:	304
• 2ª Edição:	2012